Niel Rishoi

EDITA GRUBEROVA

Ein Portrait

Aus dem Amerikanischen
von Marianne Heusser-Krause

Atlantis Musikbuch-Verlag

In tiefer Dankbarkeit widme ich dieses Buch

Helen Auld
Lisa Danielson
Shirley Milne
Philip Pierson

und dem Andenken meines verstorbenen Vaters, Don Rishoi.

Bestellnummer: ATL 6192

ISBN 3-254-00192-3
Printed in Germany

ATLANTIS
MUSIK-
BUCH

Inhalt

Vorbemerkung des Autors

Die Arbeit der letzten Jahre an vorliegendem Projekt war eine äußerst erfüllende, und es ist mir ein Bedürfnis jene Personen anzuführen, denen dafür mein herzlichster Dank gebührt.

In erster Linie möchte ich folgenden Personen danken: Helen Auld, Shirley, Dorothy und Linda Milne, Thomas Ireson, Philip Pierson und Lisa Danielson, Lee und Millie Danielson, Chester und Gretchen Starr, Carey Osborne, Helen Rishoi, Christy und Alan Minadeo, Jan und Terry Rishoi, Nada Radakovich und Richard Nesper.

Mein besonderer Dank gilt Martin und Anne Brugger für ihre begeisterte, die Vorbereitung zu diesem Buch begleitende Aufmerksamkeit ebenso wie meinem Lektor Norbert Henning für seine Sorgfalt und Umsicht.

Weiterhin Richard LeSueur, dessen objektive Ratschläge verschiedenster opernbezogener Sachthemen sich als unschätzbar erwiesen haben. Seine Geduld bei der Beantwortung unzähliger Fragen war grenzenlos, sein fast unüberschaubares Privatarchiv historischer Aufnahmen von größter Hilfe. Die Herren Leon van Poel Voorde und Dr. Karol Ševčik haben freundlicherweise zahlreiche Übersetzungen für mich vorgenommen. Herr Miguel Leriń, Barcelona, war mir bei der Beschaffung von umfassendem Archivmaterial aus dem Teatro Liceu eine große Hilfe. Frau Kammersängerin Ruthilde Boesch hat mir viele Begebenheiten aus jener Zeit erzählt, in der sie als Gesangspädagogin wesentlichen Einfluß auf die junge Edita Gruberova nehmen konnte. Friedrich Haider verdanke ich wertvolle Informationen aus seiner künstlerischen Arbeit mit der Sängerin, die mir für die Erstellung des 2. Teils dieses Buches von größter Hilfe waren. Herr Professor Klaus Scherer von der Universität Genf hat mir durch seine Klanganalysen völlig neue Perspektiven bei der Beurteilung der menschlichen Stimme eröffnet. Manche seiner wissenschaftlichen Untersuchungsergebnisse sind in diesem Buch festgehalten. – William Ashbrook und E. Thomas Glascow haben mich immer wieder ermuntert.

Allen Kollegen Edita Gruberovas, die sich bereitwillig zu einem Gespräch zur Verfügung stellten – sie sind nicht immer einzeln im Buch vermerkt –, danke ich für die Geduld, die sie für meine Fragen aufgebracht haben.

Niel Rishoi
Ann Arbor, Michigan

Vorwort

von
Marcel Prawy

Phänomen Edita

Wenn man wie ich nur in der Oper lebt, dann drehen sich auch die Privatgespräche fast ausschließlich um die Oper. Ich erinnere mich an einen Abend in größerer Gesellschaft, meistens ältere Semester, an dem wir alle über die großen Sänger von heute und einst sprachen und Vergleiche anstellten. Verfechter der Großen der Gegenwart schlugen sich mit den Anbetern einer ihrer Ansicht nach vergangenen goldenen Ära. Man wurde nicht müde, ein Crescendo von Domingo mit einem Decrescendo von Gigli zu vergleichen, einen Atem der Lotte Lehmann mit einem Atem der Schwarzkopf, ein Legato von Mirella Freni mit einem Legato der Tebaldi, eine Steigerung von Karajan mit einer Steigerung von Furtwängler …

Da fragte ich die gesamte Gruppe, ob es heute irgendetwas gäbe, worüber sich alle einig sind, daß man es in ähnlicher Vollendung niemals vorher gehört hat. Auch ich stimmte in den Unisono-Schrei der versammelten Gemeinde ein: Die Gruberova als Zerbinetta und Lucia!!! Hier erscheint die bravouröseste Koloratur nicht als eine Sequenz kurzer, hoher Töne, sondern als Ausdruck seelischen Empfindens. Diese unglaublichen Koloraturen sind aber nur ein Element einer Welt der höchsten, technisch perfekten und seelisch fundierten Belcantokunst.

Ich habe ganz entzückende Erinnerungen an Edita Gruberova, bevor sie mit der Zerbinetta in der Premiere des Jahres 1976 schlagartig zum Weltstar „Die Gruberova" wurde. So großartig sie auch in ihren ersten Wiener Jahren gesungen hat, so dauerte es doch eine Weile bis zu ihrer vollen Entdeckung. Aber auch in ihren unentdeckten Jahren der kleinen Rollen war sie jedenfalls immer „die Erste": Das erste Blumenmädchen der ersten Gruppe, die erste Kreterin, die erste Priesterin, in verschiedenen Opern die erste Magd.

Im Jahr 1975 veranstaltete ich im Großen Konzerthaussaal zum 150. Geburtstag von Johann Strauß ein Programm, dem der damalige Generalsekretär Peter Weiser den Titel *Johann Strauß für Fortgeschrittene* gegeben hatte. Darin gab es ein Duett aus der Operette *Cagliostro in Wien*, und ich wünschte mir den unvergessenen Anton Dermota als Tenor. Er wollte nur mit einer prominenten Partnerin singen, und es kostete mich einige Mühe, bis ich ihm und seiner lieben Frau Hilde die Zustimmung zu einer nicht prominenten abrang: die noch unentdeckte Edita Gruberova wurde seine sensationelle Partnerin.

Einmal hatte ich für Bundeskanzler Kreisky im Schloß Schönbrunn ein Fest für Diplomaten zu gestalten und in vier Sprachen zu moderieren. Die blutjunge Edita Gruberova sang damals hinreißend mit den 13 Mann des Johann Strauss-Ensembles der Wiener Symphoniker. Ein sachverständiger Diplomat kam nachher zu mir und sagte: Die junge Dame hätte so grandios gesungen, daß man es auch einmal mit einem Orchester von 20 Mann versuchen könnte! …

Edita Gruberova gehört zu den größten Phänomenen in der Weltgeschichte des Operngesanges.

Einleitung

Offen gestanden hat der zufällige Kauf einer Langspielplatte zur Entstehung dieses Buches geführt. Es war im Sommer 1983, als ich die Stimme Edita Gruberovas zum erstenmal hörte. Der Operngesang hatte mich zu diesem Zeitpunkt bereits so sehr zu interessieren begonnen, daß ich den Wunsch fühlte, mich ernsthaft um dessen tieferes Verständnis zu bemühen. Ich erinnerte mich jener Dutzende von Spielfilmen, die immer wieder eine Anzahl bedeutender Sopranistinnen zeigten: Jeanette MacDonald, Kathryn Grayson, Lily Pons, Deanna Durbin und einmal sogar Roberta Peters. Nicht zu vergessen Beverly Sills, die oft auf dem Bildschirm verfolgt zu haben, ich mich gut erinnere. All diese leichten, agilen Stimmen – allesamt Koloratursoprane – scheinen sich mehr als andere Stimmtypen für Spielfilme geeignet zu haben. Während ich die künstlichen und oberflächlichen Gefühlsergüsse dieser hübschen Nachtigallen eher beiläufig aufgenommen hatte, zog mich der Gesang Edita Gruberovas auf seltsame Weise in seinen Bann. Er schien mir wie ein Naturereignis und hatte die Wirkung des Puren, Ursprünglichen, Elementaren – eine Sängerin mit kolossaler Veranlagung, wie sie die Gesangsgeschichte nur selten hervorbringt. Was mich so sehr erstaunt, ja zu Beginn sogar positiv irritiert hatte, war das für mich neuartige Gefühl, daß dieses ihr spezifisches Repertoire in ihrer Darstellung offensichtlich aus mehr als nur Skalen, Kadenzen und hohen Tönen zu bestehen schien. Ihr Gesang ließ mich erstmals eine Bedeutung hinter all dem Noten-Zierat *fühlen*. Gruberova stellte auf ihrer Aufnahme zum Teil genau jenes „Hochgeschwindigkeits-Repertoire" vor, das auch schon Jahrzehnte vor ihr von allen Koloratursängerinnen betrieben worden war – nur mit dem Unterschied, daß *sie* mir das Markenzeichen „Feuerwerk" viel differenzierter umzusetzen schien. Neuartig im Vergleich zu anderen Koloraturvirtuosinnen wirkte aber auf mich auch das wesentlich größere Stimmvolumen und der sehr eigentümliche, mit nichts zu vergleichende Klangcharakter. Den meist kleinen, in der Farbe „weißlichen" und sich technisch anscheinend auf das Kopfregister zu beschränkenden Stimmen schien hier eine Persönlichkeit gegenüberzustehen, die Staccati, Rouladen und hohe Noten nicht als virtuos-technische Etüde entfaltete, sondern in erster Linie als Charakterausdruck zu verstehen machte. Diese musikalischen Chiffren erreichten mich als „Worte", ohne daß ich erklären konnte, weshalb.

Dies veranlaßte mich, ein intensives und detailiertes Studium über das Phänomen des Koloratursoprans zu betreiben. Ich begann Aufnahmen von Sopranistinnen vergangener Jahrzehnte, aber auch solche von noch aktiven wie Joan Sutherland oder Montserrat Caballé zu analysieren und vorerst ohne Wertung zu vergleichen. Ich delektierte mich an all diesen so unterschiedlich gearteten Persönlichkeiten, hatte aber in meiner Bewunderung und Wertschätzung der einzelnen Sängerinnen unbewußt auch schon sehr bald Grade und Abstufungen vorgenommen. Tatsächlich handelt es sich etwa im Fall von Maria Callas und Joan Sutherland um „erworbene" Zuneigung. Meine erste Reaktion auf die seltsame Stimme der Callas war geradezu eine zurückschreckende; erst mit detaillierteren Analysen ihrer Aufnahmen begann ich ihre hohe und einzigartige Künstlerschaft zu begreifen. Bei Sutherland vernahm ich meisterliche Beherrschung der Technik und sehr kunstvolles Singen, mein Wunsch nach einem „hinter den Tönen" blieb aber zumeist seltsam unbefriedigt. Und offen gestanden: So sehr ich unzähligen „Nachtigallen" der Vergangenheit und Gegenwart gleichermaßen hohen Respekt zollte, zog es mich aufs Ganze gesehen dennoch immer wieder zu Gruberova.

Die Möglichkeit, den Versuch einer Annäherung an diese Sängerin beizusteuern, sah ich schließlich 1986 in einer obligaten Forschungsarbeit für den Abschluß einer Studienphase eines Kurses am „College of music" meiner Heimatstadt. Ich schrieb dafür einen umfangreichen Essay, der sich mit einer eingehenden Besprechung ihrer Schallplatten befaßte, aber auch auf die Tradition des Koloraturgesanges im Allgemeinen zurückwies. Dies war mir so etwas wie ein ganz persönliches Bedürfnis, da ich bis dahin kaum Rezensionen über Gruberova in den Beständen der Archive gesichtet hatte, in denen ihre Künstlerschaft von allen Seiten beleuchtet worden wäre. Von Europa waren Informationen aus erster Hand zu mir gedrungen, denen zufolge sie eine ungeheure Anhängerschaft hätte und ihre Auftritte bereits den Charakter einer Legende annähmen. Doch meine Arbeit schien fürs erste ihren Zweck verfehlt zu haben: das Manuskript wurde mit dem Hinweis zurückgewiesen, daß es sich bei der Veröffentlichung eines solchen Projekts um eine „bekannte" (!) Persönlichkeit des Musiklebens handeln müsse …

Wenige Wochen später las ich die Ankündigung einer Vorstellungsserie von Donizettis *Lucia di Lammermoor* an der Lyric Opera in Chicago mit Edita Gruberova in der Titelpartie. Seit sieben Jahren war die hierzulande nur in Fachkreisen bekannte Sängerin nicht mehr in Amerika aufgetreten. Ich wollte diesen Darbietungen unbedingt beiwohnen, um meine grandiosen

Eindrücke, die ich bis dahin ausschließlich über Tonaufzeichnungen gewonnen hatte, durch das Erlebnis einer live-Aufführung bestätigt zu bekommen. Und mein Manuskript schickte ich zuvor auch noch gleich an die Sängerin persönlich.

Tatsächlich unterschied sich der Klang ihrer Stimme von jenem der Tonaufnahme beträchtlich! Er erschien mir wesentlich voluminöser, farbiger und runder, im Piano-Register noch viel abgestufter. Dies ließ mich erkennen, daß die wahre Demonstration vokaler Fähigkeiten über einen Tonträger nur sehr bedingt erfolgen kann. Als sie ihre große Kadenz mit der obligaten Soloflöte abgeschlossen hatte, sprang das sonst so schwer zu begeisternde Publikum von Chicago wie auf Befehl von den Sitzen. Standing Ovations mitten in einer Vorstellung! Das war in diesem Theater eine Seltenheit. Es schien, als wäre der Geist von Maria Callas heraufbeschworen. Schon wenige Tage später sollten sich ähnliche Szenen bei einem Liederabend in Pasadena wiederholen. Die Sängerin war dort nie zuvor aufgetreten, ebensowenig wie im naheliegenden Los Angeles. Dennoch war das Auditorium bis auf den letzten Platz gefüllt. Und am Ende des Konzertes bereitete das Publikum der Künstlerin Ovationen, als wäre sie hier ein seit Jahrzehnten gefeierter Star. Als ich das Glück hatte, die Protagonistin nach der Aufführung auch noch persönlich sprechen zu können, bat ich sie um ihr Urteil über meine Gesangsanalysen. Sie zeigte sich überrascht von den vielen Details, die ich erkannt und in meinen Texten niedergeschrieben hatte.

Die Tatsache, daß über viele Topstars der Oper Bücher existierten, über Edita Gruberova aber nicht mehr als einige wenige Referenzen in Form von kleineren Portraits, Interviews oder Plattenbesprechungen vorlagen, irritierte mich mehr denn je und ließ mich die Entscheidung treffen, diesem Manko ein Ende zu bereiten. Also schrieb ich, als sie nun auch als Lucia an der New Yorker Metropolitan Opera gastierte, erneut an sie und schlug ihr vor, mein Manuskript zu einem Buch auszuweiten. Aber die Sängerin war pessimistisch. Personenkult, wie er in so vielen Biographien betrieben wird, war ihr höchst unangenehm. Ihre Sorge, ob ich bei allem Enthusiasmus auch genügend Objektivität bei der Beurteilung ihres Wirkens bewahrte, konnte ich schnell zerstreuen. Ich legte ihr dar, daß es mir auch gar nicht um die so oft betriebene Schwarzweiß-Malerei – dem Nebeneinander von „gut und weniger gut" – ginge, sondern daß das Signifikante und Unverwechselbare ihrer Persönlichkeit entscheidend für mich wäre. Kaum wertend, sondern primär beschreibend, weniger im qualitativen Vergleich mit anderen Sängerinnen als in einer spezifischen Positionsbestimmung im Umfeld der Oper wollte ich vorgehen. Dies vermochte die Diva zu überzeugen, und so entstand dieses Buch in fünfjähriger Arbeit.

Ich wurde Zeuge zahlreicher Opern-Proben und Auftritte, einmal kam ich sogar in den Genuß einer ganz privaten Probe in ihrem Züricher Heim – etwas, was sie Dritten üblicherweise verwehrt. *Einem Koch schaut man nicht in die Töpfe,* meinte sie immer wieder auf meine oft vorgetragene Bitte, sie bei der Arbeit aus nächster Nähe beobachten zu dürfen. Für den biographischen Teil dieses Buches habe ich nicht nur die Sängerin selbst unzählige Male interviewt, sondern auch viele ihrer Kollegen, die mit ihr oft zusammengearbeitet haben. Am Ende erkannte ich Edita Gruberova als eine Künstlerin, die ihrer Arbeit gegenüber stets die denkbar größte Verantwortlichkeit hatte und sich dabei selbst zu vergessen schien. Thomas Allen, in den Mailänder und Münchner Aufführungen des *Don Giovanni* Partner der Gruberova, sagt über seine Kollegin: *Sie ist sehr mit ihrer Arbeit verbunden; diejenigen, die sie nicht kennen, könnten meinen, sie wäre sehr oft überernst – aber dies hängt in Wirklichkeit mit ihrer äußerst intensiven Konzentration zusammen.*

Ich selbst habe Edita Gruberova als rücksichtsvolle, bescheidene, aber sehr unabhängige und selbstbewußte Frau kennengelernt. Sie scheint sich manchmal ihrer unglaublichen Wirkung gar nicht bewußt zu sein. Kritiker mögen über sie sagen, was sie wollen, eines werden sie nie behaupten können: daß Edita Gruberova nicht bei jedem ihrer Auftritte tausend Prozent ihrer selbst zu geben gewillt ist. Sie läßt, ihren eigenen Worten folgend, bei jeder Vorstellung *ihr Leben auf der Bühne*. Wenn die folgenden Seiten mehr beinhalten als nur Bewunderung, dann habe ich mein Ziel erreicht.

Biographische Skizzen

Frühe Tage

Als Edita Gruberova 1988 nach fast 20jähriger Abwesenheit erstmals wieder in ihr slowakisches Heimatdorf zurückkehrte, war aus dem Mädchen einer einfachen und mittellosen Familie eine in der ganzen Welt gefeierte Sängerin geworden. In Rača, jenem Ort, in welchem sie am 23. Dezember 1946 geboren wurde und bis zu ihrem 22. Lebensjahr auch gelebt hatte, schien sich in den Jahren ihrer Abwesenheit nichts verändert zu haben. Es war ihr, als ob die Zeit seither stillgestanden hätte. Die Vergangenheit, von der sie sich lange Zeit verfolgt gefühlt hatte, hatte sie mit einemmal wieder eingeholt.

Edita war das einzige Kind von Gustav Gruber und Etela Gruberova, geborene Kontar; als eine in der Slowakei aufgewachsene Tochter einer gebürtigen Ungarin und eines Vaters deutscher Herkunft bezeichnet sie sich selbst als *echtes Monarchieprodukt*. Der Umstand, mehrsprachig aufgewachsen zu sein, legte vielleicht den Grund für ihr schon wenige Jahre später überdurchschnittlich stark ausgeprägtes Sprachentalent. Heute beherrscht die Sängerin neben ihrer Muttersprache Slowakisch auch noch perfekt Deutsch, fließend Ungarisch, ausgezeichnet Italienisch und passabel Englisch und Französisch. Russisch, das sie jahrelang in der Schule als Pflichtfach belegen mußte und in welchem sie sich bis zur Matura hin „durchgemogelt" hatte, wollte sie aber schnell wieder vergessen.

Wen mag es erstaunen, daß sich ihre frühesten Kindheitserinnerungen auf Erlebnisse musikalischer Natur beziehen, kann sie sich doch heute kaum einer Zeit erinnern, in der sie nicht mit Leidenschaft – gesungen hätte. Gruberova ist sich sicher, die Veranlagung von ihrer Mutter geerbt zu haben. Etela Gruberova hatte eine ihrer Tochter sehr ähnliche Stimme, sang auch in ihrer Jugend mit Hingabe in einem Kirchenchor. Instrumentalmusik gab es im Hause Gruber keine. Und wenn im Radio Oper kam, wurde immer gleich ausgeschaltet. Vor allem Etela Gruberova erinnerte sich der Tage, an welchen sie als Arbeiterin einer Weinberg-Kolchose Schwerstarbeit verrichtete, während sich ihre fünfjährige Tochter stets auf den bestimmten Ast eines Birnbaumes setzte, von dem aus sie lautstark „hohe und allerhöchste Gesangskunst" von sich zu geben pflegte, die, wie Arbeitskollegen immer wieder bestätigten, noch über weite Entfernungen in andere Weinberge hinein zu hören war. Gruberova erinnert sich lediglich an ein besonders signifikantes Erlebnis aus dieser Zeit: *Meine Mutter hatte immer eine große Weinflasche mit, aus der sie und die Arbeiter tranken. Eines Tages, ich war damals etwa 6 Jahre alt, wurde ich plötzlich von einem schrecklichen Schluckauf heimgesucht. Als es gar nicht mehr enden wollte und sich meine Mutter keinen Rat mehr wußte, forderte sie mich auf, ein ganz klein wenig von dem Wein zu trinken; aber leider hat das nichts geholfen. Also setzte ich diese Therapie selbständig fort und tat einen kräftigen Schluck nach dem anderen. Schon nach wenigen Minuten stieg mir der Alkohol in den Kopf, und ich wurde derart betrunken, daß ich nicht mehr stehen konnte. Mein ungarischer Cousin Geza mußte mich den mehrere Kilometer langen Heimweg nach Hause tragen, und er erzählt mir noch heute, daß ich die ganze Zeit über nur Ungarisch gesprochen habe, obwohl ich diese Sprache bis dahin nur gelegentlich von meinen Eltern gehört hatte.*

Editas früheste und liebste Erinnerung ist die ihrer ersten „Schallplattenaufnahme“. Das große Schild „Komm herein, wir nehmen Deine Stimme auf!“ zieht Mutter und Tochter unweigerlich in seinen Bann. Nach Bezahlung einer durchaus beträchtlichen Summe darf das Mädchen ungeniert in einen Trichter trällern und kann schon wenige Tage später eine aus Nylon erzeugte Scheibe in Händen halten, auf welcher ihr liebstes slowakisches Volkslied aufgezeichnet ist:

… Im oberen Dorf da wohne ich,
im unteren Dorf hab ich den Freier,
in der Mitte des Dorfs geh' ich Wasserholen.

Sonntags morgen, wenn ich Wasser schöpfe,
ruft mich die Mutter meines Liebsten:
Gib mir, Mariechen, von dem kalten Wasser,
denn mein Sohn geht schon lang zu Dir! …

Ich glaube, mein Vater hat die Platte später versehentlich weggeworfen, trauert Gruberova noch heute dieser kleinen Kostbarkeit nach, die sie jahrelang wie einen Schatz gehütet hatte. Zu schade! Es wäre wirklich interessant, heute die Stimme der damals Fünfjährigen hören zu können.

Eine Einflußperson besonderer Art stellt für das Mädchen Edita die alte „Tetka Stefka“ (Tante Stefka) dar. Als langjährige Familienfreundin ist sie nicht nur oft zu Besuch bei Grubers, sie lädt Edita auch immer wieder zu sich, um sie eine Unmenge alter slowakischer Volkslieder zu lehren, die diese dann mit größtem Eifer vor ihrer Schulklasse zum besten gibt. *Einmal begann ich mein neuestes Lied vorzutragen*, erinnert sich Gruberova, *mit dem Text über einen Buben namens Fridolin, der sich unsterblich in das Mädchen Wilhelmine verliebt. Im Verlauf meines ungenierten Vortrages wurde es unserer Klassenlehrerin aber zusehends unbehaglich, da sich die Geschichte als für Kinder etwas zu gewagt herausgestellt hatte. Als die Sache schließlich wirklich „zu heiß“ zu werden drohte, unter-*

brach sie mich, und ich durfte zu meinem größten Bedauern das Lied nicht zu Ende singen.

Von Beginn an sitzt ihre Stimme auffallend hoch. Mit Vergnügen erzählt Gruberova die Geschichte von jener Klassenfeier, bei der sie alleine und ohne Instrumentalbegleitung ein Lied vorzutragen hatte, das sie, ihrer natürlichen Stimmlage folgend, gleich von Anfang an möglichst hoch ansetzt. Doch schon nach wenigen Takten muß sie feststellen, daß sich die Melodie ja noch viel höher aufschwingen sollte, was sie nunmehr, zur größten Erheiterung ihrer Zuhörerschaft, zunehmend in Schwierigkeiten bringt. Als sie das Lied schließlich in die stratosphärische Gegend der dreigestrichenen Oktave führt, muß sie das Handtuch werfen und ihren Vortrag von Neuem beginnen. Diesmal etwas tiefer. Das Publikum biegt sich vor Lachen ...

Der erste Kontakt, den das Mädchen mit der Oper hat, erfolgt während eines Wochenendausfluges ins „Goldene Prag". Gemeinsam mit Verwandten und ihren Eltern besucht die Neunjährige eine Vorstellung von Smetanas *Die verkaufte Braut*, und der Eindruck ist durchaus bezeichnend: *Alles, was mich störte, war die Musik, denn durch das Orchester und das Singen konnte ich oft keinen Text verstehen, und die Geschichte selbst war ja das einzige, was mich damals interessierte.*

Gruberova ist schon damals ein sehr schüchterner Charakter gewesen: *In der Schule war ich immer die Letzte, die aufgerufen wurde, und die Letzte, die sich etwas zu sagen getraute. Ich war ruhiger und viel weniger auffallend als die meisten meiner Kolleginnen. Aber ein „Gesangsauftritt" vor der Klasse ist schon damals eine Herausforderung gewesen. Es war das einzige, was mich aus der Reserve locken konnte.* Vor allem zur Weihnachtszeit wird in der Slowakei viel gesungen: *Durch den hohen Schnee stapften wir in kleinen Gruppen zu den Häusern unserer Verwandten und sangen unter ihren Fenstern Weihnachtslieder.* Diese Episoden nehmen sich wie kleine Lichtblicke in einer äußerst harten und ärmlichen Kindheit aus. Doch schien sie auch keine „bessere" Welt zu kennen, als es die ihre gewesen war; so lange nicht, bis ihr durch die Emigration in den Westen neue Perspektiven eröffnet wurden.

Etela, eine einfache und bedürfnislose Frau, steht für innigstes Geborgenheitsgefühl in Editas Erinnerung ihrer Kindheitstage: *Manchmal denke ich, daß meine Mutter nur gelebt hat, um mich glücklich zu machen.* Noch deren letzte Lebenstage hat sie tagtäglich in einem Wiener Hospital an ihrer Seite verbracht, ihren Tod lange nicht verkraften können. Das Leben ihres Vaters war zu einer von jenen Millionen Tragödien geworden, die aus der unentrinnbaren Wirklichkeit des Kommunismus entstanden. Sie hatte das Rückgrat seiner Hoffnung gebrochen, und das Leben mit ihm geriet für Frau und Kind gleichsam zur Hölle. Kurz nach dem Krieg wird von oberster politischer Stelle verlautbart, daß alle Deutschen sofort das Land zu verlassen hätten. Ganze Familien lassen ihr Hab und Gut in ihrer Heimat zurück und müssen fliehen. Gustav Gruber meldet sich wie einige andere auch zur slowakischen Nation und kann so einer Zwangsemigration entgehen. Doch er sollte die zerstörerischen Seiten dieses totalitären Regimes sehr bald durchschauen und Widerstand gegen seine Machenschaften leisten. Als er heimlich mit einem Antikommunisten sympathisiert, wird er von einem Spitzel denunziert. Es kommt zur Anschuldigung, die Regierung zu sabotieren, und in der Folge zur Verurteilung wegen Landesverrats. Eine offizielle Anklage gibt es nicht. Etela Gruberova muß durch eine Bekannte, deren Mann im Staatsdienst arbeitet, erfahren, daß ihr Gatte eine fünfjährige Haftstrafe abzusitzen habe. Einmal im Monat ist Besuchszeit. Frau und Kind haben dafür mehrere Stunden mit dem Zug zurückzulegen, um in die Provinzstadt Handlová zu gelangen, in der sich dann für nicht mehr als 10 Minuten die Gefängnistore öffnen. *Einmal hat mich meine Mutter auf die Theke hinaufgehoben, weil ich meinen Vater umarmen wollte, aber ein Aufseher, der direkt neben uns stand, griff sofort ein. Direkter Kontakt war strengstens verboten.*

Nach seiner Freilassung hatte sich ein großer Wandel in Gustav Gruber vollzogen; völlig verbittert, wird er zu einem Angstfaktor für Frau und Kind. *Der geringste Anlaß konnte ihn derart in Rage versetzen, daß wir nicht selten aus dem Hause flüchteten, oft sogar mitten in der Nacht, die wir dann bei Bekannten verbringen mußten*, erinnert sich Gruberova. *In der Weinberg-Kolchose beging man eines Tages ein Jubiläum. Als Geschenk für 25 Jahre körperlicher Schwerstarbeit erhielt meine Mutter nicht mehr als ein winziges Weinbrandgläschen! Als sie es uns zu Hause präsentierte, rief das in meinem Vater eine solche Wut auf die Kommunisten hervor, daß ich glaubte, er würde uns alle umbringen. Als ich später schon zur Schule ging, verbat er mir, mich zu den Pionieren zu melden. Das war eine Vereinigung, der jeder Schüler praktisch automatisch beitrat. Sie war als erste Kontaktnahme mit der kommunistischen Ideologie gedacht. Ich war zwar froh, an diesen Aktivitäten nicht teilnehmen zu müssen, schämte mich aber auch, als einzige der Klasse von ihnen ausgeschlossen zu sein. Eines Abends wollten die Anfälle meines Vaters kein Ende mehr nehmen, und so beschloß ich mit meiner Mutter, ihm ein leichtes Schlafpulver in den Wein zu geben. Es tat seine Wirkung, und mein Vater schlief so lange in den nächsten Morgen hinein, daß wir in Panik gerieten. Wir dachten, er würde gar nicht mehr aufwachen. Gott sei Dank kam er aber schließlich doch wieder zu sich – es war das einzige Mal, daß wir froh waren, ein Lebenszeichen von ihm zu erhalten. Er konnte sich aber auch von ganz anderen Seiten zeigen. Oft wurde er übertrieben großzügig, meist unseren Gästen gegenüber, die er dann mit Lebensmitteln oder Wein beschenkte, die wir uns für beson-*

dere Stunden aufgehoben und für die wir monatelang gespart hatten. Ich erinnere mich, daß meine Mutter mir einmal als besondere Überraschung einige Orangen mit nach Hause brachte. Südfrüchte waren damals äußerst selten zu haben, und wenn es sie gab, dann mußte man nach stundenlanger Wartezeit dafür auch noch viel bezahlen. Als Tags darauf ein kleines Mädchen aus der Nachbarschaft an unserem Haus vorbeilief, beschenkte er es großzügigst mit den Orangen. Wir getrauten uns nichts zu sagen, so groß war unsere Angst vor ihm. Ich selbst fühlte mich jedenfalls immer zur mütterlichen Seite meiner Familie hingezogen, vielleicht wollte ich auch deshalb immer eher als Ungarin als als Deutsche oder Slowakin angesehen werden. Das hat sich eigentlich nie geändert. Noch heute erweckt der für mich unverwechselbare Geruch ungarischer Erde unbeschreibliche Gefühle in mir.

Zu all diesen Lebensumständen kommt hinzu, daß Edita permanent Krankheiten ausgesetzt ist, mitunter auch lebensbedrohenden. Im Vorschulalter wird das übersensible Mädchen von einer schweren Gelbsucht heimgesucht, wenig später leidet sie unter einer für sie unbekannten Krankheit, die sie heute kaum noch beschreiben kann. Ihr Körper zeigt sich nervlich überempfindlich – eine seltene Form von Rheumatismus. Schon die geringste Berührung verursacht einen geradezu unerträglichen Schmerz. Eine Ärztin stellt eine Diagnose, die sich sehr schnell als falsch herausstellt. Ein anderer Arzt ordnet schließlich in letzter Minute die Einlieferung in ein Krankenhaus an: das Mädchen leide unter einem stark vergrößerten Herz sowie Gelenkrheumatismus. Nach einem langanhaltenden Krankenhausaufenthalt muß sie schließlich noch weitere sechs Wochen in ein Sanatorium im mittelslowakischen Sliač.

Erste musikalische Schritte

Den Beginn ihrer „musikalischen Laufbahn" setzt Gruberova mit jenem Tag des Jahres 1959 an, an dem sie an der Seite ihrer Mutter in der Straßenbahn von Preßburg nach Rača fährt und auf ein Werbeplakat aufmerksam wird, das ein Vorsingen für den Kinderchor des Rundfunks ankündigt. Die Zwölfjährige insistiert noch an Ort und Stelle, daran teilnehmen zu dürfen, und besteht auch schon tags darauf im Handumdrehen die Aufnahmeprüfung. Nur wenige Wochen später wird sie im Lokalsender Preßburgs dann sogar schon als neue Solistin angekündigt. Das Mädchen ist von dieser neuen Aufgabe geradezu gefangengenommen. An ihrer Seite singt eine Kollegin mit einer ebenso auffallend schönen Stimme: Gabriela Beňačková.

Der wohl schicksalshaft entscheidende Eingriff erfolgt durch eine der wichtigsten Personen ihres Lebens: Dr. Julius Janko, den Pfarrer der örtlichen protestantischen Kirche in Rača, nach Gruberovas Worten ein multitalentierter Amateurmusiker. *Er spielte nicht nur hervorragend Cello und Klavier, sondern hatte auch eine sehr schöne Stimme und ein ausgezeichnetes Gehör.* Janko wird so etwas wie Gruberovas zweiter Vater, ohne den sie möglicherweise gar keine Sängerin geworden wäre. Im Konfirmandenunterricht fällt dem Pastor die überdurchschnittlich gut entwickelte Stimme des erst 15jährigen Mädchens auf. Er schlägt vor, sie als Solistin in der Kirche einzusetzen (wobei sie von ihm persönlich auf der Orgel begleitet wird) und ihr Klavier- und Gesangsunterricht zu erteilen. Edita gibt ihm zu verstehen, daß sie gerne eine Vereinbarung treffen würde, die sie nicht regelmäßig verpflichte, also eher sporadischer Natur wäre. Doch Janko insistiert auf ungewöhnlich strenge Art und fordert sie nachdrücklich zu regelmäßigen wöchentlichen Lektionen auf.

Schon nach wenigen einführenden Stunden sieht er seine ersten Eindrücke bestätigt und bezeichnet das Mädchen als *ausgestattet mit einer potentiellen Weltklasse-Stimme*. Janko ist es schließlich auch, der sie und ihre Eltern zu überzeugen vermag, diese außergewöhnliche Stimme professionell ausbilden zu lassen, um ihr den Weg zu einer Opernlaufbahn zu ebnen. Für ein junges Mädchen, das damals davon träumt, Krankenschwester zu werden, ist dies eine fürs erste unvorstellbare Situation. Ihre spontane Reaktion ist bezeichnend: *Kann man denn davon überhaupt leben?*

Edita vertraut sich dem väterlichen Freund ohne Einschränkung an, und das Singen wird nach ihrer eigenen Aussage nunmehr zu einer Passion, der sie sich völlig hingibt. Janko sucht sie davon zu überzeugen, sich auf die Aufnahmeprüfung im Konservatorium von Bratislava vorbereiten, und schlägt vor, nun auch noch intensiv mit Klavierunterricht zu beginnen. Schon lange hatte sich das Mädchen ein eigenes Klavier gewünscht, doch die Nachfrage nach Instrumenten übertraf bei weitem das Angebot. Überdies sind die finanziellen Mittel der Grubers für eine solche Anschaffung nicht ausreichend. Durch eine private Verbindung Jankos gelingt es aber schließlich doch, einen gebrauchten Flügel zu erstehen; der Vater Editas, der sich den Aktivitäten seiner Tochter gegenüber bis dahin gleichgültig verhalten hatte, beginnt, von deren ersten erfolgreichen Schritten offensichtlich selbst überrascht, illegal zu arbeiten, um das nötige Geld aufzubringen.

Janko unterrichtet die 15jährige zweimal wöchentlich – ohne jegliches Entgelt. Und schon nach einem Jahr, im Frühjahr 1962, tritt die Elevin auch zur Aufnahmeprüfung in das Konservatorium ihrer Heimatstadt an. Von

Opernarien hat sie zu diesem Zeitpunkt noch nicht die geringste Ahnung. Alles, was sie der Jury vortragen kann, ist ein slowakisches Volkslied. Und man nimmt sie auch nur mit einer „2" auf. Ihre Lehrerin wird Maria Medvecká (1916–1989), nicht unbedingt eine der prominenten und hochgeachteten Lehrbeauftragten des Konservatoriums. *Sie war vormals jugendlich-dramatische Sopranistin am Opernhaus von Preßburg sowie am Prager Nationaltheater gewesen, doch nach einigen Jahren gekündigt worden. Medvecká selbst hat uns Studentinnen oft erzählt, eine akute Störung des Innenohrs bekommen zu haben, die sie schließlich am weiteren Ausüben ihres Berufes hinderte. Böse Preßburger Zungen behaupteten hingegen, sie hätte schon immer unerträglich falsch gesungen. Wahrscheinlich stimmte beides.*

Medveckás Unterrichtsform unterscheidet sich drastisch von jener der anderen Lehrer des Konservatoriums: Der Student kommt nicht nur einmal, sondern gleich fünfmal in der Woche in den Genuß einer Gesangsstunde, die dann allerdings nur 25 Minuten lang dauert. Das gewährleistet eine stetige Kontrolle, die gerade am Anfang so wichtig ist. Das Studium dauert insgesamt sechs Jahre. Nach dem 4. Jahrgang hat jeder Student eine „Matura" abzulegen. Bei dieser unterzieht er sich auch einer Prüfung in theoretischen Fächern. Anschließend studiert er weitere zwei Jahre, in denen auch noch „Marxistische Lehre" als obligatorisches Zusatzfach belegt werden muß. Mit dem sogenannten Absolutorium wird das Studium schließlich abgeschlossen. Die meisten Gesangsstudenten bestreiten dann ein internes Abschlußkonzert in den Räumlichkeiten des Konservatoriums, den Besseren wird ein öffentlicher Auftritt mit Klavier eingeräumt. Nur wirklich herausragende Talente dürfen sich auch mit Orchester präsentieren.

Nach ersten technischen Einweisungen macht Medvecká ihre Elevin vorerst mit den beiden Arien der Königin der Nacht aus Mozarts *Zauberflöte* bekannt. Medvecká „öffnet" ihre Stimme bis in die dreigestrichene Oktave hinein und entlockt ihrer Schülerin schon nach einiger Zeit Töne bis hin zum „gis". Gruberova entwickelt zu ihrer ersten Gesangslehrerin eine sehr innige menschliche Beziehung, pflegt auch, gemeinsam mit ihren Kolleginnen, privat recht engen Kontakt zu ihr. *Medvecká ist nie verheiratet gewesen und lebte in derart bescheidenen Verhältnissen, die selbst für mich, die ich aus armem Hause kam, ein mitleiderregender Anblick waren. Ihr Wohnraum war nichts mehr als ein 5x5 Meter großes Zimmer. Wenn es irgend etwas zu feiern gab und sie ihre ganze Gesangsklasse zu sich nach Hause einlud, zwängten sich alle in diese kleine Wohnung, saßen am Boden oder auf dem Bett. Eigentlich waren ihre Studentinnen ihr ein und alles. Als ich einmal krank war, kam sie sogar in unser Haus nach Rača und brachte mir Obst.*

Schon nach wenigen Monaten kristallisieren sich die echten Talente der Gesangsklassen im Preßburger Konservatorium klar heraus: Gruberova, obwohl sie von einem Teil ihrer Kollegenschaft Kritik an ihrer Professorin Medvecká und deren Unterrichtsstil hinnehmen muß, wird sehr schnell als eines der hoffnungsvollsten Talente erkannt. Und mit ihr die Freundin aus dem Kinderchor, Gabriela Beňačková, mit der sie nun in den musiktheoretischen Fächern gemeinsam die Schulbank drückt. Es mag erstaunen, daß innerhalb eines Jahrzehnts nicht weniger als vier Sänger von Preßburg aus Weltkarriere machen sollten, so daß schon die Frage aufgeworfen wurde, ob in dieser Stadt möglicherweise besonders günstige „klimatische Verhältnisse" für Sänger herrschen würden: Lucia Popp, Peter Dvorský, Gabriela Beňačková und Edita Gruberova.

Neben der Gesangsausbildung muß die Gruberova natürlich auch jede Menge von Theoriefächern belegen. *Es gab da einen Gegenstand, vor dem wir uns alle entsetzlich fürchteten: Musikgeschichte. Sie wurde von Professor Conrad Neumann unterrichtet, der als äußerst streng galt. Gleich für die 3. Lektion war eine Prüfung angesetzt, und ich wurde prompt als allererste an die Tafel gerufen. Seine Frage lautete: „Was verstehen sie unter Kulturrevolution?" Ich hatte nicht die geringste Ahnung und schwieg. Neumann herrschte mich an: „Studenten wie Sie brauchen wir nicht an unserem Institut!" Solche Situationen waren bei ihm an der Tagesordnung. Eine Schülerin verließ nach einem Jahr seinetwegen sogar das Konservatorium und nahm ihr Studium in einer anderen Stadt wieder auf. Viele Jahre später, als ich an der Hamburger Staatsoper gastierte, erhielt ich einen Brief von Neumann, in dem er mir mitteilte, daß er nach Deutschland emigriert sei und nun in Hamburg lebe. Er bat mich, ihn zu kontaktieren, doch der Schreck seiner Tyrannei saß mir sogar nach 15 Jahren noch im Nacken, sodaß ich es nicht zuwege brachte, ihm zu antworten. Aber es gab auch ganz andere Lehrer. Im sogenannten Ensemble-Fach hatten wir einen Professor, der das ganze Gegenteil von Neumann war. Er hieß Conrad Schimpl, hatte schulterlanges Haar und war ziemlich klein von Statur. Eine recht witzige Figur! Im Unterricht saß er selbst am Klavier, wir Studentinnen postierten uns rund um ihn. Seine Frau hat ihm immer Butterbrote mitgegeben, die er gleich nach Betreten der Klasse als allererstes aus seiner Aktenmappe holte und auf den Rand der Klaviatur legte. Während seiner Vorlesung ließ er sie sich dann ungeniert schmecken.*

Von der Oper selbst hat Gruberova zu dieser Zeit noch recht wenig Ahnung. Monatelang muß sie ihr Taschengeld zusammensparen, um *für das Vermögen von 500 Kronen* ihre erste Operngesamtaufnahme auf Schallplatte zu erstehen: *Madama Butterfly* mit Renata Tebaldi. *Damals wünschte ich mir nichts sehnlicher, als diese Rolle einmal auf der Bühne singen zu können. Ich habe überhaupt immer solche Opern am liebsten gesungen, in denen ich am Schluß sterben konnte.*

Noch während ihrer Studienzeit wagt sie sich zweimal an den „Antonín Dvořák-Wettbewerb“ von Karlsbad – geht dort beim ersten Mal zwar noch leer aus, erhält aber beim zweiten Anlauf immerhin den 3. Preis (siehe Urkunde S. 26) sowie die Zuerkennung eines ersten Preises für die Interpretation zeitgenössischer Lieder. Im Zusammmenhang mit dieser Auszeichnung wird ihr ein Geldbetrag von 2000 Kronen zugesprochen, eine für damalige Verhältnisse sehr hohe Summe.

Im 4. Studienjahr, dem Jahr der „Matura“, will Gruberova das Studium abbrechen. Ihre familiäre Situation hatte solche Formen angenommen, daß sie sich psychisch nicht mehr in der Lage sieht, mit ihrer Ausbildung fortzufahren. *Zu Hause randalierte mein Vater tagein, tagaus, aber das Geld für eine eigene Wohnung hätte ich einfach unmöglich aufbringen können.* Maria Medvecká schafft Abhilfe. Durch ihre Vermittlung gelingt es, schon für den darauffolgenden Monat einen Platz in einem überbelegten Internat zu bekommen. Gemeinsam mit drei anderen Studentinnen des Konservatoriums teilt sich die 20jährige ein winziges Zimmerchen im Zentrum Bratislavas. *Gott sei Dank konnte ich so mein Selbstvertrauen wiedergewinnen. Natürlich war es mir auch eine Erleichterung, nicht mehr zweimal täglich den langen Weg von Rača nach Preßburg zurücklegen zu müssen. Meine Klavierstudien wurden allerdings beträchtlich eingeschränkt – zu Hause hatte ich ja mein eigenes Instrument gehabt. Jetzt mußte ich mir mit vielen anderen Kollegen die wenigen Flügel des Hauses teilen, auch mit solchen, die Klavier als Hauptfach studierten. Deshalb kam ich kaum mehr zum Üben.* In diese Zeit fällt auch die Bekanntschaft mit Gruberovas späterem Mann Stefan Klimo, einem angehenden Musikwissenschaftler, dessen Vater einen Chor leitet, in welchem sie gelegentlich als Solistin mitwirkt.

Das Debut und keine Folgen

In ihrem letzten Konservatoriumsjahr studiert Gruberova die Partie der Rosina aus Rossinis *Barbiere di Siviglia*. Von Maria Medvecká erfährt sie, daß am Preßburger Nationaltheater für den 6. Januar 1968 ein offizielles Vorsingen für eine Neuinszenierung der Oper angesagt worden war. Die gerade 21jährige zögert keinen Augenblick, sich daran zu beteiligen. *Im Wartezimmer zum Vorsingraum saßen bereits mehrere Kolleginnen der anderen Gesangsklassen. Die Spannung, die in der Luft lag, ließ mich erstmals den sich anbahnenden Konkurrenzkampf fühlen.* Gruberova erhält zwar nicht das Engagement für die Premiere, kann aber die Jury so sehr von sich überzeugen, daß man sie für

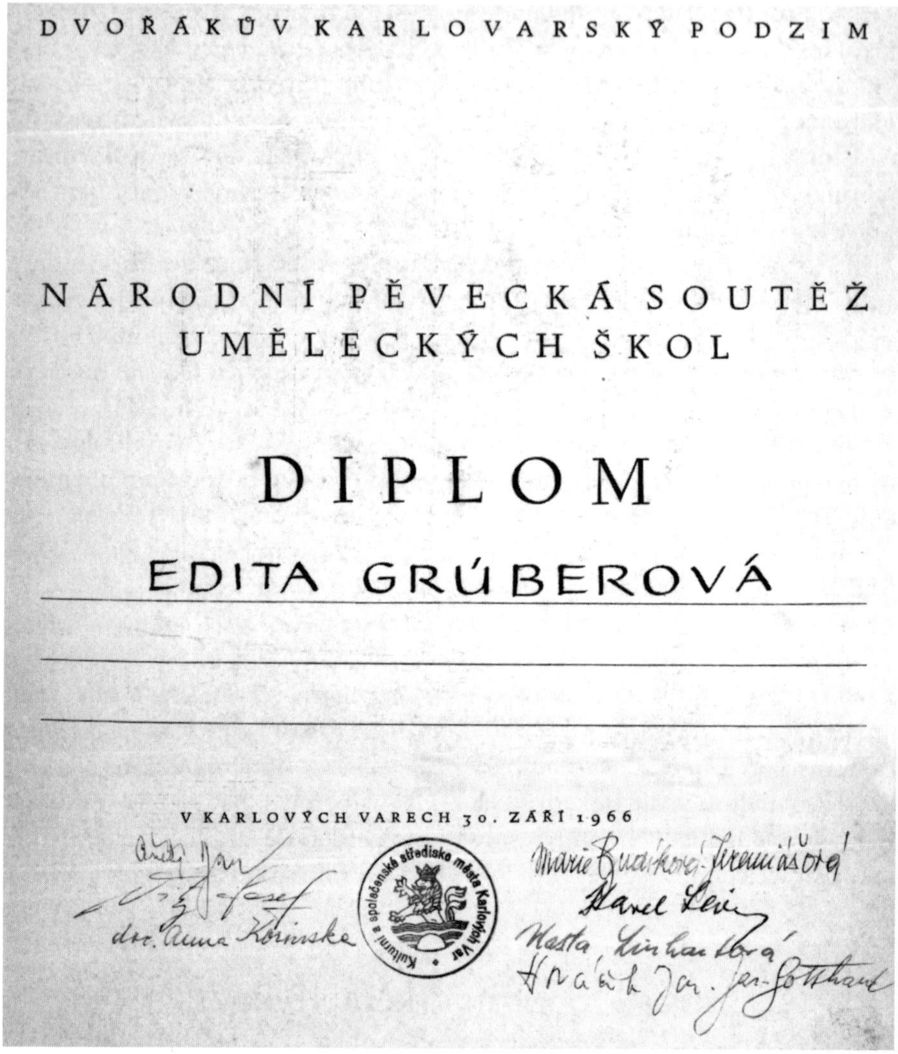
DVOŘÁKŮV KARLOVARSKÝ PODZIM

NÁRODNÍ PĚVECKÁ SOUTĚŽ
UMĚLECKÝCH ŠKOL

DIPLOM

EDITA GRÚBEROVÁ

V KARLOVÝCH VARECH 30. ZÁŘÍ 1966

eine Folge von 12 Abenden unter Vertrag nimmt. Der 18. Februar 1968 ist der Tag ihres professionellen Operndebuts. Mit dem Regisseur der Produktion, Miroslav Fischer, der auch Professor für Dramaturgie an der Hochschule war, absolviert sie lediglich fünf szenische Proben. Nicht gerade viel für jemanden, der eine Opernbühne zum ersten Mal betritt. *Ich war arbeitsbegierig und wollte lernen so viel es nur ging. Aber die meisten Menschen, die im kommunistischen System an wichtigen Positionen saßen, haben immer nur nach unten getreten und nach oben gebuckelt. Man behandelte mich auf derart überhebliche Weise, daß ich bei jeder Kleinigkeit im Erdboden zu versinken meinte. Als Noch-Studentin unter den Hausstars der Preßburger Oper! Nachdem an einer Stelle ein Lichtkegel auf mich gerichtet worden war, bemerkte Fischer nur knapp: „Sie müssen das Licht fühlen! Aber sie fühlen wohl noch nichts, gelt?!" Situationen, die man, wenn sie einem an wichtigen Angelpunkten des Lebens passieren, nicht wieder vergißt. Über die Person der Rosina habe ich freilich ebenso wenig von ihm erfahren wie über den „Barbier" insgesamt.*

Dieses Debut wird zu einem großen persönlichen Erfolg der jungen Preßburgerin, das Publikum reagiert begeistert, und ein Kulturreporter plädiert in einer Lokalzeitung darauf, dieses einheimische Talent sofort unter Vertrag zu nehmen und permanent an das Haus zu binden. Deshalb erwartet sich Gruberova viel von einem persönlichen Gespräch mit dem damaligen Operndirektor und Dirigenten Tibor Frešo. Sie erhofft sich sehnlichst ein festes Engagement, oder wenigstens einen Gastvertrag für einige Abende – ein Wunsch, dem sie auch in ihrem ersten Zeitungsinterview unmißverständlich Ausdruck verleiht. Doch Frešo muß sie enttäuschen. Es gäbe bereits drei fest engagierte Koloratursopranistinnen, eine vierte einzustellen wäre undenkbar. Er rät ihr deshalb zu einem weiteren Studium, nach Möglichkeit in Italien.

Im März 1968 tritt Gruberova zum „Absolutorium" an, der großen Abschlußprüfung des Konservatoriums. Sie schließt die internen Examen mit höchster Auszeichnung ab und wird auch, als einzige Sängerin, zum öffentlichen Abschluß-Konzert mit Orchester zugelassen. Das Diplom trägt den zusätzlichen Vermerk: „Beste Gesangsstudentin des Jahres" (siehe Abbildung S. 28ff.).

Wenige Wochen später gibt es einen Direktionswechsel an Preßburgs Opernhaus. Frešo wird abgesetzt und durch Miroslav Fischer ersetzt, den Regisseur des *Barbier*. Gruberova versucht voller Hoffnung erneut ihr Glück, kommt aber nicht persönlich an ihn heran. Als die Saison dem Ende zugeht und sie eine Entscheidung über ihren weiteren Werdegang nicht mehr aufschieben kann, läßt sie ihn einfach unter dringlichem Vorwand aus einer

Konferenz herausrufen. *Fischer kam mit eiskalter Miene auf mich zu und sagte nur knapp: „Ach Sie sind das! Und was wollen Sie?“ Ich war ob dieser Begrüßung vollkommen entwaffnet und konnte vorerst nur ein jämmerliches Stottern von mir geben. Ich versuchte ihm zu erklären, daß ich lediglich wissen wollte, ob ich Aussichten auf ein Engagement hätte, doch Fischer fiel mir sogleich ins Wort: „Und im Übrigen, was erlauben Sie sich da in den Zeitungen zu verlautbaren? Wir werden jedenfalls die bisherige Politik des Opernhauses fortführen!“ Und damit war unsere Unterredung auch schon wieder beendet.*

Gruberova beschließt, sich nun doch um ein Stipendium im Westen zu bemühen. Als angehende Sängerin in Italien zu studieren, wie ihr Frešo geraten hatte, erscheint ihr am nächstliegenden. Im Kultusministerium in Preßburg erklärt man ihr aber, daß man dort nur zwei Studenten pro Jahr annehmen würde und diese immer aus Prag kommen, also Tschechen sein

ČESKOSLOVENSKÁ SOCIALISTICKÁ REPUBLIKA

KONZERVATÓRIUM v B r a t i s l a v e .

číslo: 11/62

ABSOLUTÓRIUM

G r ú b e r o v á E d i t a

narodený(á) dňa 23. decembra 19 46 v Bratisláva – Rača

okres Bratislava, štát. prísl. Československá

navštevoval(a) konzervatórium od 1. septembra 1962 do 29. júna 1968.

Podľa výnosu Ministerstva školstva a kultúry č 9254/62-IV/3 zo dňa 5. mája 1962 doplneného výnosom číslo 16411/65-IV/4 zo dňa 15. apríla 1965 podrobil(a) sa maturitnej skúške

dňa 14. júna 1966

s výsledkom: p r o s p e l a s v y z n a m e n a n í m .

Po vykonanej maturitnej skúške pokračoval(a) vo vyššom odbornom štúdiu na Konzervatóriu v Bratislave

od 1. septembra 19 66 do 29. júna 19 68.

Beglaubigte Übersetzung aus dem Slowakischen

TSCHECHOSLOWAKISCHE SOZIALISTISCHE REPUBLIK

K O N S E R V A T O R I U M IN B R A T I S L A V A

Zahl : 11/62.

A B S O L U T O R I U M

- - - - - - G R U B E R O V Á E d i t a - - - - - - -

geboren am 23.Dezember 1946 in Bratislava - Rača - - - Bezirk : Bratislava, Staatsangehörigkeit: tschechoslowakisch - besuchte das Konservatorium vom 1.September 1962 bis 29.Juni 1968 . Gemäß Erlass des Ministeriums für Schulwesen und Kultur Zl. 9254/62-IV/3 vom 5.Mai 1962, ergänzt durch den Erlass Zahl 16411/65-IV/4 vom 15.April 1965 hat sie sich der Reifeprüfung am 14.Juni 1966 mit dem Ergebnis : m i t A u s z e i c h n u n g e n t s p r o c h e n unterzogen. - - - - - - - - - - - - - - - - -

Nach abgelegter Reifeprüfung hat sie das höhere Fachstudium am Konservatorium in Bratislava vom 1.September 1966 bis 29.Juni 1968 fortgesetzt. - - - - - - - - - - - - - - - - - -

Die Absolveten-Abschlußprüfung wurde abgelegt :

aus dem Hauptfach SOLOGESANG	mit vorzüglichem Erfolg
aus Pädagogik und Methodik des Hauptfaches	mit vorzüglichem Erfolg
aus dem zweiten Fach	- - - - - - - - - - - - -
aus marxistischer Philosophie	mit vorzüglichem Erfolg
aus Ä s t h e t i k	mit vorzüglichem Erfolg

Die schriftliche Arbeit aus Ästhetik über das Thema : W.A.Mozart: Zauberflöte - 2.Arie der Königin der Nacht : "ästhetisch-historische, musikalisch-analytische und technische Interpretationsanalyse hat sie mit v o r z ü g l i c h e m Erfolg verteidigt.

./.

Beim öffentlichen Absolventenauftritt hat die Kandidatin am 3.März 1968 mit Orchester folgende Kompositionen vorgetragen : W.A.Mozart: Arie der Königin der Nacht aus der
Oper "Die Zauberflöte ".

Leon Delibes : Glöckchenarie aus der Oper "Lakmé".

Im Sinne des Organisationsstatuts der Schul-und Kulturkommission des ZsKNV in Bratislava vom 25.April 1966 ausgezeichnet mit dem Titel :

Gesamtergebnis der Absolventen-Abschlußprüfungen :

" B e s t e r A b s o l v e n t d e s J a h r e s "
in der Abteilung Gesang im Jahre 1968.

Auf Grund des Gesamtstudiums und der Ergebnisse der Reife- und Absolventenprüfungen hat die Genannte die höhere Fachbildung gemäß Gesetz Zahl 186/1960 Slg. vom 15.Dezember 1960 (Schulgesetz) zum künstlerischen Wirken oder zur pädagogischen Tätigkeit an Volks-Kunstschulen im Fach G e s a n g erworben. -

Bratislava , am 29.Juni 1968.

gez.: Unterschrift		gez.: Unterschrift
Vorsitzender der Prüfungskommission	Rundsiegel:	D i r e k t o r
gez.: Mariá Medvecká	Konservatorium in	gez.: Unterschrift
Professor des Hauptfaches	Bratislava	Klassenprofessor

Mitglieder der Prüfungskommission : gez.:Unterschrift

NOTENSKALA ERFOLG : vorzüglich - lobenswert - gut - genügend

GESAMTERGEBNIS : mit Auszeichnung entsprochen -
sehr gut entsprochen - entsprochen. -

-o-o-o-o-o-o-

Die genaue Übereinstimmung der vorstehenden Übersetzung mit der mir vorliegenden slowakischen Urschrift bestätige ich unter Berufung auf meinen Eid.

W i e n , am 11.März 1981.

allg.beeid.gerichtl.Dolmetscher

ÜBERSETZUNGSBÜRO
HILDE BOLPERITZ
WIEDNER HAUPTSTRASSE 14
1040 WIEN 56 13 73

100 100

müßten. Durch ein Detail wie dieses ist die damalige Diskriminierung der Slowaken durch die Tschechen bestens demonstriert. Gruberova hat nun die Wahl zwischen einem Stipendium in Bulgarien oder einem in Rußland. Sie entscheidet sich *für das kleinere Übel* und sucht Rußland aus. Am 28. August 1968 sollte sie ein fünfjähriges Studium am Staatlichen Konservatorium von Leningrad beginnen, doch setzt ein schwerer politischer Schlag dem Vorhaben ein abruptes Ende: Am Morgen des 21. August 1968 wird die Familie Gruber durch das hysterische Geschrei ihrer Nachbarin aus den Betten gerissen: *Die Russen kommen, die Russen kommen, wir werden Krieg haben!* Im Radio wird bestätigt, was sie nie für möglich gehalten hätten: Russische Panzer waren nachts über die tschechoslowakischen Grenzen gerollt. Die Staaten des Warschauer Paktes hatten die ČSSR besetzt. *Unsere erste Reaktion war, uns sofort mit den nötigsten Lebensmitteln einzudecken*, erinnert sich Gruberova. *Also rannten wir in die Geschäfte, die natürlich innerhalb weniger Stunden völlig geleert waren. Mehrere Wochen wagten wir nicht, in das Stadtzentrum von Preßburg zu fahren, da man uns auch schon bald von Schußwechseln berichtet hatte.*

Banská Bystrica

Durch den Ausnahmezustand war der Studienaufenthalt in Leningrad zwar hinfällig geworden, doch eröffnet sich die Möglichkeit, ein erstes festes Engagement anzutreten, welches man der 21jährigen Gruberova bereits mehrere Monate zuvor angeboten hatte, das aber damals von ihr abgelehnt wurde: Jan Hadraba, der Theaterdirektor von Banská Bystrica, einer kleinen Stadt in der Mittelslowakei, hatte gleich nach ihrem Preßburger *Barbier*-Debut sein Interesse an ihr bekundet und war sogar in ihr Haus gekommen, um sie mit großem Nachdruck auch vor ihren Eltern für sein Theater anzuwerben. *Irgendwie hoffte ich, im letzten Moment doch noch etwas Besseres zu bekommen, denn nach Banská Bystrica gingen wirklich nur solche, die man sonst nirgendwo anders haben wollte.* Nach längerem Zögern unterschreibt sie aber schließlich einen Zweijahresvertrag mit einem Anfangsmonatsgehalt von 1200 Kronen, der ihr als „erster Koloratursopranistin“ des Hauses immerhin einige interessante Aufgaben zusichert.

Noch bevor sie ihr Theaterengagement antritt, bewirbt sie sich erneut bei einem Gesangswettbewerb, diesmal im französischen Toulouse. Dafür ist vorerst ein Empfehlungsschreiben des Konservatoriums vonnöten, mit dem man dann beim sogenannten Komponistenbund um Bewilligung ersucht. Von dieser Instanz erhält Gruberova auch bald einen positiven Bescheid und darf so zum nationalen Ausscheidungswettbewerb nach Prag fahren. Dort trifft sie auf weitere sieben Kandidaten – allesamt Tschechen. Gruberova als einzige Slowakin setzt sich auch gegen diese Konkurrenz durch und wird bei einer offiziellen Verlautbarung der Jury zum Wettbewerb in Toulouse zugelassen. Das ruft heftigen Protest einer Mitbewerberin hervor, die vor allen Anwesenden empört erklärt, als mittlerweile 30jährige in Zukunft aus Altersgründen nicht mehr bei Wettbewerben antreten zu können. Die Antwort des Juryvorstandes ist knapp: *Fräulein Gruberova ist zwar die Jüngste, sie hat aber die besten sängerischen Voraussetzungen!*

DIVADLO J. G. TAJOVSKÉHO V BANSKEJ BYSTRICI

Spevohra: B. Bystrica, tel. 22711-12-13
tel. riaditeľa 22746.

Činohra: Zvolen, tel. 2191, 2, 3.

Vážená slečná
Edita GRUBEROVÁ
sólistka
B r a t i s l a v a
Kirovova 527

Vaše čís.:
Naše čís.: 977/1968

Vec: Stanovenie mzdy

Banská Bystrica 16.mája 1968

Dňom 1.augusta 1968 Vás prijímam do Divadla JGT ako sólistku - hlas.obor sopran.

V zmysle výnosu MŠK číslo 51.111/66-VE/2 z 25.11.1966 o úprave pracovných a platových pomerov umeleckých pracovníkov v divadlách pre 1.kval.stupeň umeleckého oboru sólistu, určujem Vám na základe umeleckého ohodnotenia podľa § 1, cit.výnosu mzdu

Kčs 1,200.-, slovom: jedentisíc dvesto korún

čsl.

Stanovená mzda Vám bude vyplácaná po prevedení zrážok v stanovených výplatných termínoch.

Divadlo J. G. Tajovského
Banská Bystrica

Beglaubigte Übersetzung aus dem Slowakischen

J.G.TAJOVSKÝ- THEATER IN BANSKÁ BYSTRICA

Singspiel: B.Bystrica
Tel.22711-12-13
Telephon des
Direktors:22746

Schauspiel: Zvolen
Tel.2191,2,3.

Uns.Zl.977/1968

Geehrtes Fräulein
Edita GRUBEROVÁ
Solistin
B r a t i s l a v a
Kirovova 527

Betrifft :
Festsetzung des Gehaltes

Banská Bystrica,am 16.Mai 1968

Mit dem 1.August 1968 nehmen wir Sie in das JGT-Theater als Solistin - Stimmfach Sopran - auf.

Im Sinne des Erlasses des Ministeriums für Schulwesen und Kultur Zahl 51.111/66-VE/2 vom 25.11.1966 über die Regelung der Arbeits-und Gehaltsverhältnisse der künstlerischen Mitarbeiter in Theatern für die 1. Qual.Stufe des künstlerischen Faches Solistin, setze ich Ihnen auf Grund der künstlerischen Bewertung gemäß § 1 des zit.Erlasses den Lohn mit - - - - - - - - - - - -

Kčs 1.200.-, in Worten : eintausendzweihundert čsl. Kronen, fest. -

Der festgesetzte Lohn wird Ihnen nach Durchführung der Abzüge in den festgesetzten Auszahlungsterminen ausgezahlt werden. - - - - - - - - - - - - - - - -

Mit der Kunst für den Frieden !
Stampiglie :
J.G.TAJOVSKÝ-THEATER
BANSKÁ BYSTRICA -7-
gez.:Unterschrift
Für den Direktor

-o-o-o-o-o-o- ./.

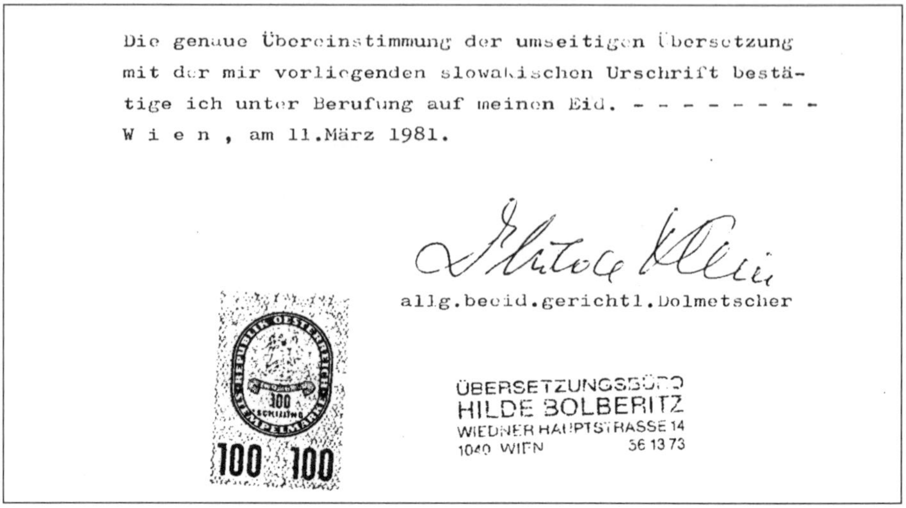
Die genaue Übereinstimmung der umseitigen Übersetzung mit der mir vorliegenden slowakischen Urschrift bestätige ich unter Berufung auf meinen Eid. - - - - - - - -
W i e n , am 11.März 1981.

allg.beeid.gerichtl.Dolmetscher

ÜBERSETZUNGSBÜRO
HILDE BOLBERITZ
WIEDNER HAUPTSTRASSE 14
1040 WIEN 56 13 73

100 100

Gemeinsam mit ihrer ständigen Pianistin Herta Madărová und Lehrerin Maria Medvecká reist Gruberova nach Toulouse. 47 Teilnehmer sind es, die dort um einen Preis ringen, nicht weniger als elf davon sind Koloratursoprane. Es gelingt ihr, mit der Bach-Kantate *Jauchzet Gott*, Delibes' „Glöckchenarie" aus *Lakmé* (einem späteren Paradestück ihrer Arienrecitals) sowie der 2. Arie der Königin der Nacht sich für das Finale zu qualifizieren, in dem ihr die Jury den 3. Preis zuerkennt. Im Abschlußkonzert kann sie schließlich – diesmal mit Unterstützung des Orchesters – mit der „Glöckchenarie" und Richard Strauss' *Ständchen* auch beim Publikum reüssieren. Mit einer Medaille und der für sie stattlichen Geldsumme von 500 Französischen Francs kehrt sie ermutigt nach Hause zurück. Nach ihrer Ankunft in Preßburg muß sie den Betrag allerdings ohne den geringsten Eigenanteil an den Staat abliefern. Als „Gegenwert" erhält sie sogenannte Tuzex-Kronen – Einkaufscoupons für Verkaufsstellen westlicher Produkte. Damit erwirbt sie zwei Armbanduhren für ihre Eltern.

Das Theater von Banská Bystrica hat eine Kapazität von rund 500 Sitzplätzen (im Orchestergraben haben nur sechs erste Violinen Platz!), das Publikum ist nicht selten mit vielen Soldaten der russischen Besatzung durchsetzt, die in einer Kaserne unweit der Stadt einquartiert sind. Das Theater wird zur Stätte für mehrere wichtige Rollendebuts der blutjungen Gruberova. Auch hier debutiert sie mit der Rosina. Nur einige wenige Kritiken in den Lokalzeitungen geben heute Auskunft über die damalige Wirkung der jungen Sängerin auf die Zuhörerschaft. Im mittelslowakischen *Smer* heißt es am 10. September 1968:

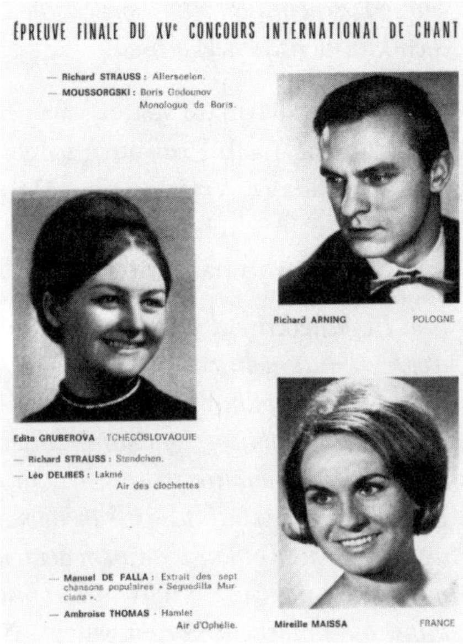

In der Eröffnungsvorstellung der Saison im Theater „J. G. Tajovsky" in Banská Bystrica hat sich zum ersten Mal auf dieser Bühne die junge Absolventin des Konservatoriums, Edita Gruberova, dem Publikum vorgestellt. In der Oper G. Rossinis Barbier von Sevilla sang sie die Rolle der Rosina. Mit ihrer jugendlichen Erscheinung, souveränen Beherrschung der Gesangspartie und kultivierten Darstellung hat sie das Publikum für sich gewonnen und sich zu den ausgezeichneten Leistungen der Partner hinzugesellt. Der Reaktion des Publikums nach können wir konstatieren, daß das Theater eine wertvolle Kraft hinzugewonnen hat, die zur Popularisierung dieser Institution entscheidend beitragen wird.

Am 14. Dezember 1968 debutiert Gruberova in Banská Bystrica mit einer ihrer damaligen Wunschpartien, der Violetta in Verdis *La Traviata*. Es ist in ihrer eigenen Sicht kein Fehler gewesen, sich an diese schwierige Charakterrolle schon damals heranzuwagen, zumal Größe und Bedeutung des Theaters ihrem Alter und ihrem künstlerischen Entwicklungsstand entsprach. In der *Práca* heißt es am 2. Januar 1969 unter dem Titel *Bezaubernde Violetta*:

Gruberovas gesangliche und darstellerische Leistung würde eine eigene Studie verdienen. Diese Absolventin des Konservatoriums in Bratislava hat das Publikum geradezu fasziniert. Ihr beweglicher, technisch vollendet ausgestatteter lyrischer Sopran ist vor allem der brillanten Koloratur fähig. In allen Lagen klingt die Stimme zart und weich, zugleich aber auch wieder glockenhaft und heroisch. Ihre ganze Erscheinung, schauspielerische Kultur und Talent sind ein großes Versprechen künstlerischen Wachsens.

Schon wenige Monate später kann Edita Gruberova immerhin einer erneuten Einladung nach Preßburg folgen, wo sie wiederum einige Auftritte als Rosina absolviert. Vom großen Publikum ihrer Heimatstadt bleibt sie aber noch immer unbeachtet. In der slowakischen *Prawda* bezieht Jaroslav Blaho dazu Stellung und hält unter dem Titel *Unverständliches Publikum?* fest:

Die Besucherkrise der Preßburger Oper ist ein nicht abzuleugnendes Faktum, welches durch mehr oder weniger begreifliche Momente bestimmt wird. Das Desinteresse des Publikums und die letzte Vorstellung des „Barbier von Sevilla" grenzt doch an unglaubliche Ignoranz. In der Rolle der Rosina trat nämlich die junge slowakische Koloratursopranistin, zur Zeit Solistin der Oper in Banská Bystrica, Edita Gruberova auf. Die Gruberova, welche vor wenigen Wochen vom Gesangswettbewerb in Toulouse – einem der wichtigsten seiner Art – die Bronze-Medaille mitbrachte, hat ganz gewiß für den bisher größten Erfolg der slowakischen Vokalkunst an ähnlichem Forum gesorgt. Nicht einmal 100 Besuchern hat sich diese große Hoffnung der slowakischen Oper in vollem Glanz vorgestellt! Es tat mir leid, daß sich unsere Gesangselite vor leerem Saal anstrengen mußte, besonders angesichts der Tatsache, daß unlängst die weniger als unterdurchschnittliche japanische Sopranistin Kimike Sato in „Madama Butterfly" einen außergewöhnlichen, aber mit nichts belegtem Erfolg bei vollem Saal erzielen konnte.

Zurück in Banská Bystrica übernimmt Gruberova erstmals alle drei Frauenrollen in Offenbachs *Hoffmanns Erzählungen*. Wieder nimmt Jaroslav Blaho zur Premiere am 7. November 1969 im Preßburger *Musikleben* Stellung:

Als Olympia ist sie tatsächlich brillant, glänzt mit ihrem kristallklaren und für Kolorateusen auch tragfähigen Ton und wunderschöner Höhe. Auch die Partie der Antonia bewältigt sie ausgezeichnet, obwohl wir hierbei eine gewisse Verarmung in der dynamischen Amplitude heraushören konnten, besonders im Vergleich mit der unlängst idealen Antonia unserer Bühnen, Anna Polakova. Gruberova kann jedoch nicht – auch wenn sie auf ein Minimum gestrichen ist – die Rolle der Giulietta singen. In dieser für sie zu tiefen Tessitur verliert sie die strahlende Farbe ihres Soprans zur Gänze, und es stellt sich ein Hang zum Forcieren ein. Es ist beinahe eine Gesetzmäßigkeit, daß Sängerinnen mit ausgezeichneter Stimmtechnik nach oftmaligem „Einspringen" in ein anderes Fach ihre ureigensten Qualitäten verlieren. Der Leitung des Theaters bleiben nur zwei Möglichkeiten: entweder sich mit Gruberova weiterhin zu brüsten und ihr außer optimalen finanziellen Bedingungen auch künstlerische Voraussetzungen zu schaffen – das heißt, sie nur in ihrem eigenen Fach einzusetzen; oder aber sie an größere Theater zie-

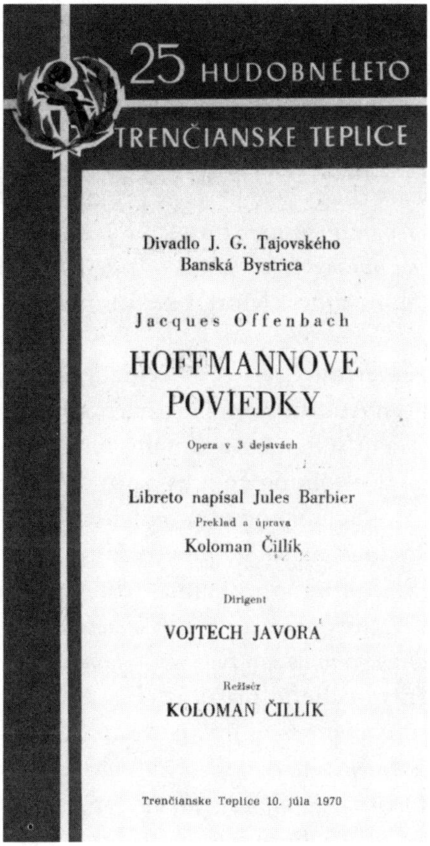
25 HUDOBNÉ LETO
TRENČIANSKE TEPLICE

Divadlo J. G. Tajovského
Banská Bystrica

Jacques Offenbach

HOFFMANNOVE POVIEDKY

Opera v 3 dejstvách

Libreto napísal Jules Barbier

Preklad a úprava
Kolomann Čillík

Dirigent
VOJTECH JAVORA

Režisér
KOLOMAN ČILLÍK

Trenčianske Teplice 10. júla 1970

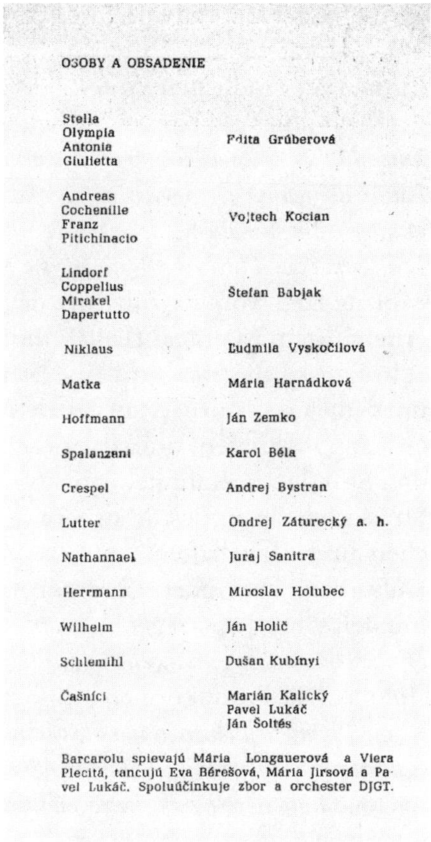
OSOBY A OBSADENIE

Stella Olympia Antonia Giulietta	Edita Grúberová
Andreas Cochenille Franz Pitichinacio	Vojtech Kocian
Lindorf Coppelius Mirakel Dapertutto	Štefan Babjak
Niklaus	Ľudmila Vyskočilová
Matka	Mária Harnádková
Hoffmann	Ján Zemko
Spalanzani	Karol Béla
Crespel	Andrej Bystran
Lutter	Ondrej Zátureckỳ a. h.
Nathannael	Juraj Sanitra
Herrmann	Miroslav Holubec
Wilhelm	Ján Holič
Schlemihl	Dušan Kubínyi
Čašníci	Marián Kalickỳ Pavel Lukáč Ján Šoltés

Barcarolu spievajú Mária Longauerová a Viera Plecitá, tancujú Eva Bérešová, Mária Jirsová a Pavel Lukáč. Spoluúčinkuje zbor a orchester DJGT.

hen zu lassen, in welchen sich für sie adäquatere künstlerische Voraussetzungen finden würden.

Gruberova sieht es heute als wertvolle Erfahrung, auch eine slowakische Version der Eliza Doolittle in Frederick Loewes Musical *My Fair Lady* verkörpert zu haben. Abseits vom großen internationalen Opernbetrieb ist sie vor allem nicht jenem Erfolgsdruck ausgesetzt, dem so manch junger, allzu schnell geförderter Sänger schon zum Opfer gefallen ist. In Banská Bystrica kann sie vorerst einmal ein Gefühl für die Bühne entwickeln und sich auch größere Fehler ohne schwere Folgen leisten.

Obwohl erste Sopransolistin des Theaters, hat sie vorerst keine eigene Wohnung. Gemeinsam mit einer für das schwere Sopranfach engagierten Kollegin wird ihr eine Drei-Zimmer-Wohnung unweit des Theaters zugeteilt, die aber auch noch von einer Choristin bewohnt wird. Das Teilungsverhältnis ist recht bedenklich: Während die seit Jahren um das Theater „verdiente" Chorsängerin gleich zwei Räume bewohnt, haben sich Dramatische und Koloratеuse das dritte Zimmer zu teilen! Das ruft bei den beiden Solistinnen verständlichen Protest hervor. Aber weder der Theaterdirektor noch das Wohnungsamt können aushelfen. *Nach mehreren Monaten konnten wir dann immerhin eine Zwei-Zimmer-Wohnung beziehen, in welcher ich aber immer den Raum meiner Kollegin passieren mußte, um zum Ausgang zu gelangen. Das war sehr unangenehm, vor allem, als sie nach einiger Zeit eine intensivere Freundschaft zu einem Dirigenten des Theaters pflegte, die sie gerne vor mir verborgen gehalten hätte ...* Drei Monate lang wohnt Gruberova dann auch mit ihrer Mutter zusammen, die erneut ihrem Mann entfliehen mußte.

In Banská Bystrica wird eine Neuinszenierung drei- bis viermal gespielt, um dann auf „Tournee" zu gehen. Mit alten Autobussen, die unerträglichen Gestank verbreiten, muß das Ensemble nicht selten eine Anfahrtzeit bis zu drei Stunden in Kauf nehmen. Nach der Vorstellung geht es dann dieselbe Strecke wieder zurück. Man bereist „alle möglichen und unmöglichen Städtchen und Ortschaften", wo die Aufführung meist in einem Kino oder Kulturhaus stattfindet. Garderoben für Solisten gibt es keine – die müssen mit den Chorsängern geteilt werden. *Der Lärm in diesen großen Gemeinschaftsräumen war äußerst unangenehm, nicht unbedingt geeignet zur Konzentration vor dem Auftritt.* Die Produktionen selbst sind entsprechend primitiv. *Für die Hoffmann-Premiere probierten wir die gesamte Zeit hindurch ohne jegliche technische Einrichtungen. Im Bild mit Olympia sollten alle Solisten samt dem Chor auf einem Podest von ganz hinten nach vorne gezogen werden. Doch das Equipment für dieses Spektakel war erst im letzten Augenblick fertiggestellt worden. Am Premierenabend versuchte nun der Motor an besagter Stelle unter lautem Geheul mehrere Hunderte von Kilos zu ziehen, war aber leider viel zu schwach dazu. Das Ergebnis waren heftige, ruckartige Bewegungen aller Beteiligten und ein lachender Aufschrei des Publikums. Und auch unter den ausführenden Musikern selbst gab es einige, die nicht einmal in die Provinz hätten engagiert werden dürfen. Unser Chefdirigent war ein reizender, aber sobald er das Pult betrat, grenzenlos überforderter Leiter. Böse Zungen wollten wissen, daß er einst Kabelträger beim Fernsehen gewesen wäre – ein Gerücht, das sich während meiner Zeit peinlichst aufrechterhielt. Eine recht unangenehme Geschichte passierte mir während einer Vorstellung der Barockoper „Erindo". Es gab da eine Kollegin, die schon mehr als zehn Jahre vor mir am Haus gesungen hatte und jetzt nicht besonders gut auf mich zu sprechen war. In einer bestimmten Szene hatte ich sie während meiner Arie mit einem großen Geschmeide zu krönen. Leider war der Kopfschmuck aber wieder einmal erst zur Premiere fertiggeworden, so daß wir den Ablauf dieser Zeremonie nie richtig probiert hatten. Natürlich wollte der Kamm, an dem das Ganze montiert war, in der Aufführung dann partout nicht in der Perücke stecken bleiben – ich stieß auf harten*

Widerstand. Also drückte ich ihn mit voller Gewalt in das Kunsthaar hinein. Ich hörte meine Kollegin nur leise stöhnen. Nachher sagte sie mir, ich wäre durch die Perücke hindurchgestoßen und hätte ihr fast die Schädeldecke eingedrückt. Das hat unser Verhältnis natürlich nicht gerade gebessert.

Zu den heiß begehrten Nebengeschäften gehört in dieser Zeit das Singen bei Veranstaltungen von Kurbädern. Mit einem solchen Auftritt können Sänger des Theaters ihr Gehalt kräftig aufbessern: ganze 300 Tschechische Kronen erhält man für den Vortrag von ein paar Arien. *Deshalb waren diese besonderen Engagements hochbegehrt. Als Solistin hatte ich das Privileg, öfter dafür angefragt zu werden. Auch mit diesen Auftritten war meistens eine lange Anfahrtszeit verbunden, die sogar einmal abenteuerlich endete: In einer Winternacht fuhren wir noch nach dem Konzert nach Hause, als uns bei schneller Fahrt ein Hirsch ins Auto sprang. Die Windschutzscheibe zersprang in tausend Stücke, und wir mußten zwei Stunden lang mit offener Vorderseite weiterfahren. Am nächsten Tag sang ich halb heiser eine Rigoletto-Vorstellung.*

Der Aufenthalt in dem von Zementindustrie beherrschten Gebiet hat aber auch einen unangenehmen gesundheitlichen Nebeneffekt für Gruberova: eine von der verschmutzten Luft verursachte chronische Angina zwingt sie, zahlreiche Vorstellungen kurzerhand abzusagen. Viele Aufführungen singt sie auch durch die permanente Einnahme von Antibiotika körperlich stark geschwächt.

Im Frühjahr 1969 erreicht sie erstmals ein verlockendes Angebot von außerhalb der ČSSR: Ein Vorsingen am Staatstheater in Stuttgart erweckt in ihr große Hoffnung, da man noch an Ort und Stelle über die finanziellen Bedingungen verhandelt und die sofortige Ausstellung eines Fest-Vertrages in Aussicht stellt. Doch zurück in der Slowakei wartet sie, tief enttäuscht, vergeblich auf weitere Nachricht. Für dieses Vorsingen hatte Gruberova den Endproben zu *My Fair Lady* in Banská Bystrica mehrere Tage lang fernbleiben müssen, was natürlich sogleich neidische Kollegen auf den Plan gerufen hatte. Als sie nun die Probenarbeit fortsetzen möchte, ist sie vom Regisseur bereits von der Premiere „abgesetzt". *Sie singen ja in Zukunft ohnehin mehr im Westen*, heißt es als Begründung, und es wird ihr eröffnet, *immerhin bereits die 2. Vorstellung* singen zu dürfen. „La Gruberova" riskiert ihren ersten Skandal und droht dem Direktor mit der sofortigen Kündigung ihres Vertrages, sollte diese Entscheidung nicht zurückgenommen werden. Doch auch der ist nicht entzückt über die „West-Tendenzen" seiner besten Solistin und unterstützt die Entscheidung des Regisseurs. *Ich ergriff von nun an jede Möglichkeit, mich bei anderen Theatern zu bewerben. Ich wollte so schnell wie nur möglich von dort weg. Es ging mir gar nicht nur darum, an ein größeres Haus wie Preßburg oder*

Prag zu kommen; in erster Linie wollte ich dem kommunistischen System entfliehen. Ich fühlte, nicht eine solche geborene Opportunistin zu sein, um in diesem Gesellschaftssystem überleben zu können. Und der Haß auf die Menschen, die meinen Vater zu einem psychischen Krüppel gemacht hatten, war zu groß, als daß ich ihnen noch viel länger in die Augen hätte schauen können.

Da Gruberova vergeblich auf Antwort aus Stuttgart gewartet hatte und sie in dieser Angelegenheit nun keine Hoffnungen mehr hegt, begibt sie sich, gemeinsam mit ihrer Pianistin Herta Madărová, nach Wien, wo sie um ein Vorsingen an der Staatsoper ersucht. Schon drei Jahre zuvor war sie zum ersten Mal in dieser Stadt gewesen, damals im Rahmen des Gastspiels einer slowakischen Folkloregruppe, in der sie als Sängerin mitwirkte. Sie erinnert sich noch gut an dieses Erlebnis: *Schon in der ersten freien Minute war mein erster Weg zur Oper, dem Haus, das wir als Olymp unter den Opernhäusern der Welt bezeichneten und vor dem ich wie vor einem heiligen Tempel angewurzelt stehen blieb. Der Dirigent unserer Konzerte hatte mir damals versichert: Es wird nicht lange dauern, und dann wirst auch Du auf dieser Bühne stehen! Ich hielt das für vollkommen absurd und lachte ihn aus, konnte mir so etwas nicht einmal in meinen schönsten Träumen ausmalen.*

Nun steht sie also scheu und *mit zitternden Knien* zum ersten Mal auf der Probebühne der Wiener Staatsoper und wartet in einer Ecke auf den Beginn des Vorsingens. Ihre Schüchternheit muß derart augenscheinlich gewesen sein, daß der Co-Direktor des Hauses, Ernst August Schneider, zunächst die Pianistin für die Sängerin hält und diese über ihr Repertoire befragt. Über die Richtigkeit aufgeklärt, *warf mir Schneider einen so verzweifelten Blick zu, daß ich am liebsten im Boden versunken wäre.* Etwas vorsichtig beginnt sie schließlich die erste Arie der Königin der Nacht. *Schneider stand in der entferntesten Ecke der ziemlich langen Probebühne und starrte, mir halb den Rücken zugewandt, aus dem Fenster. Schließlich ging er kommentarlos zum Telefon, und schon wenige Minuten später erschienen mehrere Personen im Raum.* Gruberova setzt mit der 2. Arie der Königin fort – mit Erfolg bei der Jury, denn man entscheidet, sie sogleich auch noch auf der großen Bühne anzuhören. Diese ist aber zu diesem Zeitpunkt besetzt, so daß man einen weiteren Termin in einer Woche vereinbart.

Die Tage dazwischen verbringt Gruberova in München, wo sie beim ARD-Musikwettbewerb antritt und sich mit der „Glöckchenarie“ vorerst für die 2. Runde qualifizieren kann. Doch schon ihr zweites Vortragsstück, die Rache-Arie aus der *Zauberflöte*, mißfällt der Jury, vor allem der Vorsitzenden Erna Berger, vormals selbst eine berühmte *Zauberflöten*-Königin. Somit scheidet Gruberova aus dem Wettbewerb aus und fährt *total entmutigt* zurück nach Wien. Diesmal wohnt neben dem Dirigenten Horst Stein auch der Staatsoperndirektor Heinrich Reif-Gintl dem Vorsingen bei. Die Staatsoper schien das singuläre und ausbaufähige Stimmaterial der Sängerin endgültig erkannt zu haben, denn man bietet ihr noch an Ort und Stelle einen Solistenvertrag an. Blieb nur noch e i n Problem zu lösen: Gruberova, im Begriff, der Direktion ihre Bereitschaft zu einer Vertragsunterzeichnung zu signalisieren, erinnert sich ihres Vorsingens in Stuttgart, wo man ihr Wochen zuvor verbindlich zugesagt hatte. So läßt sie bei einem anschließenden Gespräch im künstlerischen Betriebsbüro ihre Pianistin, die der deutschen Sprache einigermaßen mächtig ist, erklären, vor einer endgültigen Absprache mit Stuttgart keinen Vertrag in Wien unterzeichnen zu können. Es mag erstaunen, daß sie sich darum überhaupt noch kümmern wollte, wo ihr der Vertrag in Wien doch zugesichert worden war, aber dies deutet die Sängerin heute aus ihrem damaligen Pflichtgefühl heraus, das von einem totalitären System geprägt war – etwas, was sie nie so ganz los geworden ist. Die Staatsoperndirektion scheint jedenfalls diese Erklärungen überhaupt nicht zu verstehen, glaubt vielmehr, daß Gruberova Stuttgart nun in finanzieller Hinsicht gegen Wien ausspielen will. Also erhöht man im Verlaufe des Gespräches gleich dreimal (!) das Gagenangebot. Schließlich unterzeichnet sie doch noch einen Vorvertrag.

Wenige Wochen später entsteht das erste Tondokument der jungen Gruberova. Im Slowakischen Rundfunk produziert sie, unterstützt von der Slowakischen Philharmonie, einige Arien. Der Dirigent ist Ex-Operndirektor Tibor Frešo. Die Aufnahme mit Arien aus *Barbiere di Sevilla*, *Traviata*, *Rigoletto* und *Lakmé* läßt heute erkennen, wie enorm ihr Potential schon damals gewesen ist. Wenngleich noch etwas unfrei und mit nur geringen Ansätzen von Expression, läßt sich doch das Kommende, das latent Besondere unschwer registrieren, und es kann nicht verwundern, daß die Staatsoper sie so eilfertig unter Vertrag genommen hatte.

Im Dezember 1969 erhält Gruberova erstmals ein Engagement für zwei Konzerte mit der Slowakischen Philharmonie in Preßburg. Sie singt eine Arie aus Händels Oratorium *Josua*, Bachs Kantate *Jauchzet Gott* sowie die 1. Arie der Königin der Nacht aus der *Zauberflöte*. Das Publikum ist von ihrem Vortrag so hingerissen, daß es mitten im Konzert mit nicht endenwollendem Applaus sogar die Wiederholung einer Arie fordert. Wiederum ist es die Fachzeitschrift *Musikleben*, die uns durch Vlado Čižik von diesem Ereignis berichtet:

Der absolute Höhepunkt dieses Programms war unbestritten die junge Koloratursopranistin Edita Gruberova, die nach der Gluck-Ouvertüre zur Oper „Iphigenie in Aulis“ mit ihren drei Arien die erste Hälfte des Programmes bestritt. Sie hatte ein sehr dankbares Publikum, welches sie mit ständig wachsendem Interesse und stürmischen Bezeugnissen der Anerkennung zur Höchstleistung anzuspornen vermochte. Der Leitung des Orchesters kann man zu diesem Engagement nur aufrichtig gratulieren. Mit großer Selbstverständlichkeit vermochte Gruberova die unterschiedlichen Atmosphären der drei Arien zu differenzieren. Deren gemeinsamer Nenner war die Detailausarbeitung jeder Phrase, die erstaunliche Kristallreinheit der Intonation und die vollkommene Ausgeglichenheit jedes Tones in den zahlreichen Koloraturen. Ihre Leistung hat nicht nur den Stempel der technischen Meisterschaft getragen, sondern war auch gekennzeichnet von innerlich durchlebtem, musikantisch-schöpferischem und hochengagiertem Zugang. Es ist für uns eine Schande, daß man sie nicht in die erste Reihe der Mitglieder unserer slowakischen Opernszene aufgenommen hat.

Emigration und Wiener Lehrjahre

Voller Stolz präsentiert Edita Gruberova ihren neuen Wien-Kontrakt nun auch ihrer Künstleragentur Slovkoncert. Doch dort reagiert man mit größter Empörung: Ohne Zustimmung des Staates, der durch die Agentur repräsentiert wird, sei es keinem Künstler gestattet, Verträge mit westlichen Institutionen abzuschließen. Und man präsentiert ihr einen fertig ausgestellten Vertrag – mit dem Staatstheater von Stuttgart! Dieser war von einer besonders „wohlwollenden“ Vermittlungsperson der Slovkoncert vorerst noch mit Absicht zurückgehalten worden, um nicht allzu große Hoffnungen in der jungen Sängerin zu erwecken, denn eine neu organisierte „Kulturelle Ratsversammlung“ hatte soeben verordnet, daß Künstler in Zukunft vermehrt zurückzuhalten und primär im eigenen Lande einzusetzen seien.

Gruberova hatte es im Gefühl gehabt. Sie mußte sich entweder für ihr Heimatland oder aber für die Wiener Staatsoper entscheiden, und letzteres bedeutete nichts anderes als die Emigration in den Westen. Zwar läßt man sie das Staatsopern-Engagement vorerst antreten – in den ersten Monaten pendelt sie zwischen Preßburg und Wien –, doch sie spürt, daß es nur eine Frage der Zeit sei, bis man ihr eines Tages die Ausreise untersagen würde. So beschließt sie, am 23. März 1971 gemeinsam mit ihrer Mutter nach Wien zu fahren und nicht mehr in die Heimat zurückzukehren. Stefan Klimo, inzwischen ihr Mann, folgt eine Woche später nach. Den von ihm schon längere Zeit angestrebten Posten als Musikprofessor hatte er nicht bekleiden können, da er sich bis dahin geweigert hatte, der kommunistischen Partei beizutreten. Er will sich dem Zwang entziehen, mit dem Politsystem zu kollaborieren, und ergreift mit ebensolchem Eifer die Möglichkeit zur Emigration. *Von dem wenigen, was wir besaßen, konnten wir praktisch nichts mit uns nehmen, es wäre an der Grenze sofort verdächtig erschienen. Alles, was wir in unseren Koffern mitbrachten, waren ein paar Kleidungsstücke und zwei Daunendecken*, erinnert sich Gruberova. *An der Grenze gab es zwei Wachbeamte, die alternierend die Zollabfertigung durchführten. Einer der beiden war ein unglaublich boshafter Kerl, ein dummer Kommunist, wie er im Buche stand. Die Angst vor seinen Schikanen saß uns Österreich-Pendlern allen im Nacken. Der andere, ein etwas dicklicher Typ, war eher gutmütig und für einen östlichen Zollbeamten sogar recht sympathisch. Wir nannten ihn „der Bär". Er sammelte lediglich die Pässe ein, kontrollierte aber kaum jemals das Gepäck. Die letzten Kilometer vor der Grenze wollten und wollten an diesem Tag kein Ende nehmen, so groß war meine Angst. Aber wir hatten unglaubliches Glück – wir trafen auf den „Bären". Meine Mutter und ich hatten verschiedene Plätze im Bus eingenommen und abgemacht, uns nicht zu kennen, obwohl bei genauerer Überprüfung der Pässe unser Verwandtschaftsverhältnis leicht festzustellen gewesen wäre. Der „Bär" wollte ausgerechnet diesmal meinen Koffer sehen, den ich öffnen mußte. Er fragte mich, weshalb ich mit Daunendecken ausreise. Ich erklärte ihm, daß ich in Wien ein Engagement hätte, und deshalb in einer kleinen Wohnung untergebracht wäre. Ich mußte ihm noch versprechen, es wieder zurückzubringen. Dann konnten wir die Grenze passieren.* Es war ein Wettlauf mit der Zeit gewesen, denn schon wenige Tage später, am 5. April, wird ihre erste Tochter Klaudia geboren. Hätte sie in der ČSSR das Licht der Welt erblickt, wäre eine Ausreise zu dritt unmöglich gewesen.

Das, was Gruberova in ihrem Haus zurücklassen mußte, hatte kaum materiellen Wert. Mit vielem ist sie aber persönlich so sehr verbunden, daß der Verlust ihr nun das Herz bluten läßt. Wie eine kleine Kostbarkeit hatte sie eine Schallplatte der damals sehr populären Chansonsängerin Hana Hegerová gehütet. *Diese Platte war zuletzt schon ziemlich zerkratzt, weil ich sie unentwegt gespielt habe, besonders ein Lied mit dem Titel „Amfora", ein sehr melancholisches Liebeschanson. In Wien habe ich die Platte dann gleich in allen Geschäften gesucht, konnte sie aber nicht finden. Es machte mich eine Zeit lang richtiggehend traurig zu wissen, all die Lieder nie wieder hören zu können, die ich mir als Teenager so gerne angehört hatte. Nach 20 Jahren wurde sie dann auf CD gepreßt, und da bekam ich sie eines Tages ganz unverhofft geschenkt. Darüber habe ich mich gefreut wie ein kleines Kind.*

Die Machenschaften des kommunistischen Systems hinterlassen noch lange tiefe Spuren in ihr. *Obwohl ich ab diesem Zeitpunkt nur noch im Westen reiste, bekam ich jedesmal Herzklopfen, wenn ich eine Grenze passieren mußte. Ich hatte immer das völlig absurde Gefühl, wegen meiner Staatsflucht „international gesucht zu werden". Am Flughafen in München wurde ich noch Jahre nach meiner Emigration von einem Zollbeamten aufgehalten, der meinen Koffer von oben bis unten durchwühlte, und mich dann fragte, weshalb ich denn so rot geworden sei. Es ist einfach unglaublich, was dieses System in uns angerichtet hatte.*

Gruberova lebt in Wien unter großem finanziellem Druck. Stefan Klimo hatte begonnen, sein Musikstudium fortzusetzen, und so ist sie mit einem Anfangsbruttogehalt von nur 12.000 Schillingen Alleinverdienerin für eine vierköpfige Familie. Eine große Last, vor allem, wenn die finanzielle Sicherheit einzig von der Intaktheit zweier Stimmbänder abhängig ist.

„Ein kleines und hörenswertes Wunder"

Am 7. Februar 1970 betritt die 23jährige in einer Aufführung der *Zauberflöte* zum ersten Mal die Bühne der Wiener Staatsoper. Im *Merker*, einer von Opernfans privat organisierten Zeitschrift, ist über dieses Staatsoperndebut der Gruberova nachzulesen:

> *Edith Gruberova trug die beiden Arien recht sicher vor, tippte die hohen „f" geschickt an und blieb auch in der Mittellage jederzeit hörbar ...*

Die Rolle wird schnell ihre Visitenkarte, und sie sollte sie in den folgenden 14 Jahren in nicht weniger als 144 Vorstellungen unter bedeutenden Dirigenten wie Josef Krips, Christoph von Dohnányi, Bernard Haitink, Wolfgang Sawallisch, Herbert von Karajan oder Nikolaus Harnoncourt singen. Die Fähigkeit, sich über eine so große Zeitspanne die Höhe für diese Partie zu bewahren, ist nicht nur ein Beweis für eine erstaunliche Technik, sondern vor allem auch für richtige Rollen-Disposition. Drei Schallplattenaufnahmen hat Gruberova in dieser Zeit von der „Königin" gemacht – mehr als irgendeine andere Sängerin. Schon am 12. Februar 1970 kommt es zum nächsten Debut: In einer Aufführung von Offenbachs *Hoffmanns Erzählungen* gibt sie die Puppe Olympia. Auch hiervon berichtet der *Merker*:

> *... von Hoffmanns Amouren gefiel mir und auch dem Publikum die Puppe in der Person von E.G. am besten. Die Stimme hat einen gewissen Reiz, ist jung und unverbraucht. Frl. Gruberova ist zudem musikalisch und man erfreute sich an ihrem Einsatz, an der perlenden Koloratur und an auffallend sicher sitzenden Spitzentönen. Eine Elevin die viel verspricht und der es auf Anhieb gelang, die Beste des Abends zu sein und den weitaus größten Applaus einzuheimsen ...*

Und als Resümee der Aufführung heißt es in derselben Kritik schließlich:

> ... *Im Gesamten: Eintönigkeit wie gehabt, dazu das kleine und hörenswerte Wunder Edita Gruberova. Eine Elevin, die ein Museumsensemble schockierte* ...

Mit einer Kritik im *Kurier* ist der Name Gruberova schließlich auch zum ersten Mal in einer Wiener Tageszeitung zu finden. Karl Löbl hält fest:

> *Naturtalent im Koloraturgesang, der exakt ist, ohne Fehl die Puppenarie bewältigt, im Ausdruck (und auch darstellerisch) die gefährliche, automatenhafte Starre der Figur sehr gut zur Geltung bringt. Manche Passagen darf man schon heute als virtuos bezeichnen. Eine begabte Person, aus Preßburg frisch importiert. Hoffentlich läßt man ihr Zeit, zu lernen und sich zu entwickeln.*

Ihre größte Freude ist, daß man sie die Zerbinetta in Strauss' *Ariadne auf Naxos* studieren läßt. Ein einziges Mal hatte sie die Oper in Preßburg gehört, ohne bleibenden Eindruck. *Als ich nun den ersten Blick in den Klavierauszug tat, dachte ich: das kann ich nie lernen! Es erschien mir unsingbar. Ich war der deutschen Sprache noch kaum mächtig, und so habe ich auch überhaupt nicht verstanden, worum es da eigentlich ging. Und die Korrepetitoren arbeiteten in erster Linie an den richtigen Noten und an der Aussprache, nicht aber am Sinn. Einmal klopfte es an die Tür, und herein kam ein Herr, der sich als Heinz Holecek vorstellte. An Leute mit böhmischen Namen klammerte ich mich immer gleich wie ein Ertrinkender an einen Strohhalm, weil ich hoffte, slowakisch sprechen zu können. Leider war er aber ein „echter Wiener". Er sagte mir, von draußen meine Übungen gehört zu haben, und versuchte mir jetzt zu erklären, wie ich in der Phrase: „So geht es dir mit jeder Frau ..." die richtigen Ausdrucksakzente zu setzen hätte. Ich konnte ihn vorerst nicht richtig verstehen, als er mir den Satz dann aber immer wieder vorsang, begann ich langsam zu begreifen, was er meinte. Ich wiederholte die Phrase so lange, bis er sich grinsend zufrieden gab. Vom Holecek, der ja dann später auch immer wieder der Papageno in meinen „Zauberflöten"-Vorstellungen gewesen ist, hab' ich also sozusagen den ersten Unterricht für die Zerbinetta erhalten!* ...

An der Wiener Staatsoper engagiert zu sein, ist für Edita Gruberova zweifelsohne ein Beginn, um den sie manche Kollegen beneideten. Doch dieser scheinbare Erfolg ist in Wirklichkeit mehr ein äußerlicher. Was sie zu diesem Zeitpunkt gebraucht hätte, wäre die behutsame musikalische Führung beim Studium zahlreicher neuer Partien, wäre ihr Einsatz in mittleren Rollen, wäre ein kontinuierlicher Auf- und Ausbau ihres Materials und ihrer musikalischen Fähigkeiten gewesen. Voller Enthusiasmus und schon immer ausgestattet mit dem für diesen Beruf nötigen Ausmaß an Ehrgeiz, ist sie zu dieser Zeit mehr denn je bereit, Tag und Nacht zu studieren und immer einsetzbar zu sein. In der Praxis integriert man sie aber nicht wirklich in das Ensemble, stellt sie vor keine größeren Herausforderungen, gibt ihr kaum interessante Aufgaben. *Nie in meinem Leben hatte ich derart viel Freizeit. Jeden Tag um neun Uhr morgens habe ich beim Portier der Staatsoper angerufen und gefragt, ob für mich eine Probe angesetzt wäre. Die Antwort war fast immer dieselbe: „Nein, keine Probe für Sie, Fräulein Gruberova!" Also bin ich stundenlang am Donaukanal spazieren gegangen und hab' dabei geweint wie ein Kind.* Ihre Auftritte beschränken sich über Jahre hindurch tatsächlich einzig auf Rollen wie Barbarina, Tebaldo, Olympia, Modistin (*Rosenkavalier*) oder Stimme vom Himmel (*Don Carlo*). Dazu kommen alle nur erdenklichen Mägde und eben immer wieder die Königin der Nacht, was allein zu wenig ist, um die kontinuierliche Entwicklung einer jungen Sängerin effektiv zu fördern. Und Mißgeschicke sind in diesen kurzen Auftritten doppelt gravierend. Als sie unter der Leitung von Horst Stein den Waldvogel in einer *Siegfried*-Aufführung singt und ihren letzten Einsatz verpaßt, kommt dies einer Katastrophe gleich. Der Dirigent zitiert sie in seine Garderobe und läßt sie unmißverständlich wissen: *Mädchen, bei mir heißt es vollkommene Konzentration!* Die wenigen Gastspiele – Olympia an der Hamburger Staatsoper, Königin der Nacht an den Opern von Frankfurt und Köln – sind schon allein der Rollen wegen nicht geeignet, auf sie aufmerksam zu machen: Bleiben die Spitzentöne auch nur einmal aus, gibt es keine „Wiedergutmachungsmöglichkeit". Nicht selten macht sie sich ob ihrer Unterbeschäftigung Luft, beim Studienleiter ebenso wie im Künstlerischen Betriebsbüro. Sie zeigt auch Bereitschaft, noch mehr an der kleineren Volksoper aufzutreten, wo man sie ebenso immer wieder nur mit der Königin der Nacht und Olympia betraut. *Ich wollte einfach singen, egal wo!* Immerhin gibt man ihr dort schließlich drei *Fledermaus*-Vorstellungen, in der sie als Adele debutieren kann. *Ich erhoffte mir, die Partie dann auch einmal an der Staatsoper singen zu dürfen, weil sie doch ein Charakter ist, mit dem man als Sängerin durchaus auf sich aufmerksam machen kann.* Die Antwort läßt auch nicht lange auf sich warten: Als nächsten „Studienauftrag" erhält Gruberova die Sprechrolle (!) der Ida in der *Fledermaus*. *Ich war unglücklich wie noch nie zuvor in meinem Leben, und konnte das Gefühl nicht loswerden, daß mich am Haus jemand bewußt bremsen wollte.* Es bleibt ihr nichts anderes übrig, als den Rat des Co-Direktors Schneider zu befolgen, an freien Abenden den Opern-Vorstellungen im Publikum beizuwohnen, um das Repertoire gut kennenzulernen und nicht zuletzt auch aus Fehlern zu lernen. (Als ob man so ein Sänger würde!) *Fast jeden zweiten Tag holte ich mir von ihm eine Karte für eine Loge und versuchte wenigstens durch Beobachtung so viel wie nur möglich in mich aufzusaugen. Natürlich mobilisierte das den Tatendrang in mir um so mehr, denn nicht selten war ich, zu Recht oder zu Unrecht, überzeugt, es besser zu können als manche Kollegin auf der Bühne.* André Tubeuf, einer der angesehensten französischen Musikkritiker und kompetenter Autor mehrerer Bücher über Gesangskunst, hielt 1993 in einem Essay für das *Journal der Bayerischen Staatsoper* über Gruberovas Anfangszeit fest:

> *Während dieser Lehrjahre konnte sie eine unbezahlbare Qualität entwickeln: ein feines Gehör für die feinsten Unterschiede in Präzision, Atmung und Portamento, eine Voraussetzung für die perfekte stimmliche Harmonie auch mit dem ausgefallensten Timbre eines Kollegen. Nur so konnte ihre Stimme, ein Instrument, dem von Natur aus alle nur denkbaren Mittel gegeben waren, die Palette an Farben entwickeln, die wir heute bewundern.*

Auch Gruberova sieht den Sinn dieser „Galeerenjahre" heute in einem völlig anderen Licht, und ist doch glücklich, „ihr Brot mit Tränen gegessen zu haben". Die Zahl der jungen Musiker ist groß, die von einer Musikbetriebsmaschinerie vermarktet, ausgebeutet und dann gnadenlos fallengelassen werden. *Jeder möchte auf dieses wunderschöne Karussell aufspringen, doch je länger es dauert, je mehr man sich darum bemühen muß, desto besser ist es für das persönliche Wachsen. Es geht ja nicht nur um den vorzeitigen und irreparablen Verschleiß des Stimmaterials, sondern auch um eine gesunde Persönlichkeitsentwicklung. Die gute Stimmanlage allein tut's ja nicht. Man muß sich die richtige Selbsteinschätzung bewahren, wissen, woran man zu arbeiten hat und was man auf seinem Weg, dessen Ende unabsehbar ist, noch vor sich hat. Nicht wenige junge Sänger oder auch Dirigenten sind mir begegnet, von denen mir schien, daß sie den Boden unter den Füßen verloren haben. Das maßlos übersteigerte Selbstbewußtsein ist es, woran die sogenannten Jungstars heute erkranken. Aber was können sie schon dafür, wenn ihnen Vertreter der Managerzunft einreden, sie wären schon mit 23 Jahren absolute Topstars. Wie oft habe ich es im Laufe meiner Karriere erlebt, daß man eine „neue Callas" entdeckt haben wollte. Aber schon nach wenigen Jahren scheinen diese Namen kaum oder überhaupt nicht mehr auf den Besetzungslisten der Opernhäuser auf. Sie alle werden gnadenlos kaputtvermarktet und können die große Erwartungshaltung des Publikums nicht erfüllen. Und wenn man das Warten gelernt hat und längere Durststrecken zu überwinden, dann ist man gegen spätere Enttäuschungen gewappnet.*

Es war aber nicht nur beruflich die schwerste Zeit ihres Lebens, auch die Integration in ein fremdes Land, die Sehnsucht nach dem Heimatboden (wenngleich er mit so vielen gräßlichen Erinnerungen in Verbindung stand), die Schwierigkeiten beim Erlernen der deutschen Sprache, das alles macht ihr schwer zu schaffen. Verstört durch die Information, daß sie der tschechoslowakische Staat wegen ihrer Flucht in Abwesenheit zu einer zweijährigen

Gefängnisstrafe verurteilt hatte, bemüht sie sich nun, die österreichische Staatsbürgerschaft zu erhalten. Wenn Jahre später, als die Gruberova von Wien in die Schweiz umzieht, Stimmen laut werden, sie müsse doch dankbar sein, daß man sie in Österreich damals so sehr unterstützt hatte, so mutet dies doch ein wenig ironisch an, angesichts der Tatsache, daß sich die Staatsopernsängerin wegen der Aufenthaltsgenehmigung nun ganz ordnungsgemäß mit türkischen und jugoslawischen Gastarbeitern stundenlang in der Warteschlange anstellen muß. So wie sie und ihre Familie auch schon im slowakischen Rača als „Deutsche" nicht gerade beliebt gewesen war, so muß sie auch in Österreich erneut einen Identitätskampf bestehen. Obendrein bietet ihr ein besonders rühriger Rechtsanwalt in dieser Angelegenheit seine dubiosen Dienste an und kassiert als Vorauszahlung gleich 10.000 Schillinge – für sie zu dieser Zeit viel Geld. Doch wochenlang gibt es keine positive Nachricht seitens der Behörden. Die Gruberova fordert ihren Vorschuß zurück, erhält aber aufgrund von „Auslagen" nur die Hälfte zurück. Durch eine günstige Vermittlung hat sie dann aber die Möglichkeit, bei einem Diplomatenempfang im Schloß Schönbrunn als Sängerin mitzuwirken, bei welchem sie von Marcel Prawy, dem Dramaturgen der Wiener Oper und populären „Opernführer" des Fernsehens, als große Nachwuchshoffnung vorgestellt wird. Bedauerlicherweise läßt ausgerechnet Hilde Güden, die bei diesem Auftritt anwesend ist, den ebenfalls anwesenden österreichischen Bundeskanzler Bruno Kreisky wissen: *Die hat aber noch viel zu lernen!* Eine Bemerkung, die zum Glück keinerlei Eindruck auf ihn macht. Nur wenige Wochen später ist Gruberova auch österreichische Staatsbürgerin.

Erster Aufschwung

In der Überzeugung, nach wie vor stimmliche Kontrolle zu brauchen, hatte Edita Gruberova schon sehr bald nach ihrer Emigration begonnen, einen neuen Lehrer zu suchen, was zur damaligen Zeit ebenso schwierig gewesen ist wie heutzutage. Es war nicht zuletzt auch immer ihr guter sängerischer Instinkt, der ihr sofort signalisierte, ob sie an eine „gute Quelle" geraten war oder nicht. Große Hoffnung hegt sie Anfang 1972 auf eine Begegnung mit der Mutter von Christa Ludwig. Die schon betagte Gesangspädagogin vermag ihr aber in einer einzigen gemeinsamen Arbeitsstunde auch nicht viel mehr zu erklären, als daß man als Sänger „Wohlklang" erzeugen müsse. Und weitere Arbeitsstunden mit ihr kann sich die Staatsopernelevin aus finan-

Die Eltern und das Kindermädchen mit der einjährigen Edita

Die Zweijährige

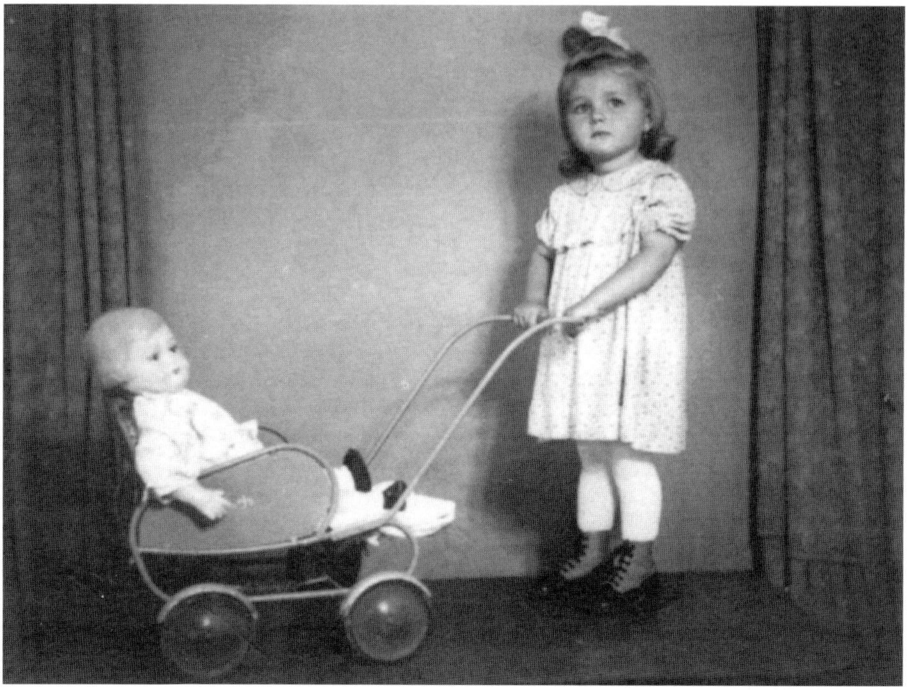

Rača, 1949

Schülerin in Rača, 2. Reihe, 5. von links

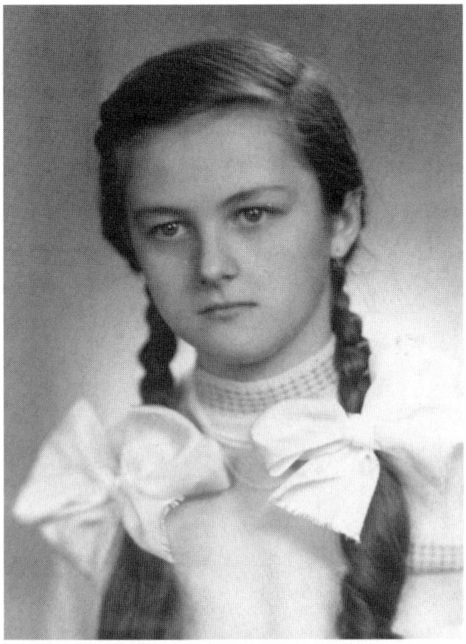

Die Dreizehnjährige

Die Konfirmandin (2. Reihe, 2. von links)
mit ihrem musikalischen Entdecker
Dr. Julius Janko

Vor dem Schulgebäude in Rača, 1962

Rača, 1964

Bratislava, 1966

Konzert in Pößneck
in der ehemaligen DDR (Juni 1966)

Mit einer Studienkollegin 1966 vor dem
Konservatorium in Bratislava

Mit Maria Medvecká, Gruberovas erster Gesangslehrerin
am Konservatorium in Bratislava

Am Klavier mit Lieblingskater Nanak

Mit ihrer Klavierbegleiterin
Herta Madărová beim Gesangswett-
bewerb in Toulouse

Urlaub im Sommer 1969

Antonia in *Hoffmanns Erzählungen*, Banská Bystrica 1969

Olympia
in *Hoffmanns Erzählungen*

Violetta in *La Traviata*,
Banská Bystrica 1968

Olympia in der Wiener Staatsoper 1970

Tebaldo (*Don Carlo*) in der Wiener Staatsoper 1970

Erste Zerbinetta in Wien, 1973

Wien, 1970

Glyndebourne, Mai 1973

Mit Eberhard Wächter als Fiakermilli in Strauss' *Arabella*, 12. September 1976

Wien 1977

Proben zu *Don Carlo*, Salzburg 1977,
mit Mirella Freni, Nicolai Ghiaurov und Fiorenza Cossotto

Sophie im *Rosenkavalier* mit Brigitte Fassbaender, München 1978

Lucia-Debut in Graz,1975

Als Pousette in Massenets *Manon*,
Wiener Staatsoper, 3. Februar 1974

Nach einer Vorstellung von *Ariadne auf Naxos* in Salzburg 1979 mit Ruthilde Boesch

Als Konstanze in der *Entführung*,
Wien 1980

Norina in *Don Pasquale* mit Hans Helm,
Gmunden 1977

Proben zu *Ariadne auf Naxos* 1979 in Salzburg
mit Tochter Klaudia, Oliviera Miljaković und Karl Böhm

Schallplattenaufnahme von *Don Carlo*
mit Günther Missenhardt, Agnes Baltsa und Herbert von Karajan

Als Königin der Nacht 1977 an der New Yorker Met

Beim Abhören eines Arienrecitals in Stuttgart 1983 mit Kurt Eichhorn

Als Zerbinetta in Wien, 1976

ziellen Gründen nicht leisten. – Ein Handicap für junge Sänger ohne Stipendien: Viele der herausragenden Gesangslehrer sind eben sehr teuer. Sie versucht es daraufhin mit Hilde Zadek, erkennt jedoch sehr schnell, an die falsche Adresse geraten zu sein: *Sie erklärte mir, hohe Koloraturpassagen und Staccati ausschließlich „im Kopf" zu erzeugen. Das hat mich schockiert. Ich spürte mehr, als ich es wußte, daß das falsch sein mußte.* Dennoch sollte sich ihre stetige Suche bald lohnen: Auf eine Empfehlung hin sucht sie Kammersängerin Ruthilde Boesch auf. Die beiden Sängerinnen kannten sich bereits flüchtig als Kolleginnen: In ein paar Aufführungen der Wiener Staatsoper hatten sie mehrmals gemeinsam auf der Bühne gestanden. Als Gesangspädagogin von höchstem Rang und hervorragender Reputation ist sich Ruthilde Boesch nun sicher, Gruberova in technischer und musikalischer Hinsicht Hilfe leisten zu können. Und sie unterstützt sie auch hinsichtlich ihrer recht angeschlagenen Psyche: *Edita kam immer ziemlich deprimiert in mein Haus, war bedrückt im Blick in die Zukunft. Doch spätestens, wenn sie mich wieder verließ, hatte ich ihr durch meine extrovertierte Art ein wenig Fröhlichkeit abgerungen.*

Gruberova beginnt erneut, härtest zu arbeiten. All das, was sie sich in Preßburg eher instinktiv angeeignet hatte wird ihr nun durch die Boesch bewußt gemacht. Von den eigentlichen Zusammenhängen und inneren Abläufen des Stimmapparats hat sie trotz sechsjähriger Konservatoriums-Ausbildung noch recht wenig Ahnung. Ruthilde Boesch vermittelt ihr nun erstmals „Methode und Organisation" des Singens. *Erst durch ihren Unterricht wurde mir nach und nach bewußt, welche technischen Schritte ich unternehmen mußte, um etwas Bestimmtes zu erreichen.* Sie feilt an den neuen Erkenntnissen so intensiv, bis sie darin nicht nur absolute Sicherheit, sondern vor allem auch jene Mühelosigkeit und Leichtigkeit erreicht, die bis heute ihren Vortrag so sehr kennzeichnet. Eine kleine Anekdote aus der Zeit mit Ruthilde Boesch belichtet die Intensität der damaligen Arbeit: Ein Arzt, der seine Ordination im Stockwerk über der jungen Staatsopernsängerin hat, fragt Ruthilde Boesch, ohne von deren Verbindung zur Gruberova zu wissen: *Muß denn eine Opernsängerin wirklich so viel üben? Bei mir im Haus singt nämlich eine jeden Tag, und das stundenlang! – Wie heißt sie denn?* fragt die Boesch. *Gruberova, oder so ähnlich*, sagt der Doktor. *Das ist meine beste Schülerin!* jubelt die stolze Lehrerin.

Schon kurz nach dem Studienbeginn bei Ruthilde Boesch beginnt Gruberova wiederum an jener Opernpartie zu arbeiten, die schicksalhaft für ihre weitere Karriere werden sollte – die Zerbinetta. Die Beschäftigung mit der Rolle ist beglückend, aber in der akribischen Ausarbeitung auch zermürbend. Man feilt buchstäblich an jedem Ton, an jeder Ausdrucksfacette, ergründet die Tiefen des genialen Hofmannsthalschen Textes. Mehr als ein ganzes Jahr dauert es, bis man sich mit dem Ergebnis beiderseits zufrieden gibt. Kein einziger Tag vergeht in dieser Zeit, an dem sie sich nicht intensivst mit der Rolle beschäftigt. *Man hätte mich damals um 2 Uhr morgens wecken können, und ich wäre fähig gewesen, die Arie von hinten nach vorne zu singen, so sehr war sie mir in Fleisch und Blut übergegangen.* Nachdem man ihr in der Staatsoper von vorneherein zu verstehen gibt, daß an ein Debut mit einer so schwierigen Rolle für sie auf keinen Fall zu denken sei, bittet sie wiederholt ihren damaligen Agenten Ioan Holender, ihr mit der neu studierten Partie ein Engagement zu verschaffen. Doch Holenders Antwort lautet immer gleich: Für große Häuser wäre Gruberova zu unbekannt (als ob sie nicht hätte vorsingen können!), und an mittleren und kleineren Theatern würde das Werk praktisch nie gegeben (was nicht unbedingt stimmte). Es ist damals wie heute: Die Mehrzahl dieser rührigen Manager ist in erster Linie offenbar am Kommerz interessiert. Dann, wenn ein Künstler sich schon von selbst „verkauft", ist er am interessantesten. Auch Kapellmeister Horst Stein, der zu dieser Zeit gerade designierter Generalmusikdirektor in Hamburg ist, winkt ab. Ihrer Bitte, sie nur einmal mit der Zerbinetta als Gast zu engagieren, kann er nicht stattgeben: *Mädchen, woran denken Sie, ich habe mehrere hundert Verträge zu erfüllen.* Später wird er recht glücklich darüber sein, eine *Ariadne* zu dirigieren, in der *die Erfindung der Zerbinetta* – so sein Ausspruch – zu den Mitwirkenden zählt. Auch der Regisseur Otto Schenk, der die Gruberova in seinen Produktionen dreimal als Sängerin kleiner Partien erlebt, muß heute bekennen: *Ich war der dreimalige Nichtentdecker der Edita.* Es ist Professor Josef Witt, der Leiter des Opernstudios der Staatsoper, der nun bei Direktor Rudolf Gamsjäger vorspricht und diesem versichert, die volle Verantwortung zu übernehmen, falls die junge Sängerin nicht einen großen Erfolg erzielen würde. Gamsjäger, mitnichten ein Förderer Gruberovas, zeigt kein Interesse, sich ihre Zerbinetta anzuhören, ist aber erstaunlicherweise bereit, eine einzige Repertoire-Vorstellung für sie zuzusagen.

Immerhin kann sie zuvor noch erstmals beim internationalen Festival von Glyndebourne in Erscheinung treten: in einer Neuinszenierung der *Zauberflöte* unter der musikalischen Leitung von Bernard Haitink, gekrönt von einer konzertanten Aufführung in der Londoner Royal Albert Hall. Aber ihr Kopf steckt auch in diesem Frühjahr 1973 ausschließlich im Klavierauszug der *Ariadne*. Sie übt die Zerbinetta tagein, tagaus.

Am 8. September kommt es schließlich zum heißersehnten Debut an der Wiener Staatsoper, von dem sie sich nun eine Wende in ihrer Laufbahn erhofft. Die von Heinz Wallberg dirigierte Aufführung gerät zum erwarteten stürmischen Publikumserfolg. Sogar mehrere Orchestermusiker – sicherlich von nicht wenigen berühmten Zerbinetta-Vorgängerinnen verwöhnt – beginnen nach der großen Arie im Orchestergraben auf ihre Pulte zu klopfen. Die Wiener Presse hüllt sich in Schweigen, obwohl es auch gerade von ihr zu erwarten gewesen wäre, die Entwicklung junger Hauskräfte konstruktiv zu unterstützen und ein Rollendebut wie dieses zu beachten. So ist wiederum lediglich im *Merker* nachzulesen:

> *Die junge Sängerin hat nicht nur Spitzentöne und Koloraturen der Rolle bombensicher (sie riskierte sogar, sich bei einer der heikelsten Stellen „... als ein Gott kam jeder gegangen" flach auf den Rücken über den Souffleurkasten zu legen, so sicher war sie ihrer Sache), sie hatte auch Lyrismen in der Mittellage zu bieten und verlieh damit der Zerbinetta eine ungewohnte Stimmfülle ... auch im Vorspiel war die junge Dame präsent, und mischte bei den lustigen Personen kräftig mit. (Die Phrase „... warum hast du sie so verschieden geschaffen?" etwa habe ich seit der Güden nicht mehr so gehört.)*

Und in einem kleinen Gruberova-Portrait derselben Zeitschrift heißt es:

> *Edita Gruberova würde ich zu den „hungrigen" Sängerinnen zählen. Unermüdlich steht sie Tag für Tag im Probenraum der Staatsoper. Sie will singen, sie will nach vorne streben, will Karriere machen. Leider hat sie von der Natur nicht nur großen Ehrgeiz, sondern auch viel Bescheidenheit mitbekommen. Sie gehört nicht in jene Kategorie von Menschen, die sich mit Ellbogentechnik ihren Weg erleichtern. Wer sie kennt, hat das Gefühl, daß Edita Gruberova mehr durch Leistungen reüssieren will, als durch Antichambrieren ... Der Wiener Staatsoper legen wir nahe, auf diese kostbare Stimme zu achten. Zu oft ist es vorgekommen, daß junge Künstler weggingen, anderswo Karriere machten und als teure Stars wiederkehrten.*

Die Antwort von Direktor Gamsjäger folgt auf dem Fuße: Gruberova würde sich auf der Bühne nicht gut bewegen. Vor allem die Tanzschritte in den Commedia-dell'arte-Szenen seien nicht befriedigend gewesen. Und er „verordnet" ihr deshalb Unterricht bei der Ballettchefin Gerlinde Dill. Diese Reaktion, für die Gruberova ein Schock sondergleichen, spricht nicht nur für die unsagbare Arroganz dieses Mannes, sondern auch für seine offensichtliche musikalische Inkompetenz. Denn daß er als Opernchef nicht den geringsten Kommentar über ihre gesangliche Leistung abgibt, führt Gruberova heute darauf zurück, daß er *überhaupt keine Ohren für Stimmen* hatte *und außerdem sowieso vollkommen unmusikalisch war.* Und sie erklärt denn auch immer wieder das Publikum der Wiener Staatsoper zu ihrem alleinigen

„Entdecker". Daß man nach ein paar Probentagen mit einem Regieassistenten keine schauspielerisch hochdifferenzierte Leistung bieten kann, ist einleuchtend. An ihren Tanzschritten kann aber nicht einmal die Ballettchefin etwas aussetzen. Aus welchen Beweggründen auch immer: Gamsjäger engagiert Gruberova schließlich doch noch für weitere vier Repertoire-Vorstellungen der *Ariadne*. Bei der letzten dieser Serie ist nun endlich auch ein Vertreter der Wiener Presse anwesend. Karl Löbl ergreift am 16. März 1974 im *Kurier* unter dem Titel *Zerbinetta mit Herz* im Alleingang Partei für die junge Sängerin und scheut sich nicht, sie mit höchsten Attributen zu bedenken:

> *Vier oder fünf Jahre werden es jetzt wohl schon sein, daß Edita Gruberova Mitglied der Staatsoper ist. Man hat sie einiges singen lassen: Königin der Nacht (denn davor drücken sich sonst alle), Blondchen, Olympia, dazu etliche kleine und kleinste Rollen. Aber wirklich gekümmert hat sich um die junge Slowakin niemand. Man hat sie engagiert, doch man hat sie nicht geführt. Das Schönste an der Oper ist das Entdecken junger Talente, der behutsame Aufbau einer Karriere, die Überlegung, was man mit wem besetzen, riskieren, vielleicht sogar gewinnen kann. Ich habe nie verstanden, daß so viele Direktoren sich um dieses Vergnügen bringen ... Frau Gruberova ist optisch vorteilhaft und akustisch hervorragend. Sie spielt so etwas wie melancholische Koketterie, und das erweist sich bei ihr als reizvolle Mischung. Anmut wird nicht zur Pose, Soubrettenhaftigkeit niemals süßlich. Das gilt auch für ihr Singen. Frau Gruberova wahrt stets den Tonfall einer künstlichen Commedia-dell'arte-Figur, aber sie belebt das Artifizielle ihrer Rolle mit fraulichem Klang, in dem Sehnsucht und Wehmut mitschwingen. Die große Arie ist Artistik und wird doch immer wieder intim, gewissermaßen ein Gespräch von Frau zu Frau. Das wirkt frisch, neuartig, intelligent. Instinktiv Erfaßtes und aus der Praxis eines erfahrenen Beraters Angelerntes sind gut ausbalanciert. Virtuosität des Vortrags, Brillanz der Koloraturen, Sinnlichkeit der Phrasierung und deren sorgfältige Nuancierung ergeben summiert eine überzeugende, rollendeckende Interpretation. Neben der Grist also endlich wieder eine vollkommene Zerbinetta – und sogar mit Herz.*

Nach diesem Lichtblick, der international freilich noch „inoffiziell" bleibt, kann Gruberova immerhin ein weiteres wichtiges Rollendebut verzeichnen: das der Konstanze in Mozarts *Entführung aus dem Serail*, ein Angebot, das aus Graz an sie ergangen war. Das Opernhaus dieser Stadt läßt sie sogleich an das ihrer Heimatstadt Preßburg denken: Es wurde vom selben Architekten im gleichen Stil errichtet. Hier ist es vor allem das Produktionsteam, das einem beim Blick auf den Programmzettel ins Auge springt: Axel Corti, ein angesehener Filmregisseur, zeichnet für die Inszenierung verantwortlich, Wolfgang Hutter, Maler und Mitglied der berühmten „Wiener Schule des Phantastischen Realismus", sorgt für eine märchenpoetische Ausstattung. Gruberova, schon immer interessiert, am Charakter einer Rolle zu arbeiten, ist glücklich, in der Zusammenarbeit mit Corti wertvolle Einblicke in den psychologischen Aspekt der Figur zu erhalten. Lerneifer, Arbeitslust und Tatendrang sind größer denn je, und so scheut sie sich nicht, dies auch kurzerhand der Presse mitzuteilen. Die Schlagzeile eines Kurzportraits über die 27jährige Graz-Debutantin lautet denn auch: *Die Königin der Nacht möchte mehr arbeiten …*

Recht turbulent gibt sich ihre erste Bekanntschaft mit dem Dirigenten Sir Georg Solti. Für einen *Arabella*-Film bei Unitel sollte in Wien der „Soundtrack" hergestellt werden. Die Künstleragentur, die den Vertrag ausgestellt hatte, ließ die Sängerin in einem Schreiben Ort und Datum der Aufnahme wissen. Doch als sie dort erscheint, steht sie vor verschlossenen Türen. Nach telefonischer Rückfrage stellt sich heraus, daß die Information ein Irrtum gewesen war. Mit dem Taxi muß sie noch einmal quer durch die Stadt und kommt mit fast einer Stunde Verspätung im Studio an. Das gesamte Sängerensemble, die Wiener Philharmoniker und der Maestro hatten gewartet – ein Alptraum für eine „allenfalls geduldete" junge Sängerin. *Aber dann hat sie den Mund aufgemacht und gesungen wie ein Vöglein,* erinnert sich Georg Solti, *und alles war vergessen!*

Die „Mär" von einer neuen, hochbegabten Nachwuchssängerin beginnt sich langsam, aber stetig zu verbreiten. Dem schweizer Agenten Emil Jucker gelingt es, einen Kontakt zu Herbert von Karajan herzustellen. Dieser, vom Sensationserfolg ihrer Zerbinetta bereits informiert, erklärt sich bereit, sie anzuhören. Man trifft sich im Brahmssaal des Wiener Musikvereins. Gruberova singt wie immer die beiden Arien der *Zauberflöte*. Karajan, von ihrem Vortrag sichtlich angetan, geht spontan auf sie zu und fragt geradewegs heraus: *Was machen Sie nächsten Sommer? Urlaub, nicht wahr!* Gruberova entsinnt sich, aus Verlegenheit vorerst gar keine Antwort gegeben zu haben. Und da meint Karajan auch schon gleich: *Möchten Sie in Salzburg die Zauberflöte singen?* Es sollte sich bei diesem Debut aber nicht um die Premiere der von Giorgio Strehler inszenierten Neuproduktion handeln, sondern einzig um die letzte Vorstellung der Serie. Für Gruberova dennoch eine große Einstiegschance in internationales Terrain.

Als sie im Festspielsommer des Jahres 1974 bei den Proben als „Cover" assistiert, muß die vorgesehene Premieren-Sängerin Louise Lebrun aus gesundheitlichen Gründen plötzlich absagen. Und so übernimmt Gruberova

Die Zauberflöte

Oper in zwei Aufzügen
Text von Emanuel Schikaneder
Musik von Wolfgang Amadeus Mozart

Dirigent: Herbert von Karajan
Inszenierung: Giorgio Strehler
Bühnenbild und Kostüme: Luciano Damiani
Choreinstudierung: Walter Hagen-Groll

Orchester: Wiener Philharmoniker
Chor der Wiener Staatsoper

Großes Festspielhaus
Freitag, 26. Juli 1974, 19 Uhr

Sarastro	Peter Meven
Tamino	René Kollo
Sprecher	José van Dam
Erster Priester	Hans Christian
Zweiter Priester	Alf Beinell
Königin der Nacht	Edita Gruberová
Pamina	Edith Mathis
Erste Dame	Jane Marsh
Zweite Dame	Trudeliese Schmidt
Dritte Dame	Sylvia Anderson
Papageno	Hermann Prey
Papagena	Reri Grist
Monostatos	Gerhard Unger
Drei Knaben	Solisten des Tölzer Knabenchores
Erster Geharnischter	Martin Schomberg
Zweiter Geharnischter	Martin Egel

Priester, Sklaven, Volk

Pause nach dem ersten Aufzug

Künstlerischer Koordinator: Peter Busse
Musikalische Assistenz: Friedemann Layer
Regieassistenz: Harry Reich-Ebner
Choreographie: Marisa Flach

Technische Gesamtleitung: Hermann Andre
Die Ausstattung wurde in den Werkstätten der Salzburger Festspiele hergestellt / Dekorationen: Imre Vincze / Kostüme: Magda Gstrein

schon die öffentliche Generalprobe. Den Tag darauf erklärt sich Lebrun jedoch wieder bereit zu singen. Karajan entscheidet aber: Gruberova singt nun auch die Premiere.

Es war für sie immer klar gewesen, daß mit dieser Partie selbst bei gelungenem Vortrag nur sehr schwer zu reüssieren ist. Das Fehlbarkeitsrisiko der beiden einzigartig exponierten Arien ist enorm. Man hat als Sängerin keine Anlaufzeit für die Stimme, auch nicht jene kontinuierliche Entwicklungsmöglichkeiten in der Figur, die einem sonst einen Opernabend lang zu Gebote stehen. Die kleinste Unebenheit verursacht eine Beeinträchtigung des Ganzen. Das Mißlingen eines der fünf hohen „f" bedeutet, die Arie schlecht gesungen zu haben. Und so gerät auch am Abend des Salzburg-Debuts eben bei weitem nicht alles so, wie man es bislang von den meisten ihrer bis dahin 55 Auftritte als „Königin der Nacht" her gewohnt war. Der Erfolg bleibt aus, die Presse äußert sich zurückhaltend bis negativ, ein Rezensent bezeichnet sie gar als eine *für Salzburg unwürdige Besetzung*. Und Gruberova bekennt heute freimütig: *Ich habe die Königin nie so schlecht gesungen wie bei dieser Premiere.*

Doch in Salzburg scheint man an die Fähigkeiten der jungen Sängerin dennoch weiterhin zu glauben, da man sie schon ein Jahr später als Ersatz für Margaret Price zurückholt. Diese hatte nach der Premiere einer Neuproduktion der *Entführung*, überfordert von der zweifellos für sie zu hohen Tessitura und den Koloraturen der Konstanze, die letzten Vorstellungen abgesagt.

Auch der Kontakt zu Karajan sollte nicht abreißen. Gruberova erhält noch während der Festspielzeit die Gelegenheit, ihm ihr neues Paradestück, die „Zerbinetta"-Arie, vorzutragen. *Er kam ganz alleine in das Zimmer, und erst da wurde mir klar, daß er selber Klavier spielen wollte. Ich hatte aber keine Noten mitgenommen. Also setzte er sich ohne Umschweife an den Flügel und begleitete mich das lange und komplizierte Stück hindurch auswendig! Zwei-, dreimal unterbrach er mich, um einen Tonansatz zu korrigieren oder eine andere Farbe zu fordern, aber das war alles. Er versicherte mir, mich im Falle einer Aufführung unter seiner Leitung auf jeden Fall zu engagieren.* Dazu sollte es aber leider nie kommen. Karajan hatte *Ariadne* Zeit seines Lebens nie auf der Bühne, lediglich 1958 einmal im Studio für eine Aufnahme dirigiert. Beim Verabschieden mahnt er sie noch mit besonderem Nachdruck: *Gehen Sie so schnell wie möglich weg von Wien. Dort werden Sie nie Karriere machen!*

Weitere Rollendebuts und Anfänge im Liedgesang

Schon während ihrer Studienzeit mit Ruthilde Boesch hatte Edita Gruberova begonnen, sich mit Klavierliedern auseinanderzusetzen. Die Kultivierung dieses Genres scheint ihr von Anfang an ganz besonders am Herzen gelegen zu haben, denn schon sehr früh strebt sie nach dem Unmöglichen, nämlich als junger unbekannter Sänger ein Solorecital zu bestreiten. Ihre interpretatorische Aussagefähigkeit als Opernsängerin ist ihrer eigenen Aussage nach zu einem guten Teil auch der stetigen Beschäftigung mit Liedern zuzuschreiben. Viele Opernsänger winken gerade dort ab, wo mit größter Sensibilität das eigentliche künstlerische Verdienst zu erwerben ist. Für Gruberova bedeutete das Kunstlied stets die größte Herausforderung. *In der Kammermusik*, ist sie überzeugt, *liegen die wertvollsten musikalischen Kunstschätze überhaupt. In vielen Momenten meines Lebens habe ich für mich aus dieser Quelle geschöpft. Es gibt zwei fundamentale Elemente, denen sich jeder Sänger immer wieder stellen sollte: Mozart und das Kunstlied.* Harald Goertz, Korrepetitor an der Wiener Staatsoper, ist es, der nun die ersten Liederabende der Gruberova organisiert und begleitet. Unter der Schirmherrschaft der österreichischen Organisation Jeunesse musicale gibt es mehrere Auftritte in kleineren österreichischen Städten. Ein sehr vielversprechendes Konzert geben die beiden im Brahmssaal des Wiener Musikvereins, im Bereich der Kammermusik eine sehr traditionsreiche Stätte. Man hat ein abwechslungsreiches, aber stilistisch uneinheitliches Programm zusammengestellt: Drei Lieder op. 25 von Anton von Webern, chinesische Gedichte von Thomas Christian David, daneben Ausgewähltes von Mozart, Bellini und Verdi (Composizioni da camera), Dvořáks *Zigeunermelodien* und vier der Brentano-Lieder op. 68 von Richard Strauss. Gerhard Kramer hält am 11. Februar 1975 in der Wiener *Presse* darüber fest:

Ein Liederabend, für den das Wort sensationell nicht zu hoch gegriffen scheint. Überzeugend hat damit der junge Koloratursopran der Wiener Staatsoper nach dem Oratorium auch das Liedpodium für sich erobert und dabei neuerlich Persönlichkeit, Intelligenz, Musikalität und Technik glanzvoll unter Beweis gestellt. Persönlichkeit: Weil sie mit der ruhigen Sicherheit ihres Auftretens, die in der Qualität ihres Singens volle Rechtfertigung hat, sofort Kontakt zum Publikum hat, es mit ihrer sympathischen, lebensbejahend-fröhlich wirkenden Ausstrahlung mehr und mehr in ihren Bann zieht und es in angenehmster Laune entläßt. Intelligenz: Weil ihr höchst unkonventionell, aber letztlich überzeugend zusammengestelltes Programm auf die spezifische Eigenart ihrer Stimme und ihrer Kunst zugeschnitten ist und demonstriert, wie man auch mit den Mitteln virtuosen Ziergesanges und unter völliger Ausklammerung der Standardkomponisten „Liedgesang" im echten Sinn des Wortes betreiben kann, nämlich: in ein paar Takten eine Stimmung, eine Person, eine Situation, ein Erlebnis, ein Schicksal zu umreißen.

Neben ihren ersten Schritten als Liedsängerin kann Gruberova nun auch endlich auf Erfahrung im Belcanto-Bereich verweisen. Das Opernhaus von Graz heißt sie nach ihrem Erfolg mit der Konstanze erneut willkommen und betraut sie mit einer großen Aufgabe: Donizettis *Lucia di Lammermoor.* Nachträglich erscheint es als glückliche Konstellation, daß sie mit der Partie, die sie diesmal ohne Korrepetitor oder musikalischen Berater einstudiert hatte, vorerst einmal abseits der Weltmetropolen debutieren kann. Nur allzugerne hätte sie im Detail gearbeitet und stilistische Impulse von kompetenten Musikern empfangen, doch dem war nicht so. Sehr zu ihrem Bedauern bleibt es vorerst bei nur einer einzigen Aufführung. Ein Jahr später singt sie dann noch eine zweite Repertoirevorstellung an der Seite von Carlo Bergonzi.

Als weitere Wien-Debuts kann sie im Jahre 1975 das der Sophie in Richard Strauss' *Rosenkavalier* und jenes der Rosina im *Barbiere di Sevilla* (an der Seite Nicolai Ghiaurovs) verbuchen. Obwohl für ihre Stimmanlage gut geeignet, hat sich die Sängerin nie mit der Figur der Sophie identifizieren, ihr nie eine größere Bedeutung zumessen wollen. *Wenn eine Rolle nichts für den Ausführenden bedeutet, so wird sie dem Publikum noch weniger bedeuten*, hatte Sir Laurence Olivier einmal gesagt. Ohne eine einzige Orchesterprobe singt sie *unsicher und unüberzeugt* (Gruberova) an der Seite von *Rosenkavalier*-Erfahrenen wie Leonie Rysanek (später auch Sena Jurinac) als Marschallin, Gertrude Jahn als Octavian, Karl Ridderbusch als Ochs von Lerchenau und Erich Kunz als Faninal. Weit erfolgreicher war wenige Monate zuvor ihre erste Rosina an der Staatsoper ausgefallen, die das Publikum erneut stürmisch feiert. Schon zu dieser Zeit „gehört" die Gruberova den Wienern. *Wenn sie im Ausland gastiert, dann nur, weil wir sie verleihen*, bekannte ein Wiener Opernenthusiast einmal dem Autor. Der *Merker* hält über das *Barbier*-Debut fest:

Der fast schrullige Humor, den diese junge Sängerin in dieser Partie an den Tag legt, ist wirklich komisch und dabei nicht einen Moment lang gekünstelt oder gar outriert. Gesanglich ist sie schlicht gesagt „eine Wucht" – ähnlich kühne Kadenzen, Verzierungen und todsichere Spitzentöne wird man heute im Fach der Koloraturvirtuosin kaum antreffen. Jetzt eine Zerbinetta, das müßte die Erfüllung sein.

Der Entdecker: Karl Böhm

Diese Erfüllung rückt in greifbare Nähe, als der neue Staatsoperndirektor Egon Seefehlner für die Saison 1976/77 eine Neuproduktion von *Ariadne auf Naxos* ankündigt. Am Schwarzen Brett gibt es dazu einen Aushang, auf welchem die komplette Besetzung bekanntgegeben wird: Regie und Ausstattung sollten in den Händen von Filippo Sanjust liegen, der legendäre Karl Böhm für die musikalische Einstudierung verantwortlich sein. Gundula Janowitz ist als Ariadne, James King als Bacchus, Agnes Baltsa als Komponist vorgesehen. Als Zerbinetta sollte Constance Cuccaro aus Berlin „importiert" werden – eine ebenso unglaubliche wie irrwitzige Besetzungspolitik des neuen Direktors, wo doch im Hausensemble eine allererste Kraft zur Verfügung stand. Die Gruberova macht ihrer Empörung diesmal auch sehr schnell Luft. *Ich bin wie von der Tarantel gestochen zu Studienleiter Hartl gerannt und habe mich zum ersten Mal total vergessen. Ich habe getobt, gefleht und geweint gleichzeitig.* Hartl schlägt sich auch sogleich auf die Seite der Gruberova und legt selbst ein Wort bei Seefehlner ein, indem er ihm vom Sensationserfolg ihrer Zerbinetta in der Gamsjäger-Ära berichtet. Doch der Intendant bekennt unverhohlen seine Abneigung gegenüber der jungen Sängerin: sie habe ihm als „Stimme vom Himmel" überhaupt nicht gefallen! Seefehlners Gedankengang muß nicht erst ausführlich kommentiert werden: Sollte es tatsächlich möglich sein, die stimmliche Potenz und Persönlichkeit einer Sängerin zu beurteilen, wenn diese für das Publikum unsichtbar vom Schnürboden aus einige wenige Takte zu singen hat? Hartl, jetzt selbst fassungslos, geht nun den direkten Weg. Als guter Bekannter von Karl Böhm bittet er den Altmeister selbst, sich Gruberova doch wenigstens anzuhören. Böhm, der zu dieser Zeit gerade den *Freischütz* an der Staatsoper einstudiert, willigt gerne ein, sie nach einer Probe auf der großen Bühne zu hören. Durch vergangene Erfolge in ihrem Selbstvertrauen gestärkt, aber doch „unsagbar nervös", stellt sie sich erneut einer Zerreißprobe. Böhm bittet sie, ihm nur den zweiten Teil der Arie vorzutragen. Danach kommt er selbst auf die Bühne, nimmt sie an beiden Händen und sagt: *Mein liebes Kind, wir werden das zusammen machen!* Dieser einzigartigen Chance versichert, kann sich Gruberova nun beruhigt für mehrere Monate vom Opernbetrieb zurückziehen: im März 1976 bringt sie ihre zweite Tochter Barbara zur Welt. Längeres Pausieren kann für einen Sänger problematisch sein. Die schlaffen Stimmbänder müssen, wie beim Muskeltraining, mit großer Vorsicht wieder gestärkt werden. Die Gefahr der gefürchteten Stimmbandknoten ist in solchen Stadien nicht gering, zumal nach einer Geburt, die den Stimmapparat obendrein entscheidend verändern kann. Ohne weitere Komplikationen kann Gruberova aber im Sommer ihre Arbeit wieder aufnehmen: Karajan hatte sie erneut zu den Salzburger Festspielen verpflichtet, wo sie nun als Tebaldo und Stimme vom Himmel in sechs Vorstellungen von Verdis *Don Carlo* mitwirkt. Und schon kurz nach dem Wiener Saisonbeginn, in welchem sie zum ersten Mal auch die von ihr nie geliebte, weil „unsingbare" Fiakermilli in Strauss' *Arabella* übernimmt, beginnt sie mit den Proben zur Neuinszenierung der *Ariadne*, die den Anfang einer denkwürdigen Partnerschaft zwischen ihr und Karl Böhm setzt und bis zu dessen Tode im Jahre 1981 währte. Die Sängerin erinnert sich der ersten Klavierprobe mit Böhm: *Im Ensembleprobenraum saßen alle Starkollegen wie brave Schüler und haben aufgepaßt wie die Haftelmacher, was dem oft grantelnden Herrn Doktor gefiel und was nicht.* Nachdem sie ihre Zerbinetta-Arie auch erstmals mit Orchester gesungen hatte, trifft sie Böhm im Garderobengang, der sie sogleich mit einem Küßchen belohnt: *Damals hat man mir gesagt: Wenn der Böhm einen küßt, dann*

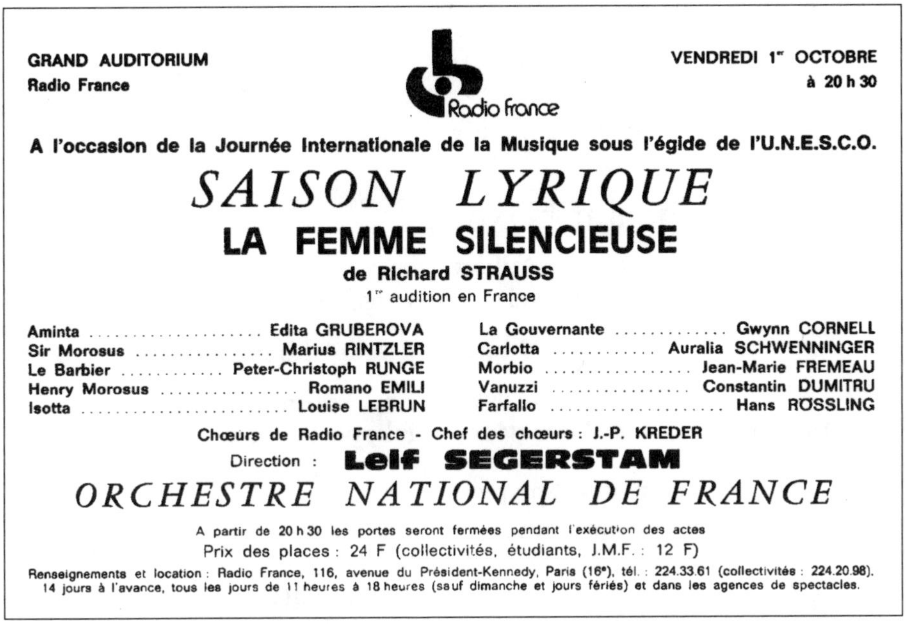

GRAND AUDITORIUM
Radio France

Radio france

VENDREDI 1er OCTOBRE
à 20 h 30

A l'occasion de la Journée Internationale de la Musique sous l'égide de l'U.N.E.S.C.O.

SAISON LYRIQUE

LA FEMME SILENCIEUSE

de Richard STRAUSS

1re audition en France

Aminta	Edita GRUBEROVA	La Gouvernante	Gwynn CORNELL
Sir Morosus	Marius RINTZLER	Carlotta	Auralia SCHWENNINGER
Le Barbier	Peter-Christoph RUNGE	Morbio	Jean-Marie FREMEAU
Henry Morosus	Romano EMILI	Vanuzzi	Constantin DUMITRU
Isotta	Louise LEBRUN	Farfallo	Hans RÖSSLING

Chœurs de Radio France - Chef des chœurs : J.-P. KREDER

Direction : **Leif SEGERSTAM**

ORCHESTRE NATIONAL DE FRANCE

A partir de 20 h 30 les portes seront fermées pendant l'exécution des actes

Prix des places : 24 F (collectivités, étudiants, J.M.F. : 12 F)

Renseignements et location : Radio France, 116, avenue du Président-Kennedy, Paris (16e), tél. : 224.33.61 (collectivités : 224.20.98). 14 jours à l'avance, tous les jours de 11 heures à 18 heures (sauf dimanche et jours fériés) et dans les agences de spectacles.

hat man schon gewonnen. Böhms behutsame und in Strauss-Angelegenheiten höchst kompetente Führung ist ohne Zweifel das Beste, was die aufwärtsstrebende Sängerin sich wünschen konnte. Den Dirigenten, schon zu Lebzeiten eine Legende, hatte eine intensive künstlerische und auch persönliche Freundschaft mit Richard Strauss verbunden, die in der Widmung von dessen Oper *Daphne* gipfelte. Obwohl Böhm nicht wirklich intensiv mit ihr arbeitet, sich mit dem Gebotenen in fast allen Details zufriedengibt, so ist es die umsichtige Führung vom Pult aus, seine charismatische Qualität, die das Musizieren mit ihm dennoch zum unvergeßlichen Erlebnis macht. *Bei ihm habe ich mich vollkommen frei und sicher gefühlt. Bei den Vorstellungen konnte ich spüren, wie er mich buchstäblich beobachtete, mich führte und dann wieder freiließ, und das alles ganz natürlich und selbstverständlich. Es war das „Geben und Nehmen" im besten Sinne.*

Die Premiere am 20. November 1976 gerät zu genau jenem Erfolg, den sie und ihre Gönner sich längst gewünscht und den im Grunde auch jeder erwartet hatte. Wenn man von einem „Durchbruch" der Gruberova sprechen kann, dann war er durch diese Neuinszenierung erfolgt. Freilich dadurch relativiert, daß es sich um eine deutschsprachige Oper handelte. Für die große, international ausgerichtete Karriere eines Sängers ist der Erfolg mit einer italienischen Oper vonnöten, der im Falle Gruberovas aber auf dem

Samstag, 20. November 1976 *Staatsoper*

PREMIERE

Ariadne auf Naxos

Oper in einem Aufzug	
nebst einem Vorspiel von	Hugo von Hofmannsthal
Musik	Richard Strauss
Dirigent	Karl Böhm
Inszenierung und Ausstattung	Filippo Sanjust
Personen des Vorspiels	
Der Haushofmeister	Erich Kunz
Der Musiklehrer	Walter Berry
Der Komponist	Agnes Baltsa
Der Tenor (Bacchus)	James King
Ein Offizier	Peter Weber
Ein Tanzmeister	Heinz Zednik
Ein Perückenmacher	Georg Tichy
Ein Lakai	Alfred Šramek
Zerbinetta	Edita Gruberova
Primadonna (Ariadne)	Gundula Janowitz
Harlekin	Barry McDaniel
Scaramuccio	Kurt Equiluz
Truffaldin	Manfred Jungwirth
Brighella	Gerhard Unger
Personen der Oper	
Ariadne	Gundula Janowitz
Bacchus	James King
Najade	Hilda de Groote
Dryade	Axelle Gall
Echo	Sona Ghazarian
Zerbinetta	Edita Gruberova
Harlekin	Barry McDaniel
Scaramuccio	Kurt Equiluz
Truffaldin	Manfred Jungwirth
Brighella	Gerhard Unger

Musikalische Studienleitung	Norbert Scherlich
Abendspielleiter	Anton Wendler, Michael Färber
Technische Einrichtung	Hans Langer
Beleuchtung	Robert Stangl
Leitung der Kostümwerkstätten	Alice Maria Schlesinger
Leitung der Dekorationswerkstätten	Pantelis Dessyllas
Dekorations- und Kostümherstellung	Werkstätten der Bundestheater
Eine größere Pause	nach dem Vorspiel
Beginn	19.30 Uhr
Ende	22 Uhr
Programmdienst der Bundestheater	Telefon 15 18
Preis des Programms	S 12,–

Beachten Sie bitte unsere Informationsschrift „SZENE"

Fuße folgte. Jetzt breitet sich dieser persönliche Triumph in der Opernszene wie ein Lauffeuer aus.

Einen Vertrag für ihren Einstand an der Metropolitan Opera in New York hatte Edita Gruberova schon vor der *Ariadne*-Premiere unterzeichnen können. Ausgerechnet am zweiten Weihnachtstag des Jahres 1976 muß sie sich schweren Herzens von ihrer Familie trennen, um zum ersten Mal den Atlantik zu überqueren. Dabei gerät sie auch noch in ein Unwetter, das ihr unvergeßlich bleibt. *Angst hab' ich nur im Flugzeug, nicht auf der Bühne*, bekennt sie seither des öfteren in Interviews. Auch in den USA ist sie vorerst mit der undankbaren Rolle der Königin der Nacht vertreten (mit ihr debutiert der erst 27jährige Dirigent James Conlon in dieser *Zauberflöte*), mit der sie erneut mäßigen Erfolg und bei weitem keine öffentliche Aufmerksamkeit erregt. In der *New York Times* berichtet Allen Hughes am 7. Januar 1977 aber durchweg Erfreuliches:

Edita Gruberova bewies ihre Fähigkeit, die Koloraturen mit klarer Artikulation sicher zu bewältigen. Ihre Spitzentöne waren „am Platz" und intonationssauber.

Frau Gruberovas Stimme ist nicht groß, sie hat aber auch nichts von jener blassen und zirpenden Qualität, die Koloratursoprane zumeist kennzeichnet. Sie hatte in diesem New York-Debut genug Tragfähigkeit, um sich gegen das Orchester zu behaupten, und dies allein verlieh ihrem Gesang dramatischen Charakter.

Immerhin trägt ihr James Levine noch an Ort und Stelle ein Wiederengagement mit *Ariadne auf Naxos* an.

Zurück in Europa kann sie sich einer Reihe erfolgreicher Debuts erfreuen. Wolfgang Sawallisch lädt sie erstmals als Zerbinetta an die Bayerische Staatsoper in München ein, und es ist seither Tradition, daß der Dirigent nach ihrer großen Arie den Taktstock aus der Hand legt, um ihr vom Pult aus zu applaudieren. Eine Auszeichnung, die der Maestro nur den wenigsten angedeihen läßt. Münchner Opernfans wissen, daß schon kurz nach dem großen Arien-Applaus ein spezieller Augenblick folgt, den man mit Gruberova und Sawallisch erlebt haben muß: An der Stelle

Männer! Lieber Gott, wenn Du wirklich wolltest, daß wir ihnen widerstehen sollten, warum hast Du sie so verschieden geschaffen?

ersinnt Strauss auf dem Wort „verschieden" eine große Kadenz. Gruberova beginnt hier mit jedem der hingetippten Staccato-Noten die Männer im Publikum aufzuzählen, was ihr noch jedesmal ein spontanes Lachen eingebracht hat. Sawallisch wird immer als Endpunkt dieser Männer-Reihe fixiert, was der Maestro dann stets mit einem grüßenden Wink auf die Bühne hinauf quittiert. Kein Tonband und keine Videokamera können Augenblicke dieser Art festhalten. Sie gehören dem Theater.

Die Wiener Oper geht mit der neuen Sanjust-*Ariadne* auch auf Tournee: Horst Stein dirigiert in Florenz, Karl Böhm in Hamburg. Klaus Geitel resümiert in der *Welt*:

Edita Gruberova ist Zerbinetta, und wie sie gab es noch keine andere. Jeder ihrer davonstäubenden Noten ist ein Charakterpartikel, jede Koloratur kapriziöser Ausdruck – nicht etwa verzierendes Blendwerk.

Die Salzburger Festspiele betrauen sie im Sommer 1977 mit den beiden Partien Roma und Religione in Stefano Landis *Il Sant'Alessio*, die in der Regie von August Everding in der Felsenreitschule zur seltenen Aufführung gelangt. Und mit dem Ensemble der Wiener Oper geht sie auf eine kleine Österreich-Tournee, wo sie – bedauerlicherweise zum einzigen Mal in ihrer Laufbahn – die Norina in Donizettis *Don Pasquale* gibt; eine Partie, die, wie eine Fernsehaufzeichnung aus Mürzzuschlag von damals erkennen läßt, ihr

GREATER LONDON COUNCIL

QUEEN ELIZABETH HALL

Director: George Mann, O.B.E.

The Anglo-Austrian Music Society and the Austrian Institute present

FIRST LONDON LIEDER RECITAL OF

EDITA GRUBEROVA

First coloratura soprano
of the
Vienna State Opera

Fresh from her triumphs
as Zerbinetta
at the
Vienna State Opera
and as
Queen of the Night
at the
Metropolitan New York

ERIK WERBA piano

SUNDAY 3 APRIL 1977 at 7.15

TICKETS: £2·20 £1·80 £1·50 £1·20 80p

On sale from 3 March from Box Office, Royal Festival Hall (01-928 3191), postal bookings to be marked "Queen Elizabeth Hall"; Anglo-Austrian Music Society, 139 Kensington High Street, London, W8 6SX; and usual agents

auf den Leib geschneidert scheint (die „komische" Seite der Gruberova ist in ihren Auftritten verhältnismäßig unterrepräsentiert!). In der Londoner Queen Elisabeth Hall gibt sie, zusammen mit ihrem neuen Klavierbegleiter Erik Werba, einen Liederabend. Die Angebote aus ganz Europa lassen nicht länger auf sich warten. Und zum ersten Mal kommt es auch zu einer höchst unangenehmen Terminkollision: Über die Wiener Agentur Vladarsky unterzeichnet Gruberova einen Vertrag, der sie für den Februar 1978 als Konstanze an das Gran Teatro del Liceo in Barcelona bindet. Schon wenige Wochen später erreicht sie über den Wiener Agenten Rudolf Raab das Angebot, in derselben Periode und mit derselben Partie an der Mailänder Scala zu debutieren. Gruberova bittet Vladarsky, in Barcelona vorzusprechen, um vom dortigen Vertrag Abstand nehmen zu dürfen. Ihr wird klar, daß es von Nachteil war, mit verschiedenen Agenturen zu arbeiten, hätte doch ein exklusiver Generalmanager selbst Interesse daran gezeigt, für sie um das Debut an Italiens traditionsreichster Stätte zu kämpfen. Vladarsky, selbstverständlich in erster Linie an Provision interessiert, erklärt, daß Vertrag eben Vertrag sei und die Spanier stolze Leute wären, die man nicht beleidigen dürfe. Gruberova muß schließlich auf die Mailänder Premiere verzichten, kann aber arrangieren, daß sie zwischen den Vorstellungen in Barcelona (die man als Folge von Terroranschlägen vor halbleerem Hause geben muß) zu Proben nach Mailand fliegt. So kann sie zuguterletzt auch dort einige Vorstellungen in der von Giorgio Strehler betrauten revolutionären Schattenspiel-Produktion übernehmen. An ihrer Seite singen Luigi Alva den Belmonte und Kurt Moll den Osmin.

Zu einer Begegnung besonderer Art kommt es Ende April 1978. Carlos Kleiber hatte nach einer Münchner *Ariadne* seine Absicht bekundet, sie in der laufenden Repertoire-Serie des *Rosenkavalier* als Sophie zu engagieren. Es gibt nur ein paar musikalische Proben, in denen ihr Kleiber seine Vorstellungen von Ausdruck und Stil vermittelt, aber die Zeit ist einfach nicht ausreichend, um sich diese Fülle von Nuancierungen auch wirklich zu eigen zu machen und „intus" zu kriegen. *Ich hätte dazu drei bis vier Wochen gebraucht wie bei jeder anderen Premiere. Als dann auch noch das Orchester hinzukam, und das zum ersten Mal erst bei der Aufführung, war's um mich geschehen: Es klang alles so völlig anders, als ich es von den wenigen Vorstellungen in Wien her gewohnt gewesen war. Kleiber hatte Strukturen herausgearbeitet, die für jemanden, der das zum ersten Mal hört, irreführend sind.*

Es bleibt denn vorerst auch bei dieser einen Aufführung: *Ich wußte oft nicht mehr, ob ich richtig oder falsch war – und da mich der Maestro daraufhin jahrelang nicht mehr gerufen hat, vermute ich letzteres! …*

BAYERISCHE STAATSOPER

NATIONALTHEATER MÜNCHEN

Sonntag, 30. April 1978

DER ROSENKAVALIER

Komödie für Musik in drei Aufzügen

von Hugo von Hofmannsthal

Musik von

RICHARD STRAUSS

Musikalische Leitung: Carlos Kleiber

Inszenierung: Otto Schenk

Bühnenbild und Kostüme: Jürgen Rose

Chöre: Josef Beischer

PERSONEN

Die Feldmarschallin Fürstin Werdenberg	Gwyneth Jones
Der Baron Ochs auf Lerchenau	Karl Ridderbusch
Octavian, genannt Quinquin, eine junger Herr aus großem Haus	Brigitte Fassbaender
Herr von Faninal, ein reicher Neugeadelter	Benno Kusche
Sophie, seine Tochter	Edita Gruberova
Jungfer Marianne Leitmetzerin, die Duenna	Annelie Waas
Valzacchi, ein Intrigant	David Thaw
Annina, seine Begleiterin	Gudrun Wewezow
Ein Polizeikommissar	Albrecht Peter
Der Haushofmeister bei der Feldmarschallin	Georg Paskuda
Der Haushofmeister bei Faninal	Friedrich Lenz
Ein Notar	Hans Wilbrink
Ein Wirt	Lorenz Fehenberger
Ein Sänger	Gerhard Unger
Ein Flötist	Heinz Müller
Ein Friseur	Karl Schrader
Eine adelige Witwe	Elisabeth von Ihering
Drei adelige Waisen	Evi List Margarete Adler Helena Jungwirth
Eine Modistin	Kirsti Rix Forsman
Ein Tierhändler	Rudolf Chizzali
Leupold, Leiblakai	Hans Mursch
Vier Lakaien der Marschallin	Rudolf Schwab Walter Brem Arno Lemberg Artur Horn
Mohammed, ein Negerknabe	Patrick Leppelt
Ein Hausknecht	Kurt Benninghaus
Pikkolo	Alexandra Wichmann

Vier Kellner, Lakaien, Lauffer, Haiducken, Küchenpersonal, Gäste, Musikanten, zwei Wächter, vier kleine Kinder, verschiedene verdächtige Gestalten

In Wien, in den ersten Jahren der Regierung Maria Theresias

Das Bayerische Staatsorchester · Der Chor der Bayerischen Staatsoper

Abendspielleitung: Oscar Arnold-Paur

Inspektion: Horst Wruck und Herbert Gurth
Souffleur: Hans Vogt
Bühnenmusik: Hans Martin

Technische Gesamtleitung: Helmut Großer
Bühnentechnik: Helmut Gebhardt
Beleuchtung: Ulrich Eckert
Leiter des Kostümwesens: Günter Berger
Kostümgestaltung: Silvia Strahammer
Masken: Rudolf Herbert

Das Werk ist erschienen im Verlag Fürstner Ltd., London, vertreten durch B. Schott's Söhne, Mainz.

Anfang 18 Uhr — Pausen nach dem 1. und 2. Aufzug — Ende ca. 22 Uhr

Im Sommer 1978 erfolgt als krönender Abschluß der Saison Ponnelles Neuinszenierung der *Zauberflöte* in Salzburg, eine äußerst erfolgreiche Produktion, die sich über Jahre hinweg im Spielplan der Festspiele hielt. Während dieser ersten Zusammenarbeit mit dem französischen Regisseur und Ausstatter entsteht eine große künstlerische Sympathie, die in den folgenden Jahren in drei weiteren bedeutenden Produktionen ihren Niederschlag fand. Gruberova hat auch nach Ponnelles Tod nicht aufgehört, enthusiastische Plädoyers für seine Inszenierungen abzugeben. *Die Salzburger Zauberflöte war die psychologisch am interessantesten ausgearbeitete Inszenierung, in der ich diese Oper jemals gesungen habe. Bei Ponnelle hat immer alles sehr traditionell ausgesehen, aber wer ein bißchen Feingefühl gehabt hat, der mußte das Außergewöhnliche und Genialische in seiner Arbeit sofort erkennen.*

„Il dolce suono“: *Lucia di Lammermoor* und die Folgen

Es gab auch Sänger, wie etwa Edita Gruberova und Sona Ghazarian, die im Ensemble nicht recht zur Geltung kamen und so plaziert werden mußten, daß ihr Können vom Publikum zur Kenntnis genommen werden konnte.

Egon Seefehlner
(*Die Musik meines Lebens*, 1984)

Wüßte man nicht, daß es der Studienleiter der Staatsoper gewesen war, der jenen für Gruberova so entscheidenden Kontakt zu Karl Böhm hergestellt hatte, so könnte Egon Seefehlner heute, seinen eigenen Worten zufolge, glatt als Gruberova-Entdecker gelten, was nun aber ganz und gar nicht den Tatsachen entspricht. Andererseits muß Seefehlner doch zugute gehalten werden, den *Ariadne*-Erfolg von 1976 zum Anlaß genommen zu haben, das junge Ensemblemitglied von diesem Zeitpunkt an mit mehreren großen Partien und Premieren eigener Wahl betraut zu haben. Als 1978 eine Premiere von Giordanos *Andrea Chénier* auf Grund von Besetzungsproblemen kurzerhand abgesagt werden muß, hat Seefehlner die hervorragende Idee, eine Neuproduktion von *Lucia di Lammermoor* mit seinem neuen „Hausstar“ anzusetzen. Die Oper war seit dem triumphalen Scala-Gastspiel 1954 unter Herbert von Karajan (mit Maria Callas in der Titelrolle) nicht mehr an der Wiener Staatsoper zu hören gewesen. Als die Besetzung der Neuproduktion im Hause intern zur Kenntnis gegeben wird, regt sich erster Widerstand. Eine Koloraturfach-Kollegin, die vor allem in der Gamsjäger-Ära sehr zum Nachteil der Gruberova mit Verpflichtungen überhäuft worden war, erstürmt angesichts dieser ihr unbegreiflichen Politik protestierend das Direktionssekretariat. Doch Seefehlner verweigert ihr ein Gespräch. So ergreift die eifrige Kollegin ihre Möglichkeit 15 Minuten vor dem Beginn einer Vorstellung und erklärt, nicht eher die Bühne betreten zu wollen, bevor sie nicht beim Direktor persönlich vorgesprochen hätte. Doch Seefehlner läßt sich von einem Ensemblemitglied, das auf persönliche Auslandserfahrung mit der *Lucia* in Paris pocht, seine Pläne nicht durchkreuzen. Interne Intrigen solcherart haben Gruberova damals verstört, ihrer Kollegin war sie aber nie wirklich böse. Auch Horst Stein irritiert sie ein wenig in ihrer Vorfreude: *Sie werden die Lucia singen? Mädchen, aber nicht in Wien!* Doch nach dem gelungenen Grazer Experiment, und überdies unter den Fittichen des Dirigenten Giuseppe Patanè, einem hervorragenden Kenner des italienischen Opernrepertoires, fühlt sie sich bereit, „ins kalte Wasser zu springen". Es ist eine Premiere, die für alles weitere in ihrer Laufbahn entscheidend war und die, für „Zahlenmystiker" ein nicht uninteressantes Detail am Rande, auf den Tag genau sieben Jahre nach ihrer Flucht aus der ČSSR über die Bühne geht (23. März 1978)! An ihrer Seite debutiert ein Landsmann, auch er stammt aus Preßburg: Peter Dvorský, erst 26 Jahre jung, singt nach einigen Erfolgen in Repertoirevorstellungen seine erste Premiere an diesem Haus. Gruberova gelingt es, mit ihrer Lucia-Darstellung sowohl das Publikum als auch die Presse in eine „A star is born"-Stimmung zu versetzen. Die psychologisch nicht wirklich gründlich ausgearbeitete, aber im Visuellen romantisch-stimmungsvolle Produktion von Boleslaw Barlog und Pantelis Dessyllas scheint auf Anhieb wie geschaffen, ein vielgespieltes Repertoirestück zu werden. Karl Löbl ist es, der am 25. März 1978 im *Kurier* sympathisch differenziert, aber insgesamt sehr nachdrücklich für die junge Gruberova Partei ergreift:

> *Donizettis „Lucia di Lammermoor" gilt als Paradestück für Sängerinnen vom Kaliber einer Deutekom, Sutherland, Caballé oder Sills, aber es geht darin weder um die Probleme fülliger Damen noch um die Emotionen einer händeringenden Tragödin. Es geht um ein junges Mädchen, das verliebt ist, sich insgeheim verlobt hat und nun gezwungen wird, einen anderen Mann zu ehelichen. So einfach und (einst) alltäglich ist das, wenn man die romantischen Komplikationen der Herren Scott und Cammarano wegläßt. Genau solch ein Mädchen hat Edita Gruberova gespielt, gesungen, nachempfunden. Sie schien mir zunächst, in ihrer ersten Szene,*

Donnerstag, 23. März 1978 — *Staatsoper*

PREMIERE

In italienischer Sprache

Lucia di Lammermoor

Tragische Oper in sieben Bildern

Dichtung nach	Walter Scott
von	Salvatore Cammarano
Musik	Gaetano Donizetti
Dirigent	Giuseppe Patané
Inszenierung	Boleslaw Barlog
Bühnenbilder	Pantelis Dessyllas
Kostüme	Silvia Strahammer
Enrico (Lord Henry Ashton)	Matteo Manuguerra
Lucia, dessen Schwester	Edita Gruberova
Edgardo (Sir Edgar Ravenswood)	Peter Dvorsky
Arturo (Lord Arthur Buclaw)	Thomas Moser
Raimondo, Erzieher Lucias	Siegfried Vogel
Alisa, Vertraute Lucias	Czeslawa Slania
Normanno, Vertrauter Enricos	Christopher Doig *
Damen, Ritter, Bewohner von Lammermoor	
Ort der Handlung	Schloß und Park von Ravenswood in Schottland (5. Bild im zerstörten Turm von Wolferag)
Zeit	Ende des 16. Jahrhunderts
Musikalische Studienleitung	Norbert Scherlich
Choreographie	Gerlinde Dill
Abendspielleiter	Dimiter Usunow
Chorleitung	Helmuth Froschauer
Leitung der Bühnenmusik	Ralf Hossfeld

* Mitglied des Opernstudios

Technische Einrichtung	Hans Langer
Beleuchtung	Robert Stangl
Leitung der Kostümwerkstätten	Alice Maria Schlesinger
Leitung der Dekorationswerkstätten	Pantelis Dessyllas
Maske	Konrad Keilich
Dekorations- und Kostümherstellung	Werkstätten der Bundestheater
Große Pause	nach dem vierten Bild
Beginn	19 Uhr
Ende	etwa 22 Uhr
Programmdienst der Bundestheater	Telefon 15 18
Preis des Programms	S 12,–

Beachten Sie bitte unsere Informationsschrift „SZENE"

etwas zu unbekümmert mit der Erzeugung stimmlicher Brillanz beschäftigt, denn in ihrer Musik sind, über ihrem Schicksal liegen schon zu Beginn Schatten. Aber die Unbefangenheit hatte Methode, ermöglichte im Verlauf der Handlung eine dramatische Steigerung. Anfänglich ließ die Gruberova eine etwas kühle (fast möchte ich sagen: keusche) Virtuosität hören. Diese gewann dann von Szene zu Szene Erregung, Leidenschaft, Spannung. Die artistische Wirkung ihres Singens trat immer mehr zurück zugunsten starker Verinnerlichung. In der großen Wahnsinnsszene, die ungekürzt gespielt wurde, spürte man psychischen Zusammenbruch, hörte man – bei aller Bravour – Verzweiflung und Grauen vor der begangenen Tat: Lucia steht hier immerhin als Mörderin vor uns. Diese Bravour der Gruberova ist erstaunlich. Sie ist ganz offensichtlich eine Naturbegabung für halsbrecherische Koloraturen. Die kommen diesmal nicht mit dem Ungestüm der Fiakermilli, auch nicht mit der koketten Zierlichkeit der Zerbinetta zum Einsatz, sondern als Mittel dramatischen Ausdrucks. Also mit vielfältigen Farbnuancen, dynamischen Schattierungen, auch gefühlsbetonten Eintrübungen versehen. Ich habe aus dem Singen der Gruberova eine Menge erfahren über die Figur, die sie darzustellen hat. Wenn zur Mühelosigkeit, mit der sich diese wahrhaft geläufige Gurgel zu produzieren vermag, und zur Sicherheit und Kraft der Spitzentöne noch eine Verstärkung der tieferen Mittellage hinzukäme, hätte die Wiener Oper eine neue Sängerin für Rossini, Bellini, Donizetti, Massenet und deren tragische

Heldinnen. Freilich würde das den Abschied von Sophie, Zerbinetta, Adele, Aminta bedeuten. Soll man's der Gruberova wünschen? Wahrscheinlich ist es für einen Fachwechsel noch zu früh. Nehmen wir also diese fulminante Lucia als Ankündigung seiner Möglichkeit und als eine wirklich prächtige Leistung dieser in Wien groß gewordenen Begabung.

Gerhard Mayers Meinung in der *Wochenpresse* ist jener von Löbl allerdings beinahe diametral entgegengesetzt. Zwar hält er, was Brillanz, Virtuosität und Leichtigkeit der Koloraturen anbelangt, Gruberova schon damals für konkurrenzlos, vermißt aber in ihrem Vortrag noch die Tragödin:

Man muß nur genauer auf die Partitur achten, um zu merken, was da alles abgeht. Die Lucia besteht nicht nur aus perlenden Koloraturen. Da sind auch düstere Töne, da muß eine Stimme aufblühen können, da müssen tragische Akzente gesetzt werden, da müssen bizarre Effekte ebenso wie wilde Leidenschaften ausgedrückt werden. All das sind Farben, die der Gruberova abgehen.

Natürlich ist die 32jährige zu diesem Zeitpunkt noch alles andere als eine ausgereifte Belcantistin. Das Wiener Publikum ist aber jetzt zu Recht darauf stolz, an seinem Haus eine so vielversprechende Sängerin entdeckt zu haben, und es wird nun mit großer Hingabe beobachten, wie seine Protagonistin es versteht, dieses Rollenportrait nach und nach zu verfeinern und zu entwickeln. Diese Wiener *Lucia*-Produktion ist denn für viele Jahre hindurch auch so etwas wie Gruberovas exklusives Eigentum geblieben; jede andere Sängerin wurde unweigerlich mit ihr verglichen. Das Publikum hat an der Wiener Staatsoper vieles neben ihr gelten lassen, aber Zerbinetta und Lucia waren zu „Rollen der Gruberova" geworden.

Ein in aller Welt gefragter Star zu werden, ist nicht nur das Zusammenwirken von Talent und Glück, sondern auch das Resultat härtester Arbeit, Ausdauer und Geduld. Noch viel schwieriger ist es aber, ein einmal erreichtes Niveau auch über Jahre und Jahrzehnte hinweg zu halten. Der momentane Erfolg ist immer relativ, das, was man daraus entwickelt, viel entscheidender. Die Erwartungshaltung eines einmal verwöhnten Publikums, der Zwang zum Erfolg, verursacht bei vielen Musikern einen mit zunehmendem Alter geradezu unerträglichen Leistungsdruck – ein neues Lebens- und Berufsgefühl für die Sängerin. Allüren und Primadonnenlaunen hat Gruberova nie gekannt. Ruthilde Boesch sagt: *Edita ist noch immer das nette, junge Mädchen aus Bratislava, eben nur viel, viel weiser!*

In den nächsten Jahren jagt eine Premiere die andere, folgt ein Debut dem anderen. Im Februar 1979 kehrt Gruberova an die Met zurück, wo sie dem amerikanischen Publikum nun mit „ihrer“ Partie erstmals alle Facetten ihrer stimmlichen und darstellerischen Potenz präsentieren kann. James Levine dirigiert diese Repertoire-Serie der *Ariadne*, an der Seite Zerbinettas steht Leontyne Price als „Großmächtige Prinzessin“.

Diesmal ist ihr Auftritt ein voller Erfolg, ja d a s Ereignis beim Publikum. James Levine beteuert ihr, so etwas noch nie gehört zu haben. Nach dem hohen d''' gegen Ende der Arie (eine Stelle, an der das Solostück noch nicht beendet ist) wird sie jedesmal mit heftigem, spontanem Applaus bedacht, so daß der eigentliche Schluß in keiner der Aufführungen richtig zu hören ist. Das hätte in Europa freilich kaum passieren können, wo – vor allem im deutschsprachigen Raum – das Publikum mit Text und Musik der *Ariadne* viel mehr vertraut ist, als das in der Neuen Welt der Fall ist. Das übergeschäftige New York und die amerikanische Business-Mentalität mochte das Mädchen aus Preßburg übrigens schon damals nicht besonders leiden.

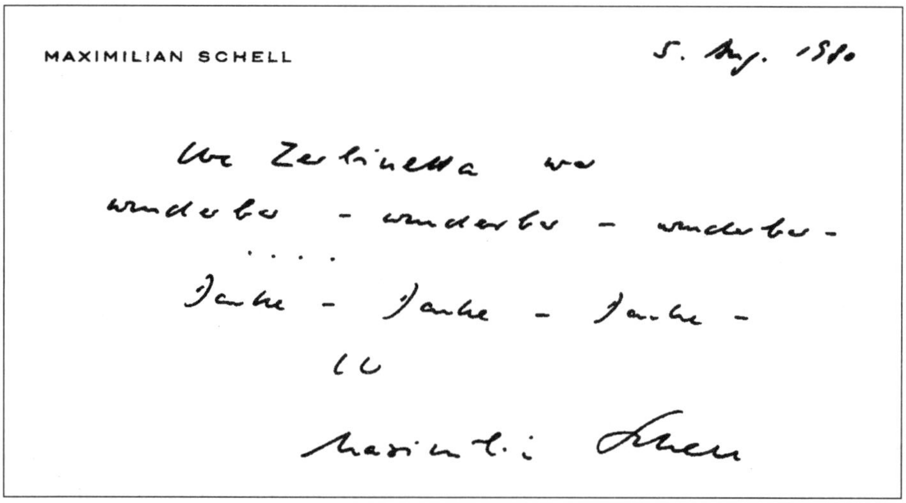
MAXIMILIAN SCHELL

5. Aug. 1980

Ihre Zerbinetta war
wunderbar – wunderbar – wunderbar –
....
Danke – Danke – Danke –

Maximilian Schell

Aus der Vielfalt der europäischen Verpflichtungen dieser Zeit ragen einige Ereignisse besonders heraus: Karl Böhm, ihr Entdecker, will *Ariadne* nun nicht mehr ohne „seine“ Gruberova dirigieren. Das Angebot der Wiener Oper, im April 1979 mit der Wiener Produktion ein Gastspiel in Prag zu geben, akzeptiert er nur unter der Bedingung, wieder sie als Zerbinetta zu haben. Doch da stellt sich ein Problem: Gruberova ist in der ČSSR als „Landesverräterin“ nach wie vor unerwünscht. Deshalb ist ein Rehabilitationsantrag von oberster politischer Stelle vonnöten, den der damalige Generalsekretär der Bundestheater, Robert Jungbluth, im Namen der österreichischen Regierung an die tschechoslowakischen Behörden stellt. Gruberova nutzt diese Möglichkeit der politischen Rehabilitation auch gleich für ihre Familie. *Ich hatte mit meiner Mutter auf der tschechischen Botschaft in Wien zu erscheinen, wo uns ein widerlicher Mensch Fragen über den Grund unserer Emigration stellte. Meine Mutter, die schon damals nur mühsamst auf zwei Stöcken gehen konnte, ließ er dafür fast 20 Minuten lang wie eine Angeklagte mitten im Zimmer stehen. Die alte Frau konnte vor Schmerzen nicht viel sagen, um ihre „politische Begnadigung" zu erlangen.* 70.000 österreichische Schillinge verlangt die ČSSR von der „Deserteurin" – ein Betrag zur Deckung der Kosten von Schul- und Konservatoriumsausbildung, die der Staat damals für sie aufgebracht haben will. Der Zynismus dieser Geschichte ist grenzenlos: Gruberova erhält tatsächlich ein „Begnadigungszeugnis" – ausgestellt vom „Ministerium für Gerechtigkeit".

Wohl fühlt sich die slowakische Österreicherin auch unter den veränderten Bedingungen nicht, als sie nach acht Jahren erstmals wieder die Grenze ihrer Heimat passiert. Sie hat Angst. *Als man uns die Pässe abgenommen hatte und der Beamte den meinen mit besonderer Aufmerksamkeit zu studieren begann, dachte ich: Jetzt ist es aus. Jetzt haben sie Dich. Dieses System hat auf immer unsere Köpfe ruiniert.* In Prag zieht sich die Heimgekehrte von allen öffentlichen Anlässen zurück, fühlt sich inmitten der Ensemblemitglieder der Wiener Oper wie in einer Konklave. Lediglich zu ihrer ehemaligen Lehrerin Medvecká, die zu einer Aufführung ins Nationaltheater gekommen war, sucht sie den Kontakt.

Im November 1979 bereist Gruberova mit der Wiener Staatsoper auch die USA, wo sie im Kennedy Memorial Center von Washington drei Vorstellungen von *Ariadne* unter Böhm singt und das Publikum wie die Presse gleichermaßen im Sturm erobert. Der bei einer Vorstellung anwesende Leonard Bernstein besucht sie persönlich in der Garderobe und beteuert, unbedingt schon bald einmal mit ihr musizieren zu wollen. Leider kam es nie dazu.

Ein herausragendes Ereignis des Frühjahrs 1980 ist eine vom Bayerischen Fernsehen live aufgezeichnete und mittlerweile als CD-Video erschienene neue *Entführung* unter Karl Böhms musikalischer und August Everdings szenischer Leitung an der Bayerischen Staatsoper München. Sie präsentiert Gruberova vor allem mit einer vielgestaltig dargebotenen „Marternarie", wie Joachim Kaiser in der *Süddeutschen Zeitung* vermerkt:

> *Man weiß, ihre Zerbinetta-Arie aus der „Ariadne" von Strauss ist gegenwärtig höchstgehandeltes Solo des internationalen Festspielbetriebs. Mir aber schien Edita*

Gruberova als Konstanze noch zwingender. Denn da wirkt der Unterschied zwischen Rollentyp und Stimme längst nicht so groß wie im Falle der koketten Zerbinetta. Edita Gruberovas Konstanze-Ernsthaftigkeit, ihr innig romantisches Gefühl kam (wunderschön timbriert durch einen fürs Wien von 1782 keineswegs unangebrachten sanft-slawischen Tonfall) so überzeugend heraus, weil die technische Souveränität der Sopranistin ihr in der g-moll-Arie eine nachgerade atemberaubende Reinheit gestattete. In der Martern-Arie gelang das konzertante Miteinander aus strahlender Koloratur-Virtuosität, punktierter akkordischer Charakterfestigkeit, zarter Magie beim Segenswunsch und kaum verhehlter Todesangst beim: „Zuletzt befreit mich d o c h der Tod.“ Ob eine Sopranistin, die alles hat, sich nicht auch sogar die Tiefe erarbeiten könnte, die Frau Gruberova ein wenig fehlt?

Egon Seefehlner gibt nun auch Gruberovas Wunsch statt, Richard Strauss' *Schweigsame Frau*, eine aufführungsgeschichtlich sehr vernachlässigte Oper, wieder ins Repertoire aufzunehmen. (In der Staatsoper hatte sie zuletzt Hilde Güden gesungen.) *Ariadne* in Zürich und Genf, *Lucia* in Berlin und Hamburg, und nicht zuletzt Liederabende in fast allen bedeutenden europäischen Opern- und Konzerthäusern folgen auf dem Fuße. Auch die *Fledermaus*-Adele singt sie in der Sylvesternacht 1979/80 neben Bernd Weikl (Eisenstein), Lucia Popp (Rosalinde), Brigitte Fassbaender (Orlofsky) und Erich Kunz (Frank) erstmals im Haus am Ring. Wenn da noch Carlos Kleiber im Orchestergraben gestanden hätte, dann wäre das Glück vollkommen gewesen. Gruberova macht mit diesem Rollendebut auch erstmals auf ihr großes komisches Talent aufmerksam. Ruthilde Boesch erzählt, über diese brillante und witzige Adele äußerst erstaunt gewesen zu sein, da sie ihre ehemalige Schülerin für jemanden gehalten hatte, der auf das Leben und den Beruf immer nur mit bitterstem Ernst sehen wollte. Es ist gerade die Komplexität der Figur, die Gruberova glaubhaft herauszuarbeiten versteht. Das mag vorerst übertrieben klingen: Adele – ist sie nicht das kokette Stubenmädel? Gruberova hält die Figuren dieser Operette (die man vielmehr als „komische Oper“ bezeichnen müßte) als durchwegs „bedenklich“: *Das sind alles ziemlich kaputte Typen aus einer Zeit, die von Dekadenz geprägt war. Adele ist ja nicht die komische Soubrette, sondern ein ziemlich raffiniertes Ding, die vielleicht auch an ihrem gesellschaftlichen Status leidet …*

Auch Karl Löbl bemerkt eine differenziertere Gestaltung dieser Figur und hält dies am 2. Januar 1980 im *Kurier* fest:

Die größte Überraschung war für mich Edita Gruberova, deren Adele – weit entfernt von soubrettenhafter Herzigkeit – gleichzeitig Lachen und Betroffenheit pro-

voziert, denn hinter ihrem Charme lauert Bedrohlichkeit, und ihre Verstellungskunst demaskiert gleichermaßen wie sie erheitert.

Nur Herbert von Karajan zuliebe singt Gruberova auch noch zwei weitere Saisons den Pagen „Tebaldo" im Salzburger *Don Carlo*, den sie mit dem Maestro für die Deutsche Grammophon Gesellschaft dann auch noch auf Schallplatte aufnimmt. Auch sonst erreichen sie nun interessante Plattenangebote: *Zauberflöte* unter Alain Lombard für Erato, Paers *Leonora* unter Peter Maag für Decca und zwei Solokantaten von Bach (*Mein Herze schwimmt in Blut* sowie *Jauchzet Gott in allen Landen*) mit den Deutschen Bach-Solisten.

Am 29. August 1980 darf sie sich dann über ihre erste österreichische Auszeichnung freuen: die Verleihung des Berufstitels „Österreichische Kammersängerin" durch den Bundeskanzler Fred Sinowatz.

„Wenn das der Strauss g'hört hätt'"...!

Als eine der schönsten und künstlerisch hochwertigsten Opernproduktionen ihrer Laufbahn hat Edita Gruberova immer wieder die Neuinszenierung von *Ariadne auf Naxos* in Salzburg bezeichnet, die am 28. Juli 1979, von Karl Böhm musikalisch geleitet, von Jürgen Rose ausgestattet und von Dieter Dorn inszeniert, über die Bühne geht. *Es ist vor allem das Vorspiel gewesen, das wir ungemein minutiös probiert haben. Dorn hatte einen genialen szenischen Plan der komplexen psychologischen Strukturen dieses Vorspiels entworfen. Das war beste Schauspielregie. Wir haben dermaßen sensibel gearbeitet, daß ich das erste Mal wirklich das Gefühl hatte, singender Schauspieler und schauspielender Sänger zugleich zu sein. Es war eine jener unwiederbringlichen Momente im Theater, die sich im Laufe einer Sängerkarriere wahrscheinlich überhaupt nur 2, 3mal einstellen. Unvergeßlich!*

In der Pause der dritten Vorstellung hat Gruberova ein für sie „gespenstisches" Erlebnis: *Ich hörte ein seltsames Geräusch an meiner Garderobentür, so, als ob jemand hereinwollte, aber die Türklinke nicht finden konnte. Als ich öffnete, stand Böhm da; er war zu meinem Erstaunen ganz alleine und hielt sich am Türrahmen fest – normalerweise wurde er ja von einer Zweitperson gestützt. Er hatte glasige Augen, einen seltsam unwirklichen Blick und stammelte nur immer wieder: „Mein Kind, wenn das der Strauss g'hört hätt! Wenn das der Strauss g'hört hätt." Ich brachte ihn zurück in seine Garderobe, wo er mir erklärte, er wäre nur deshalb zu mir gekommen, um mir das zu sagen. Ich war ungemein berührt, aber gleichzeitig erschüttert von dem Bild, das sich mir dargeboten hatte. Irgendwie hatte ich das Gefühl, daß er nicht mehr lange unter uns weilen würde. Kurz vor dem Sommer 1981 besuchte ich ihn dann noch im Wiener Rudolfsspital. Er hatte einen Gehirnschlag erlitten. Als ich sein Zimmer betrat, telefonierte er gerade von seinem Bett aus und sagte im selben Moment: „Ah, da kommt mein drittes Kind!" Später erklärte man mir, seine anderen beiden „Kinder" wären Christa Ludwig und Leonie Rysanek gewesen. Sein Tod, wenige Wochen später, hat mich sehr getroffen.* Bei der offiziellen Trauerfeier in der Wiener Staatsoper singt Gruberova die Traurigkeitsarie aus Mozarts *Entführung*. Der im Publikum anwesende Sir Georg Solti ist von diesem Vortrag so berührt, daß er den spontanen Entschluß faßt, die ganze Oper mit ihr auf Platte einzuspielen.

Insider hatten lange Zeit mit Spannung darauf gewartet, daß Edita Gruberova nun auch mit Solo-Alben auf dem Plattenmarkt erscheinen würde. Als erstes nimmt das englische Label EMI 1982 ein Recital mit französischen und italienischen Opernarien auf, das schnell ein in aller Welt verkaufter „Schlager" ist. Noch Jahre später erzählt man sich im Bayerischen Rundfunk in München, daß Gruberova die technisch äußerst heikle „Glöckchenarie" aus Léo Delibes' *Lakmé* um 10 Uhr morgens aufgenommen habe. Ein Zeichen von einmaliger stimmlicher Disposition. Bei der Münchner Firma Orfeo folgt dann ein Jahr später das Solo-Album *Kunst der Koloratur*. Es enthält virtuose Piècen des 19. Jahrhunderts, mit denen einst die Sängerinnen des „golden age" ihre vokalen Fertigkeiten demonstriert hatten und für die sich Gruberova vorerst gar nicht besonders erwärmen kann. Im Programm finden sich neben so bekannten Stücken wie Johann Strauß' *Frühlingsstimmenwalzer* oder Arditis *Il Bacio* auch Raritäten wie das Konzert für Koloratursopran und Orchester von Reinhold Glière oder Dell'Aquas *Villanelle*. Man verpflichtet den vor allem in Deutschland bekannten Kapellmeister Kurt Eichhorn. Der Dirigent signalisiert seine Arbeitsbereitschaft noch lange vor Beginn der eigentlichen Aufnahmesitzungen. Man trifft sich zu mehreren Proben in Wien, und Eichhorn arbeitet mit einer solchen Hingabe und einem geradezu ansteckenden Enthusiasmus für diese manchmal etwas billig geratenen Kunststückchen, daß Gruberova mit großer Begeisterung zu den Aufnahmen nach Stuttgart fährt.

Es blieb nur abzuwarten, ob die neue *Lucia* der 80er Jahre nun auch noch weitere Partien des Belcanto in Angriff nehmen würde. Das Grand Théâtre in Genf inszeniert 1982 für sie Bellinis Opern-Idylle *La Sonnambula* neu. Die rührselige Geschichte vom Mädchen Amina, das nachtwandelnd in das Schlafgemach eines fremden Mannes eindringt, entdeckt und des Treuebruchs geziehen wird, war seit eh und je ein Problem für Regisseure. Daneben hat es für die Opernintendanten immer eine Schwierigkeit bedeutet, für die Partie des „Elvino" einen geeigneten Tenor zu finden, dessen Tessitur sehr hoch liegt und ein hohes Ausmaß an Agilità erfordert. Und mit genau diesen beiden entscheidenden Faktoren kann Genf nicht aufwarten. Als sie der Regisseur, anstatt am Stück zu arbeiten, „richtiges Gehen" lehren will, kommt es zum Eklat: Gruberova singt, nach lautstarken Auseinandersetzungen mit dem Intendanten Hugues Gall, lediglich die ersten beiden Vorstellungen und reist dann erzürnt ab. Der Schauspieler Oskar Werner, gefragt, ob er „schwierig" sei, forderte, daß er, wenn er schon mit einer Titelfigur aus einem Hofmannsthalschen Bühnenstück identifiziert würde, er doch lieber der „Unbestechliche" hieße. „Unbestechlich" – das ist auch schon in ihren Anfänger-Jahren ein Charakterzug von Edita Gruberova gewesen. „Halbe Sachen" hatte sie schon nie hinnehmen können, und so möchte sie jetzt mehr denn je jenes künstlerische Niveau vorfinden, auf dem sie sich selbst bewegt. *Ich bin so gut wie meine Umgebung,* sagt sie, *und will nicht den Karren alleine ziehen, sondern von meinen Partnern herausgefordert werden. Wenn ich einen zweitklassigen Tenor an meiner Seite habe, fühle ich mich selbst drittklassig. Das Schönste auf der Opernbühne ist, wenn man am anderen wachsen kann!* bekennt sie 1983 in einem Interview.

Die frühen 80er Jahre hatten die Sängerin in einen Zustand zunehmender Nervosität und Überreiztheit versetzt. *Beruflich lang Ersehntes war erreicht, und trotzdem fühlte ich mich todunglücklich. Während der Pause einer Salzburger „Zauberflöte" kam mich Martti Talvela, einer meiner liebsten Kollegen, in meiner Garderobe besuchen, und da begann ich laut herauszuweinen. Er sagte mir: „Mädchen, Du mußt etwas mit Dir machen!"* Heute weiß Gruberova, daß es ihr Privatleben war, das seit der Geburt ihrer zweiten Tochter in eine schwere Krise geraten war. Die bei weitem schlimmste Erfahrung macht sie dann im Juli 1982 in Aix-en-Provence. Aufregungen während der Proben zu einer neuen *Zauberflöte* und die unerträgliche Hitze Südfrankreichs führen zu einem Nervenzusammenbruch am Tag nach der Premiere und bringen sie sogar für mehrere Tage zur Beobachtung auf die Herzstation eines Wiener Hospitals. Der behandelnde Arzt versichert ihr nach mehreren Untersuchungen und Gesprächen, daß ihr Problem einzig und allein psychisch sei. *Ich fühlte, daß mich mein familiäres Privatleben krank gemacht hatte und sich das auch auf meine Stimme zu schlagen begann. Wenige Minuten vor Auftritten schüttelten mich hysterische Weinkrämpfe in meiner Garderobe, daß ich gar nicht wußte, ob ich überhaupt noch imstande sei, auf die Bühne zu gehen. Und nicht zuletzt haben auch meine Kinder unsagbar an unseren Konflikten gelitten.* 1983 wird ihre Ehe einvernehmlich geschieden, Stefan Klimo erhält die Hälfte des von ihr bis dahin ersungenen Gesamtvermögens. *Für meine Familie und für meinen engeren Freundeskreis kam diese Entscheidung nicht überraschend, sie hatten es kommen sehen. Aber manche Kollegen und Bekannte waren schockiert, weil ich von diesen privaten Problemen nie etwas nach außen getragen habe.* Tragisch daran ist nur, daß dieses schwarze Kapitel mit dem Freitod ihres Zeit seines Lebens zur Depression neigenden Ex-Gatten endet.

Debuts und „Tod auf der Schaukel"

Im Mai 1983 nimmt Gruberova in London neben Alfredo Kraus und Renato Bruson ihre erste *Lucia* auf Schallplatte auf. EMI hatte auf den praktisch völlig unbekannten Dirigenten Nicolas Rescigno gesetzt, von dem man lediglich wußte, daß er einst Maria Callas in einigen Aufführungen dirigiert hatte. Er entpuppt sich nicht nur als geradezu mittelmäßiger Musiker, sondern hat auch noch gleich Roberto Benaglio, einen ehemaligen Chorleiter der Mailänder Scala, mitgebracht, der nunmehr als „musikalischer Berater" fungiert und sogleich kräftig ins Geschehen eingreift. Und dies derart störend, daß sich bald Unmut unter den Sängern breitmacht. Gruberova selbst kann kaum eine Phrase zu Ende singen, ohne nicht Benaglios permanente Korrekturen hinnehmen zu müssen, die das bereits Erarbeitete und persönlich Überlegte gänzlich auslöschten. Dementsprechend wirkt ihr Vortrag heute auf der Platte: wie in ein Korsett gezwängt. Rescignos Beitrag ist für das gesamte Ensemble nicht erkennbar. Weder gibt es musikalische Grundarbeit noch aufführungshistorische Diskussionen, die gerade für eine neue *Lucia* durchaus von Wichtigkeit gewesen wären.

Im Dezember 1983 kommt es zu einer erneuten Begegnung mit Lieblingsregisseur Jean-Pierre Ponnelle. Mit einer Neueinstudierung von Massenets *Manon* an der Wiener Oper geht ein lange gehegter Wunsch Gruberovas in Erfüllung. Sie setzt sich damit zum erstenmal mit der französischen Musik auseinander, in welcher eine ganz eigene Qualität der Verschmelzung von Melos und Parlando erreicht ist und mit der sie also nun vor neue interpretatorische Aufgaben gestellt ist.

Es ist die erste Rolle, in der Gruberova nun nicht mehr allein als Vertreterin des hohen Koloratur-Fachs vor das Publikum tritt, denn das ist in dieser Oper nur rudimentär im 1. Akt repräsentiert. Hier gilt es, einen dramatischen Charakter mit allen nur erdenklichen Facetten zu formen. Diese ihre „Manon" ist totale Feminität. Liebevoll, zerbrechlich, lebensdurstig, hingebungsvoll, passioniert. Eine Frau, die an ihrem eigenen Handeln zugrunde geht. Für Gruberova bedeutet diese Arbeit *einen Höhepunkt des Phänomens „Gesamtkunstwerk" – Regie, Bühnenbild, die Kostüme und Massenets prächtige Musik waren zu einer Einheit verschmolzen, die man am Theater heute nur noch sehr selten antrifft. Ich bin stolz auf mein Wiener Publikum, daß es diese Produktion mit großem Enthusiasmus aufgenommen und Ponnelle gebührend gefeiert hat. Manche haben die Inszenierung als Kitsch bezeichnet. Das ist lächerlich. Es gab eine Personenführung und psychologische Ausleuchtung von Charakteren, die man einfach als genial bezeichnen muß! In keiner anderen Inszenierung habe ich mich je so verausgabt wie in dieser. Und sicherlich hatte ich mit Araiza auch einen Partner, der mit mir „durch dick und dünn" gegangen ist. Das sind jene Stunden auf der Bühne, für die es sich lohnt, diesen Beruf ergriffen zu haben.* Francisco Araiza ist in der Tat ein hingebungsvoller, risikoreicher, ja geradezu draufgängerischer Partner der Gruberova. Es ist nicht zuletzt auch seine Erscheinung, die entscheidend zur Glaubwürdigkeit beiträgt. Rein vokal am überzeugendsten ist Gruberova wohl doch in den musikalisch „beweglicheren" Abschnitten des 1. und 3. Bildes, Araiza wiederum in seiner Traum-Arie, die seinem lyrischen Tenor ganz besonders entgegenkommt. Wenn beide Sänger in der „Saint Sulpice"-Szene an die Grenzen ihrer stimmlichen Kraft stoßen, so gibt es doch auch hier noch immer eine Deckung von Wort, Ton und Aktion, die hinreißend ist.

André Tubeuf wies darauf hin, daß Ponnelle die Sängerin mit dieser Arbeit erstmals aus einer gewissen Neutralität herausgelockt und aus ihr einen Charakter „aus Fleisch und Blut" geformt habe. Auch Joachim Kaiser spricht zwei Jahre später anläßlich der Übernahme der Produktion an die Münchner Staatsoper von *Momenten wahrhaft entzückender Vollendung* und fügt dem hinzu:

> *Die Gruberova begann überwältigend. Mit Farbe und Finesse charakterisierte sie die 16jährige Manon als naive, jungmädchenhafte, lebensneugierige Person, die der Cousin ins Kloster begleitet. Vom Wege dahin läßt sich das Fräulein dann begreiflicherweise gern ablenken. Die kühlen Zeiten, da Frau Gruberova nur ein Automat für staunenswert reine Spitzentöne schien, sind glücklicherweise vorbei. Beweglicher, freier, anmutiger als gegenwärtig haben ihre Münchner Bewunderer sie kaum je gehört. Wie sie empfindsame Kantilenen phrasiert, wie sie in ihre halsbrecherischen Koloraturen sogar noch ein Backfisch-Kichern einzubauen vermag: man vernimmt es staunend und der Beifall donnert.*

Edita Gruberova erhielt nach dieser Produktion unzählige Angebote für die Rolle, sie hat sie aber ausnahmslos abgelehnt, um sich das einmalige Erlebnis dieser Inszenierung in ihrer Erinnerung zu bewahren.

Während einer Aufführungsserie der *Lucia* am Florentiner Teatro Communale kommt es 1983 zur ersten Begegnung mit Giuseppe Sinopoli. Der damals gerade entdeckte junge Dirigent bittet sie flehentlich, 1985 in seiner Neueinstudierung des *Rigoletto* mitzuwirken, die im Rahmen des „Maggio Musicale" stattfinden sollte. Doch Gruberova muß ihn enttäuschen: in der vorgesehenen Zeitspanne ist sie bereits an München vergeben, wo sie für *Entführung* unter Vertrag steht. Sie gibt Sinopoli aber zu verstehen, gerne bei seiner Produktion mitzuwirken, falls München gewillt wäre, sie zugunsten von Florenz aus dem Vertrag zu entlassen. Der Dirigent verhandelt daraufhin persönlich mit der Intendanz der Bayerischen Staatsoper, die erst nach mehreren Gesprächen und nur mit größtem Widerwillen zustimmt. In der Zwischenzeit hatte der für diese Spielzeit des „Maggio musicale" gewählte künstlerische Leiter, Luciano Berio, den russischen Regisseur Yuri Ljubimov eingeladen, für die Regie dieses *Rigoletto* zu sorgen. Als diese Information an Sinopoli gelangt, zieht dieser unter größtem Protest seine Zusage zurück und schlüpft auch noch gleich in die Rolle eines Menschenhändlers, indem er der Bayerischen Staatsoper umgehend mitteilt: *Ihr könnt die Gruberova jetzt wieder haben.*

Sinopoli wird vorerst durch Bruno Bartoletti ersetzt. Als nun auch „Rigoletto" Piero Cappucilli von diesem Tumult erfährt, empört er sich in einem Interview:

> *Ljubimov wurde aus der Sowjetunion ausgewiesen, ist aber weiterhin Kommunist geblieben. Stellen Sie sich nur vor: auf der Szene Schaufensterpuppen; Hitler, Mussolini, Mao, Napoleon. Ich soll den Rigoletto mit einem Mantel Napoleons singen und mich auch noch mit einer Melone auf dem Kopf bewegen wie Charlie Chaplin!*

Auch er zieht seine Zusage für die Produktion zurück und erklärt sich nur für eine Mitwirkung in konzertanter Form bereit. Eine Bedingung, der Berio freilich nicht nachkommt. Unter diesen Umständen ist das Projekt verständlicherweise auch für Gruberova nicht mehr attraktiv. Ihre Zusage hatte sie seinerzeit nur aufgrund des intensiven Drängens Sinopolis gegeben, auch die restliche Besetzung erschien ihr damals interessant genug, sich aus einem schon bestehenden Engagement zu lösen und einen neuen Vertrag zu unterzeichnen. Also läßt auch sie mitteilen, an der Mitwirkung eines solch programmierten Skandals nicht mehr interessiert zu sein. Doch Berio droht ihr daraufhin mit rechtlichen Schritten, spricht von einem *Skandal für ihn und das Theater*, falls sie nicht erscheinen würde, und schaltet sogar den damals amtierenden Direktor der Wiener Staatsoper, Lorin Maazel, als Vermittler ein, der zwar mit dieser Angelegenheit überhaupt nichts zu tun hat, das „Maggio musicale“ aber in einem Telefonat mit der Diva verteidigt und ihr nahelegt, trotz gegebener Umstände nach Florenz zu reisen.

Wer könnte die Interessen einer Sängerin in einer solchen Situation wohl besser vertreten als der persönliche Agent? Aber gerade der stellt sich nun ebenso auf die Seite des Theaters (obwohl er vom Künstler bezahlt wird). Ioan Holender erklärt Gruberova, daß sie möglicherweise schon beim nächsten Italien-Aufenthalt von den „Carabinieri“ (der italienischen Polizei) „abgeholt“ würde, falls sie nicht in Florenz erschiene. (Unverständlich, daß sie sich von einem solchen Geschwätz überhaupt hat beeindrucken lassen!) Später verteidigt der Agent sein Handeln mit dem Hinweis, er habe die Sängerin auf diese „Gefahren“ aufmerksam machen müssen. Weil sie wenige Wochen nach dem Florentiner *Rigoletto* erstmals einen Liederabend am Teatro San Carlo von Neapel geben möchte und sie keine Schwierigkeiten auf sich nehmen will, erscheint sie widerwillig zu den Proben. Hans Graf übernimmt die musikalische Leitung der Einstudierung, Georg Tichy, Ensemblemitglied der Wiener Staatsoper, den Rigoletto. Es liegt auf der Hand, daß Gruberova ihre Probenarbeit unter höchster psychischer Anspannung absolviert. Es sollte auch nicht lange dauern, bis es zu Schreiduellen zwischen der Primadonna und dem Regisseur kommt. Gruberova weigert sich, ihren Tod auf einer Schaukel (ein permanentes Utensil als Symbol für Gildas Kindsein) zu singen und mit dieser dann auch noch „in den Himmel“ zu fahren: völlig ungesichert 15 Meter hoch in den Schnürboden hinauf. *Für Verdi riskiere ich mein Leben, aber nicht für einen derartigen Unsinn!* herrscht sie Ljubimov an. Die Dolmetscherin übersetzt. *Lehren Sie mich nicht, Regie zu führen, ich lehre Sie ja auch nicht das Singen!* brüllt Ljubimov seiner Protagonistin auf Russisch zurück. Gruberova bricht in Tränen aus. Das Theater hat seinen Skandal, Florenz sein Tagesgespräch und die internationale Presse ihre Schlagzeilen. Auch im Hotel kommt die Sängerin nicht zur Ruhe. Zweimal gelingt es anonymen Anrufern, unter Vorgabe falscher Namen von der Telefonzentrale in ihr Zimmer verbunden zu werden. Und dann ist eine hysterisch brüllende Frauenstimme zu hören, von der sie für die nächsten sieben Jahre verwünscht wird. Nicht schwer zu erraten, woher der Wind wehte.

Die Premiere gleicht einem Inferno. Nicht nur, daß ein großer Teil des Publikums unter höhnischem Gelächter und wildem Geschrei gegen die Produktion protestiert (und damit aber auch die Sänger irritiert), eine Claque versucht auch noch, auf unfaire Weise den einspringenden Bariton aus dem Konzept zu bringen. John Higgins beschreibt die Vorgänge folgendermaßen:

Die Handlung ging weiter, nachdem die Musik aufgehört hatte. Ljubimov weigerte sich, auf die Bühne zu kommen. Das Publikum rief: re-gis-ta! Ein Scheinwerfer erwischte ihn zufällig im Publikum, und die Pfiffe und Zurufe begannen von allen Seiten. Ljubimov machte einige Gesten zum Publikum, die leichter verständlich waren als manche, die man zuvor auf der Bühne sehen konnte. Kurz vor Mitternacht gab es einen anderen Ausbruch auf der Straße unterhalb meines Hotelfensters in Richtung des Communale. Es klang, als verließe Ljubimov gerade das Theater.

Die Zeitungen sprechen von einer *Nacht der Gruberova*, die durch ihr *Singen wie ein Engel* die Aufführung gerettet hätte. Für Gruberova selbst ist diese Erfahrung natürliche eine Lehre, künftig mit der allzu raschen Unterzeichnung von Verträgen vorsichtig zu sein. *Wir Sänger fragen uns nach dem tatsächlichen Sinn des Ganzen,* bekennt sie in einem Fernsehinterview. *Ist durch den Hinweis auf die Parallele zwischen Mussolini und dem Duca, oder zwischen Charlie Chaplin und Rigoletto auch nur ein Detail von Verdis Oper verdeutlicht? Man spricht immer davon, daß die großen Sänger zu viel Geld kosten und damit die Theater ruinieren. Im Gegenteil, die Sänger sind die einzigen, die es vor dem Untergang noch retten können; aber Regisseure dieses Kalibers und vor allem, das muß man noch stärker betonen, die Intendanten, die vom Theater nichts, aber auch gar nichts verstehen und ihre Unkenntnis durch maßlose Überbewertung von möchtegern-intellektueller Regie kaschieren, die müßte man mit lautem Geschrei hinausjagen. Man läßt Sinopoli und Capuccilli einfach abreisen. Es ist unfaßbar.* In einem Interview mit dem Hamburger Fachjournal *Das Opernglas* distanziert sie sich auch nach Jahren noch einmal deutlich von dieser Profilierung auf Kosten der Musik: *Ich bin nicht dafür, daß die Sänger sich an der Rampe in den Vordergrund spielen. Aber daß ein Regisseur die Menschen an der Nase herumführen darf und die Medien das dann auch noch gutheißen, darin sehe ich den Untergang der Kultur … Es gibt keine Werte mehr, alles ist verdreht. Ich bin sehr pessimistisch.*

Für Gruberova ist dieses Ereignis der entscheidende Auslöser dafür, sich wenige Zeit später von Ioan Holender (der bis dahin etwa zwei Drittel ihrer Verträge ausgehandelt hatte), aber auch gleichzeitig von allen anderen Managements zu trennen. Die Sängerin war es vor allem überdrüssig geworden, Opfer von Eifersüchteleien zwischen Impresarios zu sein. Dr. Rudolf Raab etwa hatte einst als erster einen Vertrag mit der Mailänder Scala ausgehandelt, wenig später war auch Holender mit Angeboten aus Italiens Metropole gekommen. Raab beschwerte sich daraufhin in langanhaltenden Telefonaten bei seiner Künstlerin, für deren Mailand-Engagements er eine Art Exklusivität für sich forderte, die freilich weder mündlich noch schriftlich fixiert worden war. Doch das Ganze war noch viel bunter gekommen. Raab hatte Gruberova seinerzeit die Neuproduktion der *Zauberflöte* in Aix-en-Provence angeboten und von ihr auch die Zusage dafür bekommen. Zwei Wochen später erhielt die verblüffte Sängerin dasselbe Angebot von Holender, dem sie auch gleich erklärte, das Engagement bereits seinem Kollegen zugesagt zu haben. *Haben Sie schon einen Vertrag?* – Den hatte sie nicht. Und er kam, schon nach wenigen Tagen, aus seiner, Holenders Agentur. Das brachte Raab auf die Palme, der ihr daraufhin die Zusammenarbeit für immer aufkündigte (was dann aber letztlich doch nur 2 Wochen lang währte). Noch größer waren die Schwierigkeiten mit ihrem New Yorker Management. Samuel Niefeld, ein Impresario aus Amerikas prominentester Künstleragentur „Columbia Artists", auch „Cami" genannt, hatte jahrelang regen schriftlichen und persönlichen Kontakt zu ihr gehalten. Man sprach über alle nur denkbaren Projekte, ohne daß sich jemals etwas konkretisiert hätte. Gruberova erklärte sich bereit, die von der Met gewünschten deutschen Repertoire-Vorstellungen zu übernehmen, knüpfte aber daran die Bedingung, auch eine Oper aus dem italienischen Fach singen zu können. (Dasselbe Problem hatte es seinerzeit auch zwischen Leonie Rysanek und Rudolf Bing gegeben!) Auf Niefelds Aufforderung hin übermittelte sie der Met umgehend eine Liste ihrer Wunschpartien. Zu konkreten Vertragshandlungen sollte es aber erst gar nicht kommen – für die Gruberova Grund genug, den Kontakt zu Amerika ganz abzubrechen. Jahre später sollte sich dann herausstellen, daß Anfragen der Met über ihre freie Perioden von Niefeld als „bereits besetzt" abgesagt worden waren, offensichtlich um in diesen Zeiträumen andere Protagonisten der Cami zu plazieren. All diese Machenschaften bringen sie zu dem Entschluß, sich ein Generalmanagement zuzulegen. Dr. Germinal Hilbert in München koordiniert seither als Exklusivmanager weltweit ihren Auftrittskalender.

Mit der Bayerischen Staatsoper gastiert sie im Januar 1984 mit *Ariadne* an der Mailänder Scala. Nur jeweils ein Tag liegt zwischen den drei Vorstellungen. Dazwischen fährt sie auch noch nach Bergamo, wo ihr ein Preis verliehen wird, für dessen Festakt man sich den Vortrag von zwei Arien erbeten hatte. Als sie schon kurz danach wieder in Wien eine Aufführung der (inzwischen ziemlich ungeliebten) *Zauberflöte*-Königin singt, fühlt sie sich schon zu Beginn der Vorstellung total erschöpft. Und in der heiklen zweiten Arie wird sie gar von einem „Stimmband-Streik" überrascht, der zur Folge hat, daß zwei der vier hohen f ganz ausbleiben. Ein Schock sondergleichen, weil sie vorerst glaubt, die Höhe verloren zu haben. Doch nach mehreren Tagen der Ruhe kann sie beim Üben bereits wieder mühelos das g''' erklimmen.

Das war damals wirklich eine Warnung für mich, bekennt Gruberova heute. *Ich bemerkte, daß ich mir einfach viel zuviel zugemutet hatte. Von da an bin ich äußerst behutsam bei der Termin-Koordination vorgegangen, habe zwei bis drei Tage Pause zwischen den Vorstellungen als Bedingung gestellt und nicht mehr als 50 Abende pro Saison akzeptiert, auch wenn mir die Auswahl der vielen schönen Angebote manchmal sehr schwer gefallen ist. Wenn ich am Tag nach einer Vorstellung singe, merke ich ganz genau, wie müde der gesamte Stimmapparat ist. Natürlich könnte ich genauso gut singen wie am Vortag, aber eben mit wesentlich mehr Energieaufwand. Meine Devise ist von nun an aber immer gewesen, mit den „Zinsen" zu arbeiten, und nicht mit dem „Kapital". Natürlich muß man sich auf der Bühne zu 150% verausgaben – der physische und psychische Einsatz ist immer total! Aber er darf nicht auf das Material gehen, nicht die Substanz angreifen.*

Am 26. März 1984 gibt die 38jährige(!) Gruberova ihr mehr als verspätetes Debut an der Londoner Covent Garden Opera. Unverständlich, weshalb man eine seit Jahren international Furore machende Sängerin bis dahin nicht längst einmal unter Vertrag genommen hatte. Überdies war die Einladung auch keineswegs von Covent Garden direkt an sie ergangen. Riccardo Muti hatte ihre Mitwirkung an dieser Neuproduktion von Bellinis *I Capuleti ed i Montecchi* nachdrücklich zur Bedingung gemacht. Diesem ersten Engagement war eine rege Korrespondenz zwischen Gruberovas damaligem Londoner Manager John Coast, dessen Wiener Kollegen Rudolf Raab und Covent Gardens künstlerischer Beraterin Helga Schmidt vorausgegangen. Was auch immer der Grund gewesen sein mag, für Jahre hindurch wollte und wollte es zu keinem Vertragsabschluß mit Englands erstem Opernhaus kommen. In einem Schreiben von John Coast an Gruberova hieß es damals:

> *...Wir haben Helga Schmidt sehr deutlich zu verstehen gegeben, daß Ihr Debut am Royal Opera House ausschließlich in einer großen Rolle wie Lucia erfolgen müsse. Wir machten Ihr auch klar, daß, je länger sie sich mit Ihrem Engagement Zeit ließe, desto höher Ihre Gage inzwischen steigen würde.*

Nun erobert Gruberova auch London im Sturm, Produktionen von *Ariadne* und *Lucia* folgen unmittelbar nach. Es war nicht zuletzt auch diese Aufführungsserie von *Capuleti* gewesen, die den Belcanto-Boom der darauffolgenden Jahre mitgefördert und intensiviert hat. Muti erzielt mit der „Ausgrabung" dieser praktisch vergessenen Oper einen triumphalen Erfolg, und ein Kritiker verleiht seiner Hoffnung Ausdruck, daß mit dem Gespann Agnes Baltsa/Edita Gruberova nun in der Nachfolge von Joan Sutherland und Marilyn Horne auch wieder ein neues Belcanto-Duo heranwachsen könnte.

Im August 1984 fährt Gruberova nach Rom, um an der Seite von Renato Bruson, Neil Shicoff und Brigitte Fassbaender *Rigoletto* für das Label Philips Classics aufzunehmen. Es spielt das Orchestra dell'Academia di Santa Cecilia, am Dirigentenpult waltet Giuseppe Sinopoli. Was ein Jahr zuvor bereits mit Muti in Wien begonnen worden war, wird jetzt von Sinopoli fortgesetzt: der Verzicht auf jedwede Extravaganzen im Sinne der Originalpartitur. Mehrere Wochen nach Beendigung der Aufnahme erreicht die Sängerin eine Mitteilung, daß es während der Aufnahme zu „technischen Problemen" gekommen sei und ein kleiner Teil der Arie nachaufgenommen werden müsse. Zu ihrem Erstaunen sollte dies aber in München geschehen! Dort stellt sich schnell heraus, was das „technische Problem" in Wirklichkeit gewesen war: Der Paukist des Orchesters hatte in den letzten Takten der Arie in mehrere Pausen hinein versehentlich einen Ton gesetzt. Weder der Dirigent noch der Aufnahmeleiter hatten dies bemerkt. Erst beim Abhören des fertig geschnittenen Masterbandes war es Sinopoli aufgefallen. Also hatte man inzwischen das English Chamber Orchestra(!) engagiert, um besagte Takte neu aufzunehmen.

Gruberova muß nun auf dieses fertige Band ihre letzte Phrase des *Caro nome* synchronisieren. Es dauert einige Zeit, bis der Klang ihrer Stimme, so wie er in der Römischen Accademia Santa Caecilia zur Geltung gekommen war, in dem akustisch anders gearteten Münchner Studio nachgezeichnet und perfekt simuliert ist. Niemandem ist diese Manipulation aufgefallen. Unfaßbar, auf welche Weise heutzutage Tondokumente geschaffen werden, die darauf Anspruch erheben, künstlerische Zeugnisse zu sein.

Im Herbst 1984 kommt es zum zweiten Mal zur Plattenaufnahme der Konstanze in Mozarts *Entführung aus dem Serail*. Georg Solti dirigiert die Wiener Philharmoniker, als Partner Gruberovas sind Gösta Winbergh, Kathleen Battle, Heinz Zednik und Martti Talvela engagiert.

Solti – immer ein großer Bewunderer Gruberovas – ist auch diesmal hingerissen von ihrer Darstellung der Konstanze. Kurz vor Veröffentlichung der Aufnahme schreibt er einen persönlichen Brief an die Sängerin, in dem es heißt:

Meine liebe Edita!

Soeben habe ich das Band der geschnittenen Version unserer Entführung abgehört, und ich möchte Ihnen für Ihren wundervollen Beitrag, den Sie geleistet haben, gerne einige Zeilen des Dankes senden. Ich bin überzeugt, daß es viele Jahre dauern wird, bis ein Sänger auch nur annähernd die Künstlerschaft und Musikalität, die Sie in die Rolle der Konstanze gebracht haben, erreichen wird und betrachte es als größtes Privileg und Freude, die Gelegenheit gehabt zu haben, diese Aufnahme mit Ihnen zu machen.

Ihr ergebener

Georg Solti

Damit nicht genug. Sogar im Booklet zur Decca-CD ergreift der Maestro das Wort:

Mein Wunsch, die Entführung einzuspielen, erwuchs aus einem sehr bewegenden Erlebnis an der Wiener Staatsoper, wo am 27. September 1981 ein Gedächtniskonzert für den großen Dirigenten Karl Böhm gegeben wurde, der kaum zwei Monate vorher gestorben war. Mein Beitrag war die musikalische Leitung des Vorspiels und Liebestod aus Wagners Tristan. Zuvor hatte Edita Gruberova Konstanzes Arie „Traurigkeit ward mir zum Lose" gesungen, und ihre Interpretation hatte mich so ergriffen, daß ich bei der Heimfahrt beschloß, die Oper mit ihr aufzunehmen. Es dauerte fast drei Jahre, bis das Projekt realisiert werden konnte. In der Zwischenzeit hatte Edita Gruberova beschlossen, die Konstanze nicht mehr auf der Bühne zu singen. Glücklicherweise erkärte sie sich bereit, die Aufnahme mit uns zu machen; dadurch ist eine Interpretation verewigt, die meiner Meinung nach viele Jahre lang nicht wieder ihresgleichen finden wird.

Georg Solti

Schon in den ersten Monaten nach der Übernahme von Gruberovas Sekretariat durch Germinal Hilbert können nicht weniger als vier Verträge (*Lucia*, *La Traviata*, *I Puritani* und *Semiramide*) mit der Metropolitan Opera abgeschlossen werden. Zehn Jahre lang war Edita Gruberova an diesem Haus blockiert gewesen! Man versucht nun, sie anläßlich ihres US-Comebacks mit *Lucia* in die Mühle des amerikanischen Kommerzialismus zu zwängen. Von mehreren Seiten wird ihr nahegelegt, einen Vertrag mit einem Promotion-Management abzuschließen. Von künstlich erzeugtem Image hat Gruberova sich aber schon immer bewußt distanziert. *Entweder überzeuge ich durch meinen Gesang oder durch ein paar aufgebauschte Zeitungsartikel. Beides zusammen scheint mir aber unvereinbar. Diese Art des „Doping" ist Verrat an unserem Beruf. Auf der Bühne, da muß man Farbe bekennen. Alles andere sind Luftblasen!* erklärt sie. Sie mag übrigens auch (gemeinsam mit Carlos Kleiber!) eine der ganz wenigen sein, die sich seit Jahren furchtlos den „Loggionisti" der Mailänder Scala entgegenstellt, jener berühmt-berüchtigten (und gefürchteten) Claque. Es ist erstaunlich, daß diese seit Jahrzehnten existierende und mittlerweile wohl antiquierte Einrichtung immer noch geduldet wird. Operninsider wollen wissen, daß diese Organisation sogar von der Direktion der Scala selbst bezahlt werden müsse. Ihr Anführer, genannt „Capo", erhält ohne Probleme Zugang zur Garderobe der Künstler, die vor ihrer Vorstellung nicht nur in ihrer Konzentration gestört, sondern auch gleichzeitig auf „elegante" Weise erpreßt werden. Angesichts der Tatsache, daß er die Gage des jeweiligen Sängers kennt, ist dieser nunmehr gezwungen, einen dementsprechend hohen Prozentsatz als „Geschenk" zu übergeben. Da kann es schon vorkommen, daß ein Lira-Betrag in mehrfacher Millionenhöhe den Besitzer wechselt. Gruberova hat sich von Anbeginn ihres Wirkens an Italiens heiliger Stätte geweigert, auch nur ein einziges Mal für ihren Applaus zu bezahlen. (Man ist an Richard Tauber erinnert, der sich 1919 als Gast an der Wiener Staatsoper vor einer Aufführung der *Bohème* ebenso weigerte, den Claqueur zu bezahlen.) Ein gleichwohl gefährliches Unternehmen, da die „Loggionisti" auch mitten in Arien unbegründet und erbarmungslos „zuschlagen" können. Es war für Gruberova nie eine Frage des Geldes, sondern ausschließlich des Prinzips gewesen. *Ich würde mich vor mir selbst schämen, bei meinem Applaus nicht zu wissen, ob er für meine Leistung oder für die Bezahlung gespendet wird.* Im Januar 1984, während des Gastspiels der Münchner Staatsoper mit *Ariadne*, hatte ihr der „Capo" über die die Titelrolle singende Eva Marton ausrichten lassen, daß spätestens für die Aufführungen von *Lucia* im darauffolgenden Juli „Zahltag" bei den Loggionisti wäre. Dies brachte Gruberova aber nicht aus der Fassung, und sie verweigerte dem Capo auch bei der *Lucia*-Premiere den Zugang zu ihrer Garderobe. Ihr Erfolg war dann auch so groß, daß die „Loggionisti" sich zurückhalten mußten. Lediglich den Szenen-Applaus des großen Publikums versuchten sie durch Gezische zu verkürzen, was aber ihrem persönlichen Triumph keinen Abbruch tat. Gruberova ging soweit, sich über die Ungeheuerlichkeit dieses Claquenwesens beim damaligen Direttore Artistico, Cesare Mazzonis, zu beschweren. Aber der wollte von der bloßen Existenz einer solchen Institution natürlich ebenso wenig wissen wie der musikalische Leiter Riccardo Muti.

Auch wenn man ihr über Jahre hinweg keine wirklich interessanten Opernrollen angeboten hatte, so ist Gruberova doch immer wieder gerne zu Recitals nach Mailand zurückgekehrt. Am 4. März 1985 gibt sie an der Seite von Friedrich Haider, der sie seit mittlerweile zwei Jahren am Klavier begleitet und mit dem sie inzwischen auch eine private Partnerschaft verbindet, einen denkwürdigen Liederabend, nach welchem ihr das völlig außer sich geratene Mailänder Publikum ganze 45 Minuten lang Zugaben abverlangt. *Für die Scala ein Rekord*, wie eine Zeitung berichtet. Als krönenden Abschluß beginnt sie ohne Ansage mit *É'strano*, Violettas Arie aus dem ersten Akt der

Traviata. Italienische Freunde berichten ihr nachher, daß ein ängstliches Raunen durch das Publikum gegangen war. Jemand soll sogar entsetzt gerufen haben: *É matta!* – „Sie ist verrückt!" Seit Maria Callas wollte das Mailänder Publikum keine *Traviata* mehr gelten lassen. Ein Versuch von Mirella Freni endete mit einem handfesten Skandal. Das spricht nicht unbedingt für das Scala-Publikum, hatte es doch einst auch Callas selbst das Leben nicht immer leicht gemacht. Doch diesmal scheinen alle Konventionen vergessen. Man belohnt Gruberovas Vortrag mit stürmischen Ovationen. Die Kritiker der italienischen Tageszeitungen stellen dieses *Traviata*-Ereignis über den Liederabend und markieren in fettgedruckten Schlagzeilen: *Als große Überraschung die Violetta – Triumphale Rückkehr der berühmten Sopranistin in der Scala und ein großes Finale mit Traviata – Die Scala außer Rand und Band* … Und man fordert die Direktion des Hauses unmißverständlich auf, Gruberova als Violetta nach Mailand zu holen. Schon in den nächsten Tagen kommen Signale auch aus dem künstlerischen Betriebsbüro der Scala, ein solches Projekt in Angriff nehmen zu wollen.

Doch Gruberova setzt einen Schritt, der wohl nicht zuletzt auch für den musikalischen Leiter Riccardo Muti zu weit geht: Sie schlägt Carlos Kleiber, der sie im Sommer zuvor in einer Münchner Aufführungsserie dirigiert hatte, als Dirigenten vor! Die daraufhin einsetzende unterschwellige Verstimmung Mutis ist nur allzu gut zu verstehen. Gruberova hatte sich das gut überlegt: *Die Tatsache, dieses Stück in diesem Hause zu singen, wäre an und für sich schon ein Risiko gewesen. Deshalb wollte ich das nur mit dem Dirigenten machen, der heutzutage unstreitbar der einzig wirklich interessante Traviata-Dirigent ist. Seit den Münchner Aufführungen spürte ich instinktiv, daß Kleibers Zugriff einfach unübertrefflich ist. Ich wollte das mit gar keinem anderen mehr machen als mit ihm. Neben den rein musikalischen Erwägungen kannte ich Mutis Verdi-Aufführungen nur allzu gut, um mich nicht vor dem massiv herausgestellten Blech seines Orchesters zu fürchten. Kleibers Transparenz schienen mir für meine stimmlichen Möglichkeiten das einzig Richtige.* Muti, der ihr dies bis heute nicht verziehen hat, brachte schon recht bald danach eine Neuproduktion der Oper heraus, setzte (ohne großen Erfolg) auf eine junge italienische Nachwuchssängerin in der Titelpartie und sperrte, mittlerweile offensichtlich doch von der Existenz der Loggionisti informiert, diese bei der Premiere kurzerhand aus dem Theater.

Am 23. Juli 1985 gibt Gruberova bei den Bregenzer Festspielen ein von der Musikwelt langerwartetes Debut: Elvira in Bellinis *I Puritani*. Daß die Besetzung des Tenors, dem in dieser Oper einige extrem hoch liegende Töne abverlangt werden, immer ein äußerst schwieriges Unterfangen ist, hatte man zuvor gewußt. Immerhin steuern aber Giorgio Zancanaro als

Riccardo und Dimitri Kavrakos als Giorgio in der Aufführung charaktervolle Momente bei. Gruberova ist zwar in stimmlich herausragender Disposition, klingt auch trotz Saisonende ausgeruht und sicher, gibt sich aber in dieser Vorstellungsserie vor allem, was ihre spezifische vokale „Raffinesse" anbelangt, noch eher reserviert. Sie fügt auch kaum Ornamentierungen hinzu, interpoliert lediglich einige Spitzentöne. Erst an der Seite Richard Bonynges an der Met übertrifft Gruberova dann den von ihr selbst gesetzten Maßstab in Ausdrucksstärke und sinnvollem Einsatz belcantistischer Rhetorik.

Nur zwei Wochen Urlaub stehen Gruberova nach den Bregenzer *Puritani* zur Verfügung, und auch die kann sie diesmal kaum zur Entspannung nutzen: In ihrem Feriendomizil vertieft sie sich in den Klavierauszug von Donizettis *Maria Stuarda*, deren Neueinstudierung an der Wiener Staatsoper für den folgenden Herbst vorgesehen ist. Es war Staatsoperndirektor Lorin Maazel gewesen, der vorgeschlagen hatte, die beiden Primadonnen Gruberova und Baltsa in einem großen Belcanto-Duo wieder einmal Seite an Seite zu stellen. Da beide Frauen-Partien dieser Oper nicht definitiv als Sopran oder Mezzosopran bezeichnet werden können, hatte Maazel ursprünglich die Idee, die Protagonistinnen ihre Rolle von Vorstellung zu Vorstellung tauschen zu lassen, was bedeutet hätte, daß jede von ihnen sowohl Titelpartie als auch die Rolle der Elisabetta hätte studieren müssen. Leider mußte sie aus probentechnischen Gründen wieder fallengelassen werden. *Maria Stuarda* war zur Zeit ihrer Komposition in Zensur-Probleme geraten, vor allem der berühmten Denunziationsszene wegen, in der Maria ihre Gegenspielerin Elisabetta eine *vil bastarda* nennt, was Donizetti zunächst zwang, das Stück umzuschreiben. In der Wiener Premiere von 1985 kann das Publikum sich aber nun gerade auf diesen Moment ganz besonders freuen. Eine Szene, die man in der Darstellung Gruberovas und Baltsas in der Tat „live" erlebt haben muß.

Im Oktober erreicht sie nach längerer Zeit auch wieder ein Opernangebot von den Salzburger Festspielen. Deren künstlerischer Berater Otto Sertl informiert sie telefonisch über den Plan einer Neuproduktion der *Entführung* und lädt sie im Namen der Festspiele ein, die Konstanze zu singen. Zwei Monate später erreicht die Sängerin dann ein Schreiben aus der Salzburger Direktionsetage:

Unsere Planungen für „Die Entführung aus dem Serail" für 1987 haben sich inzwischen zügig weiterentwickelt: Es ist gelungen, für diese wichtige nächste Mozart-Produktion Horst Stein als musikalischen Leiter und Johannes Schaaf als

Regisseur zu gewinnen. Da Herr Schaaf gegenwärtig in einer großen neuen Filmproduktion in Rom steckt, die ihm keine freie Minute läßt, ist es im Augenblick nicht möglich, den zu einer so wichtigen Zusammenarbeit notwendigen Kontakt herzustellen. Eine persönliche Begegnung wird sich erst Anfang/Mitte Januar – voraussichtlich anläßlich Ihrer Lucia-Serie in Wien – ergeben. Ich bitte Sie deshalb, uns den Zeitraum Ende Juni bis Ende August 1987 noch bis zu Ihrem Zusammentreffen mit Herrn Schaaf im Januar, das sicherlich auch in Ihrem Interesse liegt, freizuhalten.

Mit allen guten Wünschen und sehr herzlichen Grüßen

Ihr Otto Sertl

Schaaf kommt dann tatsächlich nach Wien – aber nicht etwa, um mit Gruberova ein Konzeptionsgespräch zu führen, sondern um sie sich in der *Lucia* „anzusehen". Gruberova weiß nichts von ihrem Glück, daß sie mit dieser Vorstellung dem Regisseur erst einmal „vorsingen" muß. Ohne sich auch persönlich bei der Sängerin gemeldet zu haben, reist Schaaf wieder ab. Ein Absagebrief der Festspiele ist die Folge. Schaaf will die Gruberova nicht haben. Punkt. Die offizielle Erklärung lautet, sie wäre ihm schon zu alt. Die Reaktion der Festspiele, dem Regisseur die Präferenz zu geben und eine Sängerin, die in dieser Rolle schwer zu ersetzen sein dürfte, einfach wieder auszuladen, legt erneut Zeugnis von der weltweiten Überbetonung des Regietheaters ab. Die Ironie der Geschichte ist, daß Schaaf zu guter Letzt eine Sopranistin engagiert, die älter ist als Gruberova und obendrein der hohen Tessitur der Partie nicht gewachsen ist (was bei den Aufführungen zur Folge hat, daß die erste Arie um einen Ganzton nach unten transponiert werden muß!). Germinal Hilbert nimmt nun auch Kontakt zu Herbert von Karajan auf, der im Festspielpräsidium sitzt und demnach auch Verantwortung für Entwicklungen dieserart mittragen müßte. Aber der Maestro ist zu beschäftigt. In einem dreizeiligen Schreiben läßt er Hilbert wissen, über diese Geschichte nicht informiert zu sein …

Schweiz

Was ist Heimat? Diese Frage beschäftigt Carl Zuckmayer am Beginn seines Buches *Als wär's ein Stück von mir.* Ist Heimat dort, wo man geboren wurde, oder dort, wo man den größten Teil seines Lebens verbracht hat, oder etwa dort, wo man begraben werden möchte? Gruberova bekennt, nicht zuletzt auch durch ihren „Zigeunerberuf" wurzellos geworden zu sein. Als sie 1991 nach einer *Lucio Silla*-Vorstellung an der Wiener Staatsoper von den „Preßburger Opernfreunden" angesprochen wird, stellt ihr eine ältere Frau die Frage, ob sie sich in der Slowakei eigentlich noch beheimatet fühle. *Ich bin dort geboren*, antwortet sie, *und auch aufgewachsen. Aber als Kind eines Deutschen und einer Ungarin! Und ab meinem 24. Lebensjahr habe ich Wien zur Wahlheimat gemacht, so daß ich mich dort zuletzt schon wirklich wie zuhause gefühlt habe. Dann bin ich auch von dort wieder weggezogen zu den Schweizern, die eine gegenüber den Österreichern ganz unterschiedliche Mentalität haben. Eigentlich bin ich eine Weltbürgerin. Und mein Herz schlägt Gott sei Dank immer dort, wo ich gerade meinen Wohnsitz habe! Und der ist jetzt in Zürich.*

Edita Gruberova hat nie gezögert, ehrlich zu bekennen, daß die große finanzielle Belastung durch die österreichische Steuer sie bewogen hatte, 1985 ihren Wohnsitz von Österreich in die Schweiz zu verlegen. Zur damaligen Zeit betrug der höchste Steuersatz in ihrer Wahlheimat 64%. Ein international betrachtet ungemein hoher Anteil. Für einen Sänger gibt es dazu ein Mehr an Abgaben, die zwar von der Steuer absetzbar sind, im Endeffekt aber verlorengehen: 10% jeder Gage gehen an den Manager für dessen Vermittlung, bei Auslandsaufenthalten entstehen hohe Kosten für Hotelzimmer, Telefongespräche und die Dinge des täglichen Lebens. Dazu hat Gruberova ihre Entscheidung damit verteidigt, daß das Berufsrisiko eines Sängers viel höher ist als in jedem anderen Beruf: *Schon morgen kann es mir passieren, daß meine Stimme nicht mehr funktionstüchtig ist. Wer wird mich dann finanziell abfinden? Niemand! Also muß ich meine Konjunktur ausnützen. Viele Jahre hindurch, auch noch nach meinen ersten ganz großen Erfolgen, habe ich für geradezu irrwitzig niedrige Gagen gesungen, bis mir während einer „Ariadne"-Vorstellung in München ein Mann aus der Buchhaltung, der den Sängern die Gage in die Garderobe brachte, die Augen öffnete: „Entschuldigen Sie, wenn ich das bemerke, es geht mich eigentlich nichts an, aber für d i e s e n Erfolg den Sie hier haben, müßten Sie eigentlich eine ganz andere Gage haben, Frau Gruberova!" Erst nach diesem Armutszeugnis für mein damaliges Management sind mir die Augen aufgegangen. Leider habe ich erst 1985 den richtigen Agenten gefunden, der seither den Veranstaltern gegenüber meine Interessen vertritt. Bis ich die absolute Topgage erreicht hatte, war also ein sehr langer Weg zurückzulegen. In den Schoß ist mir wirklich nichts gefallen. Noch nach meinem Zerbinetta-Durchbruch in Wien habe ich beim Japan-Gastspiel von 1980 fünf Vorstellungen um eine einzige Monatsgage von 40.000 Schillingen gesungen! Wenn der Staat sich nun von meiner Gage mehr nimmt, als ich selbst behalten darf, dann ist etwas falsch im System.*

Die Arie auf Naxos führte zum Orkan

Thomas Wördehoff über die Sensation Edita Gruberova

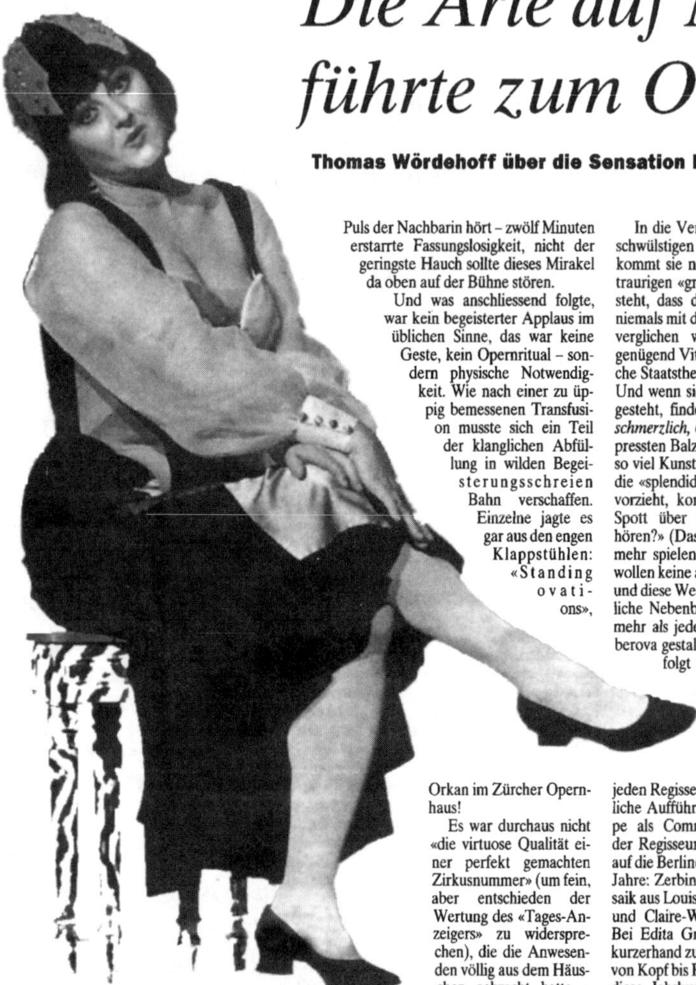

Wann genau der Moment einsetzte, lässt sich nicht mehr präzis bestimmen. Erwartet hatte man ihn nicht: Selbstverständlich ist sie eine alte Bekannte, in Zürich hatte man sie in «Lucia», «Fille du Régiment», «Sémiramide» und sogar in «Ariadne» gehört. Und dass sie in der Rolle der Zerbinetta keinen Vergleich zu scheuen brauche, war allen Kennern von vornherein klar. Durch die Presse zusätzlich mit den Eckdaten ihrer vokalen Richter-Skala versorgt («Sonntagszeitung»: «Ihr Soprano leggero steigt bis ins hohe G»), wusste man, dass in jedem Falle Grosses zu erwarten war: Edita Gruberova, gebürtige Pressburgerin, Koloraturvirtuosin erster Güte, «konkurrenzlos rein, leicht und ausdrucksstark», würde in der Zürcher Neuinszenierung von Richard Strauss' «Ariadne auf Naxos» zweifellos brillieren. Doch es kam schliesslich ganz anders.

Denn da war jener Moment. Es war der Moment, der Kenner und Banausen sprachlos werden lässt. Der Moment, in dem ein ganzes Publikum baff vor Staunen nach vorne kippt, wo der Atem aussetzt, wo man den Puls der Nachbarin hört – zwölf Minuten erstarrte Fassungslosigkeit, nicht der geringste Hauch sollte dieses Mirakel da oben auf der Bühne stören.

Und was anschliessend folgte, war kein begeisterter Applaus im üblichen Sinne, das war keine Geste, kein Opernritual – sondern physische Notwendigkeit. Wie nach einer zu üppig bemessenen Transfusion musste sich ein Teil der klanglichen Abfüllung in wilden Begeisterungsschreien Bahn verschaffen. Einzelne jagte es gar aus den engen Klappstühlen: «Standing ovations», Orkan im Zürcher Opernhaus!

Es war durchaus nicht «die virtuose Qualität einer perfekt gemachten Zirkusnummer» (um fein, aber entschieden der Wertung des «Tages-Anzeigers» zu widersprechen), die die Anwesenden völlig aus dem Häuschen gebracht hatte – Edita Gruberova hatte voll den neuralgischen Punkt von Oper getroffen. In ihrer Adresse an die liebeskranke Ariadne war schlicht das zusammengewachsen, was zusammengehört: Darstellung und Gesang waren zu jener quecksilbrigen Mischung amalgamiert, die ein Publikum nun mal aus den Stühlen reisst.

Keine Spur von der kalten Perfektion einer Zwitschernummer fürs Raritätenkabinett. Die Gruberova hat sich die Partie der Zerbinetta einverleibt, die Rolle ist längst in ihren Besitz übergegangen. Sie «gastiert» nicht mehr, sondern scheint den Verlauf der halsbrecherischen Tonfolgen spontan zu bestimmen.

Dass sie dabei die technisch mörderischen Koloraturen ihrer Arie wie massgeschneidert um die Launen und Gelüste jener Zerbinetta legt, ist die eigentliche Sensation. Die Gruberova trällert eben nicht mühelos und eitel vor sich hin, sondern verkörpert einen Abend lang nur Appetit auf Unanständiges: das Kribbeln vor der Verführung, diese Lust auf die Lust, jenen unstillbaren Hunger nach Erotik und Leidenschaft.

In die Verlegenheit, ihre Darstellung mit schwülstigen Operngesten zu verstärken, kommt sie nie: Wenn sie zunächst der todtraurigen «grossmächtigen Prinzessin» zugesteht, dass der «erlauchte» Liebeskummer niemals mit dem des «gemeinen Sterblichen» verglichen werden könne, fliesst bereits genügend Vitriol durch die Noten – das übliche Staatstheater ist da gar nicht mehr nötig. Und wenn sie weibliche «Schwachheit» eingesteht, findet sie es «schmerzlich süss» – *schmerzlich*, das wird bei ihr zum lüstern gepressten Balzlaut eines Teenagers. Als, nach so viel Kunstfertigkeit, Ariadne immer noch die «splendid isolation» auf der Meeresinsel vorzieht, kommt dann Zerbinettas ganzer Spott über sie: «Sie wollen mich nicht hören?» (Das Schulterzucken muss sie nicht mehr spielen, sie singt es gleich mit.) «Sie wollen keine andere Vertraute als diesen Fels und diese Wellen haben» – allein das verächtliche Nebenbei dieser *Wellen*-Miniatur sagt mehr als jede einstudierte Geste. Die Gruberova gestaltet mit der Stimme, ihr Körper folgt mit unbefangener Natürlichkeit. Und ob ihr Atmen, Japsen und Seufzen nun Gesang oder grosses Schauspiel ist, kann man getrost den Puristen überlassen.

Diese Frau ist ein Traum für jeden Regisseur. Beschreibt die durchschnittliche Aufführung Zerbinetta und ihre Truppe als Commedia-dell'arte-Quartett, legte der Regisseur Cesare Lievi die Gewichtung auf die Berliner Kabarettszene der zwanziger Jahre: Zerbinetta wurde in Zürich zum Mosaik aus Louise Brooks schwarzhaariger Lulu und Claire-Waldorffs Kleintheaterschwoof. Bei Edita Gruberova mutierte die Gestalt kurzerhand zu einer dritten Grösse: Ohnehin von Kopf bis Fuss auf Liebe eingestellt, nahm diese Jahrhundert-Zerbinetta plötzlich das berühmte verwegene Hauchen auf und setzte sich, wie weiland das berühmte Vorbild, lasziv mit übergeschlagenen Beinen auf den Stuhl in der Bühnenmitte. Der Körper biegt sich leicht zurück – fertig ist die Ikone.

Natürlich gibt es Vergleiche. Diese unheimlichen Momente künstlerischer Authentizität konnte man bei Michel Piccolis «John Gabriel Borkman» (in der hinreissenden Inszenierung Luc Bondys) kürzlich in Lausanne erleben, Miles Davis hatte diese selbstverständliche Intensität vor drei Jahren in Montreux, Gerd Voss hat sie, Ella Fitzgerald und Frank Sinatra hatten sie. In der Oper ist sie allerdings schwierig zu erreichen – der Komponist hat Zeitmass und Notenbild schliesslich akribisch festgelegt. Improvisationen müssen «gespielt» werden. Nichts gegen Artisten: Selbst in einer virtuosen «Zirkusnummer» ist das nicht zu leisten.

Dem ollen Strauss muss eine Besetzung wie die Gruberova vorgeschwebt haben: Wenn nach ihrer Arie Harlekin mäkelt «Hübsch gepredigt! Aber taube Ohren!», kann man wirklich nur schallend lachen.

Man muß die Rechnung aber auch noch in anderer Hinsicht anstellen: Durch den hohen österreichischen Steuersatz war es nicht selten vorgekommen, daß Gastsänger, die nicht zur Spitzenklasse zählen, an der Wiener Oper mit einer Abgabe von nur 25%, der sogenannten Ausländersteuer, unter dem Strich mehr Einnahmen verbuchen konnten als die Österreicherin Gruberova, wegen der das Publikum in erster Linie gekommen war und teure Karten gekauft hatte. Und das wollte die Sängerin verständlicherweise nicht akzeptieren. (Leonie Rysanek hatte schon vor Jahren ähnlich versucht, diesem stupiden System entgegenzusteuern, als sie als Desdemona einer *Otello*-Vorstellung weniger Gage erhielt als eine Gastsängerin, die die kleine Rolle der Emilia gesungen hatte; darüber war sie mit dem damaligen Operndirektor Herbert von Karajan in Streit geraten.) Dabei ist es keineswegs so, daß sich Gruberova geweigert hätte, Steuern abzuführen: *Ich habe sie nach wie vor bezahlt, und das auf der ganzen Welt, aber eben in verkraftbarer Höhe.* Natürlich wird sie nun von manchen Österreichern recht zynisch verabschiedet, während sie die Schweiz herzlichst willkommen heißt. Der Journalist Walter Gürtelschmied, der sich aus seinem Dasein in der Kulturredaktion des Wiener *Kurier* mittlerweile in die Führungsetage des Schallplattenkonzerns Sony retten konnte und dort nun Künstler fördert, die er vorher hart an die Kandare genommen hatte, geht in einem Artikel noch viel weiter. Er gibt zwischen den Zeilen zu verstehen, daß der Weggang von Gruberova gar nicht so schlimm sei, da eine junge Österreicherin soeben eine hoffnungsvolle Karriere begonnen habe und auch bald in Wien vermehrt eingesetzt würde. Auch Ioan Holender hatte nach dem Weggang Gruberovas aus seiner Agentur auf die talentierte junge Nachwuchssängerin gesetzt und versucht, in ihr eine Konkurrentin für eine in der ganzen Welt etablierte Sängerin heranzuzüchten. Dies hat natürlich niemandem mehr geschadet als (der einst von Gruberova sogar persönlich geförderten) Elevin selbst, die die Erwartungen, die folglich an sie gestellt wurden, nicht erfüllen konnte und deren Name schon bald wieder von den Theaterzetteln verschwand.

Wie auch immer, Gruberova hat der Wiener Staatsoper viele Jahre hindurch die Treue gehalten – von den 50 Abenden pro Spielzeit sang sie allein 30 in Wien! Dies hat aus heutiger Sicht ihre internationale Karriere nicht unbedingt gefördert. Anfang der 80er Jahre etwa hatte sie der Oper von San Francisco eine Vorstellungsserie der *Lucia* zugesagt. Noch bevor es zur Vertragsunterzeichnung kommen konnte, sagte sie das Projekt aber kurzfristig wieder ab, um dafür weitere Vorstellungen in Wien anzunehmen. San Franciscos Operndirektor Kurt Herbert Adler rief sie daraufhin persönlich an, um ihr klarzumachen, daß eine mündliche Zusage im Opernmetier genauso verbindlich sei wie ein unterschriebener Vertrag. Desweiteren bedeutete er ihr unmißverständlich, daß diese Absage für sie einen Auftrittsstop in Amerika zur Folge haben könne. Gruberova blieb trotzdem hart und unterschrieb in Wien. Erst Mitte der 80er Jahre hat die Sängerin erkannt, daß die kontinuierliche Annahme von wichtigen Gastverträgen einfach unumgänglich sei, und brachte daraufhin wiederum den damals designierten Operndirektor Claus Helmuth Drese an den Rand der Verzweiflung, als sie rund 20 für Wien zugesagte Abende kurzerhand wieder zurückzog. Die Gruberova hat die Wiener Staatsoper aber nicht zuletzt auch in vielen Gastspielen rund um den Erdball repräsentiert. Von Prag bis nach Washington und von Florenz bis Tokyo, immer war das damalige Ensemblemitglied unverzichtbares Aushängeschild und wichtiger Kassenfüller. Dies belegen Publikumsreaktionen oder ausländische Presseartikel ganz deutlich, ohne daß die Leistungen ihrer Kollegen geschmälert werden sollen. Als 1985 in der Ära Seefehlner kurzfristig ein Gastspiel der Wiener Oper in Dresden geplant wurde, fiel die Wahl wie schon so oft zuvor auf *Ariadne*, die in Wien leicht zu besetzen und vom Orchester her mit nur 36 Musikern unaufwendig zu organisieren war. Daß sie zugesagt hatte, war wiederum nur ihrer Loyalität dem Wiener Haus gegenüber zuzuschreiben, denn die beiden Aufführungen fanden ausgerechnet an den Osterfeiertagen statt, einer Zeit, die sie sich schon immer für ihre beiden Töchter freigehalten hatte. Es kostete Egon Seefehlner zwar einige Überredungskünste, zu guter Letzt stellte sie aber auch hier wiederum private Interessen hintan, um die Oper, „ihr Wiener Haus“, zu unterstützen. Man hat ihr in Wien diese Treue nie so recht gedankt. Eine für Gruberova völlig unmotivierte Pressekampagne war schließlich der Auslöser dafür, ihre Auftritte von einem Tag auf den anderen radikal zu reduzieren. Ein Anruf von Robert Jungbluth hatte ihr die Augen geöffnet. Der Generalsekretär der österreichischen Bundestheater erklärte ihr, daß dahinter wohl einer ihrer ehemaligen Agenten stecke und es angebracht wäre, sich wieder mit ihm an einen Tisch zu setzen. Sie glaubt aber auch, daß die Wiener generell ein wenig von ihren Auftritten übersättigt gewesen waren. Auch hatte sie nie persönlichen Kontakt zu den Wiener Kritikern gesucht, obwohl ihr dies mehrfach angeraten worden war. Opportunismus ist ihre Sache nicht. Im August 1989 liefert Gruberova dann schließlich einen perfekten Skandal, der in ganz Europa Schlagzeilen macht und inzwischen sogar in ein Opernlexikon unter der Rubrik „Primadonnen-Launen“ Eingang gefunden hat: Vor ihrem Liederabend im Großen Salzburger Festspielhaus läßt sie die Direktion wissen, daß sie das Konzert nur zu singen bereit wäre, wenn der österreichischen Presse die Pressekarten in Rechnung gestellt würden. *Vor dem Festspielhaus stehen Studenten, und das stundenlang, um im letzten Moment vielleicht noch eine Karte zu ergattern, und drinnen sitzen Kritiker auf ihren Gratissitzen und sind obendrein nicht einmal fähig, ihrer Pflicht nachzukommen und objektiv Stellung zu beziehen*, heißt es in einem Interview der empörten Diva.

Der Aufruhr, der daraus resultiert, ist erwartungsgemäß gewaltig. Die österreichischen Blätter quillen über von Artikeln über Pressefreiheit, Zensur und freier Meinungsäußerung. Um sich Rückendeckung zu verschaffen, fordern die in ihrer Ehre schwer angeschlagenen Pressevertreter darüber hinaus auch noch ihre Kollegen im Ausland auf, das Konzert Gruberovas zu boykottieren oder darüber schlecht zu schreiben. Nicht alle ausländischen Kollegen erklären sich aber mit ihnen solidarisch. Man kennt die Wiener! So heißt es etwa in der *Frankfurter Allgemeinen Zeitung*:

> *Edita Gruberova, als lyrischer Koloratursopran nach wie vor überragend, liegt mit der österreichischen Musikkritik in Fehde. Sie fühlt sich nicht nur zu Unrecht der „Sterilität“ geziehen, sondern auch privatim verleumdet. Die Wiener Melange aus Intrige und Schmäh, dem Prinzip geradezu interesselosen Übelwollens an sich, kann als Perfidie einen Perfektionsgrad erreichen, der das Vorstellungsvermögen schlichter Mitteleuropäer weit übersteigt.*

In vielen Briefen erklärt sich eine große Anhängerschaft (darunter sogar drei Journalisten!) mit der Sängerin solidarisch oder beschwichtigt sie, Rezensionen doch erst gar nicht zur Kenntnis zu nehmen. Gleichwohl: Um einen solchen Schritt zu setzen, war vielleicht auch ihr Motiv nicht deutlich genug geworden; ihrer eigenen Erklärung nach wollte sie nämlich keineswegs Kritiker beschneiden, sondern gegen offensichtliche und nachweisliche Intrigen protestieren. Zudem wären es ja nur die österreichischen Kritiker gewesen, die sie treffen wollte, und im übrigen hätte sie ihnen keineswegs den Zutritt zu ihrem Abend verweigert, sondern die Festspiele gebeten, die Karten in Rechnung zu stellen. *Wer kontrolliert eigentlich die Presse auf Mißbrauch und Korruption?* fragt Gruberova gekränkt und hat damit natürlich nicht einmal so unrecht.

Als sie einige Monate später mit Luciano Pavarotti und Zubin Mehta in einem Florentiner Hotel Kaffee trinkt, kommt die Sprache auf die Musikkritik. Mehta erklärt, er habe seinerzeit, als er den Chefposten des Los Angeles Philharmonic Orchestra übernahm, vergessen, vor seinem ersten Konzert den wichtigsten Musikkritiker der Stadt zum Essen einzuladen. Seither sei praktisch jedes Konzert ein Verriß. Gruberova fügt hinzu, sie wäre für viele Kritiker „kalt und ohne Ausdruck“. *Mach Dir nichts daraus*, meint Pavarotti, *ich bin immer „troppo verismo“*!

Der Umzug in die Schweiz hatte mit bedenklichen Nebenerscheinungen begonnen. Als Gegenleistung für die Aufenthaltsgenehmigung müssen alle Sänger mit nichtschweizerischem Paß mindestens 10 Vorstellungen am Züricher Opernhaus singen. Ein Umstand, durch den sich dieses kleine Theater in der glücklichen Lage befindet, Ensembles mit Weltklassesängern auf seiner Bühne präsentieren zu können, von denen Intendanten auch großer Institutionen oftmals nur träumen mögen. Für Gruberova mußten im letzten Moment 10 Abende gefunden werden, deren erster unmittelbar nach ihrem triumphalen *Lucia*-Gastspiel an der Lyric Opera of Chicago angesetzt worden war. Schon in Chicago hatte sie während der Vorstellungen so etwas wie einen „Krümel" auf ihren Stimmbändern gespürt. Ein Gefühl, mit dem sie bis dahin noch nie konfrontiert war. Als sie gezwungenermaßen gegen eines ihrer obersten Prinzipien verstößt, nämlich nach einer Reise mit Zeitumstellung mindestens zwei Wochen nicht zu singen, und in Zürich die *Entführung* unter Harnoncourt gibt, hat sich das kleine Problem zu einer ernsten Angelegenheit entwickelt. Der sofort konsultierte Arzt diagnostiziert eine punktuelle Schwellung des rechten Stimmbandes, die sogar mit bloßem Auge zu sehen sei. In solchem Stadium genügen in der Regel wenige Vorstellungen, um sich den bei Sängern so gefürchteten Stimmbandknoten einzuhandeln, der nicht selten das Ende der Karriere bedeutet. Gruberova sagt daraufhin für mehrere Wochen sämtliche Aufführungen ab und kann ihren Zustand nicht zuletzt auch durch die Hilfe eines äußerst gewissenhaften Arztes in Zürich bald wieder herstellen.

Gruberova ist voll des Lobes für ihren Schweizer Stimm-Doktor und bedauert gleichzeitig, daß vielen in dieser Branche das nötige Verständnis für einen Sänger fehle. *Viele glauben, sobald die Stimmbänder in Ordnung wären, sei man schon wieder gesund. Es ist aber der gesamte Stimmapparat, der in 100 %iger Verfassung sein muß. Wenn die Luftröhre entzündet ist oder die Nebenhöhlen nicht frei sind, ist an eine optimale Tonproduktion gar nicht zu denken. Ich bin froh, hier in der Schweiz einen Mann meines absoluten Vertrauens gefunden zu haben.*

Rückkehr in die Heimat

Ende August 1988 fährt Edita Gruberova nach Prag, um mit der Tschechischen Philharmonie ein Arienrecital für CBS aufzunehmen. Diesmal beschließt sie *nach endlosen Überlegungen und schlaflosen Nächten*, nach 20jähriger Abwesenheit erstmals auch wieder slowakischen Boden zu betreten. Jahrelang hatte sie immer wieder derselbe Traum geplagt, in welchem sie sich an ihrer Kirche vorbeigehen sieht, in den Kirchenraum hineinschauen möchte, es aber nicht kann.

Nach Beendigung der Prager Aufnahmesitzungen fährt sie mit dem Zug nach Bratislava. Seltsamerweise will sie keine Kontakte zu Verwandten aufnehmen, nur einmal anonym durch jene kleinen Gassen gehen, die für sie Kindheit und Jugend bedeuteten. Vom Hauptbahnhof aus fährt sie, wie anno dazumals, mit der Straßenbahn nach Rača. Es ist, als wäre die Zeit stehengeblieben, nichts schien sich in den zwei Jahrzehnten verändert zu haben. Als sie vor ihrem Geburts- und Wohnhaus steht, wird sie von der ehemaligen Nachbarin erkannt. Innerhalb von ein paar Minuten ist das ganze Dorf auf den Beinen, um die Heimkehrerin stürmisch zu begrüßen.

Gruberova beschließt, am nächsten Tag von Bratislava aus genauso nach Wien zu reisen, wie sie dies vor 20 Jahren als Pendlerin so oft getan hatte, nämlich mit dem Autobus. An der Grenze werden allen Fahrgästen die Pässe abgenommen. Nach einer Wartezeit von 30 Minuten kommt eine Grenzbeamtin und fordert mehrere Personen auf auszusteigen. Natürlich auch die, die zwar einen österreichischen Paß, jedoch einen slowakischen Namen hat. Gruberova muß ihren Koffer auf die Straße (!) legen und öffnen. Die Beamtin wühlt darin herum, als gelte es, brisantes Spionagematerial sicherzustellen. Die Ironie der Geschichte ist, daß schon wenige Tage danach die tschechischen Organisatoren ihrer Plattenaufnahme von diesem Mißgeschick erfahren und sich bei ihr umgehend telefonisch entschuldigen. Sie erklären ihr auch, daß es eine Selbstverständlichkeit gewesen wäre, ihr für diese Rückreise eine Limousine zur Vefügung zu stellen. Aber Gruberova winkt ab: *Im Sozialismus herrscht Klassengleichheit, da wollte ich keine Privilegien genießen.*

Anläßlich einer Wiederaufnahme der *Manon* an der Wiener Staatsoper darf sie aus den Händen von Direktor Claus Helmuth Drese vor „ihrem" Publikum die Ernennung zum Ehrenmitglied des Hauses entgegennehmen. Über 700mal hat sie dort auf der Bühne gestanden!

Im September 1989 gibt es einen für Gruberova einzigartigen Höhepunkt ihrer bisherigen Laufbahn: Carlos Kleiber hatte eine Premiere der *Traviata* an der New Yorker Met zugesagt, Franco Zeffirelli sollte für Regie und Ausstattung verantwortlich sein, Neil Shicoff und Wolfgang Brendel sind als Sänger-Partner angekündigt.

Leider nahm die Produktion eine recht traurige Entwicklung. Wenige Tage nach der Premiere, die auch Leonard Bernstein und Vladimir Horowitz besuchten, erkrankt Gruberova an einer äußerst hartnäckigen Sinus-Infektion, die sie rund drei Wochen lang völlig auftrittsunfähig macht. Kleiber, der in seine Verträge auch immer die Namen der Sänger mit aufnehmen läßt und so seine künstlerischen Ansprüche absichert, meldet sich umgehend telefonisch bei ihr. Sie muß ihm erklären, daß nicht nur die Stimmbänder, sondern auch der gesamte Stimmapparat in Mitleidenschaft gezogen wäre und die Töne ihr in jeder Lage nur unter großem Druck ansprächen. Obwohl zwei Ersatz-Violettas zur Verfügung gestellt worden waren, weigert sich Kleiber zu dirigieren und wartet, wie von der Direktion zu hören ist, „äußerst niedergeschlagen“ in seinem Hotel. Zu allem Übel spricht das vom Arzt verabreichte starke Antibiotikum überhaupt nicht an, so daß man am Tag vor der 5. Aufführung auf ein anderes umsteigt. Dieses scheint den Zustand zu bessern, doch zu spät. Kleiber hatte bereits seine Rückreise nach Europa angetreten. Fünf Wochen lang war diese Produktion in minuziöser Kleinstarbeit vorbereitet worden und erlebte dann nur zwei Vorstellungen.

Richard Strauss und Belcanto

Das Jahr 1990 beginnt mit einer lange vorbereiteten Aufnahme für das Teldec-Label. Gemeinsam mit Friedrich Haider nimmt Edita Gruberova eine Doppel-CD mit Liedern von Richard Strauss auf, die neben den berühmten Konzertnummern wie *Cäcilie* oder *Zueignung* auch eine Reihe völlig unbekannter Kompositionen enthält. Der Höhepunkt dieser Vorbereitungen ist ein Besuch in der berühmten Garmischer Strauss-Villa, in welcher die Künstler, einer persönlichen Einladung folgend, von der Schwiegertochter Alice und vom Enkel des Komponisten, Richard Strauss, empfangen werden. Im Archiv des Hauses können Gruberova und Haider sogar in Originalmanuskripte des Komponisten Einsicht nehmen. Aber nicht alles ist „business“. Im Arbeitszimmer des Komponisten, in welchem der *Rosenkavalier* und noch vieles mehr entstand, kommt es auch spontan zu einem kleinen Hauskonzert im Kreise der Familie. Haider spielt auf dem 1909 speziell für Richard Strauss gebauten Klavier. Dabei bringen die Gäste den koloraturenreichen *Amor* zur Aufführung. Alice Strauss gesteht, dieses Stück noch nie gehört zu haben. Zum Abschluß lädt man die Gäste zu einem opulenten Mahl, zubereitet von Anni Nitzl, jener Köchin, die auch noch den Meister in seinen letzten Lebensjahren kulinarisch betreut hatte, und läßt sich Geschichten aus allererster Hand erzählen.

Schon im darauffolgenden Mai erprobt Gruberova das neu erarbeitete Strauss-Schallplattenprogramm auch in Liederabenden. Im Großen Saal des Wiener Musikvereins widmet sie erstmals ein ganzes Konzert diesem von ihr so geliebten Komponisten.

Wenige Wochen später wird dieser Abend bei den Ludwigsburger Schloßfestspielen wiederholt. Ein Rezensent läßt sich dort in einer Lokalzeitung *anstelle einer Kritik über ihren Richard Strauss-Liederabend* zu einem *Hymnus an Edita Gruberova* hinreißen:

Das war ein Konzert, wie man es nur ganz selten erleben kann: Kein Superlativ ist stark genug, um zu sagen, was man sah, hörte und empfand ... Ein ideales Paar auf der Bühne, einander zugewandt, mit Blicken und wenigen Gesten sich verstehend und unterstützend ... Wenn man die Texte, die Kompositionen und die Gestaltung der Lieder durch Sängerin und Begleiter verfolgte, gab es frappierende Parallelitäten von Wort, Stimme und Klavierton ... Ob Frost, Wogen, Blitze, ob Höhe, Liebe, Gold – alle Worte fanden ihre Entsprechung in der Musik der beiden Künstler. Und als Richard Strauss bei dem Lied „Glückes genug", das er für seine Frau anläßlich der Geburt des Sohnes nach einem Liliencron-Text komponiert hatte, aus seiner distanzierten Schreibweise ausbrach und ein persönliches Bekenntnis in dieses Lied legte, da sang Edita Gruberova so, als ob sie nicht die Ehrenvorsitzende der Pariser Richard Strauss-Gesellschaft sei, sondern selbst vom Text und der Musik betroffen wäre. Die Weichheit des Stimmansatzes, das fast verhauchende Pianissimo, ein andermal Jubeltöne im kräftigen, nie scharfen Forte, herrlich klare Spitzentöne, Textverständlichkeit, das alles faszinierte so, daß man aus dem Staunen nicht mehr herauskam.

Der 29. Oktober 1990 bringt für Gruberova das wichtige Debut der Regina Elisabetta in Donizettis *Roberto Devereux*, eine der größten Herausforderungen an einen dramatischen Koloratursopran.

Die Produktion ist die erste Zusammenarbeit mit dem australischen Dirigenten Richard Bonynge, dem Gatten und ständigen musikalischen Weggefährten von Joan Sutherland. Auch June Anderson und andere Sopranistinnen hatten den Maestro nach dem Abschied seiner Gattin von der Opernbühne als Dirigenten für Belcanto-Produktionen herangezogen. Wenngleich mit Bonynge kaum Fragen des musikalischen Ausdrucks angesprochen werden, so bemerkt Gruberova doch, daß es hier eine neue Dimension der Belcanto-Literatur für sie zu entdecken gibt: die der historischen Aufführungspraxis.

Es ist sicherlich von Vorteil, daß auch Bonynge mit der Oper debutiert (seine Frau hatte sie nie gesungen!), wodurch „Sutherland-Neurosen" von vornherein ausgeschlossen sind. Am Premierenabend applaudiert Gruberova bei einem ihrer Solovorhänge der anwesenden Sutherland von der Bühne aus demonstrativ, was das Publikum begeistert aufnimmt. „La Stupenda" zeigt sich beim anschließenden Essen über diese Geste sichtlich gerührt und

GRAN TEATRE DEL LICEU

Dies 29 i 31 d'octubre - 1, 4, 6, 7, 9 i 10 de novembre 1990

ROBERTO DEVEREUX

Tragèdia lírica en tres actes

Text
SALVATORE CAMMARANO

Revisió de
MARIO PARENTI

Música
GAETANO DONIZETTI

Elisabetta	**Edita Gruberova** (dies 29, 1, 4, 7 i 10)
	Christine Weidinger (dies 31, 6 i 9)
Sara	**Doris Soffel** (dies 29, 1, 4, 7 i 10)
	Jadranka Jovanovic (dies 31, 6 i 9)
Roberto Devereux	**Fernando de la Mora** (dies 29, 1, 4, 7 i 10)
	Miguel Cortez (dies 31, 6 i 9)
Lord Cecil	**Josep Ruiz** (dies 4, 6, 7, 9 i 10)
	Henrique Travassos (dies 29, 31 i 1)
Duc de Nottingham	**Fernando Belaza** (dies 29, 1, 4, 7 i 10)
	Roberto Frontali (dies 31, 6 i 9)
Sir Gualtiero	**Stefano Palatchi**
Un familiar de Nottingham	**Jesús Castillón**
Un patge	**Vicenç Esteve** (dies 29, 1, 4, 7 i 10)
	Manuel Garrido (dies 31, 6 i 9)

Director d'orquestra
RICHARD BONYNGE

Director d'escena
GIANCARLO DEL MONACO

Escenografia i disseny de vestuari
RAMON IVARS

Disseny de llums
WOLFGANG GÖBBEL

Director del cor
ROMANO GANDOLFI

Sub-director del cor
ANDRÉS MASPERO

Nova producció: GRAN TEATRE DEL LICEU

Amb el patrocini de SEAT

ORQUESTRA SIMFÒNICA i COR DEL GRAN TEATRE DEL LICEU

Assistent de direcció d'escena: Thomas Walter   Assistents d'escenografia: Carles Prieto/Mònica Quintana   Assistents de vestuari: Javier Saez/Marc Donés   Maquillatge: Eva Thielo Wehner
Violí concertino: Jaume Francesch   Mestres assistents musicals: Lucy Arner, Javier Pérez-Batista, Gérard Talbot, Osias Wilenski   Mestre assistent del cor: José Luis Basso
Mestre apuntador: Jaume Tribó   Realització dels decorats: La Bottega Veneziana, srl   Trevira   Realització del vestuari: Peris 150
Realització dels maniquins: Amadeu Ferré i Mas   Realització de la làmpada: Germans Salvador Produccions   Servei de sabateria: Valldeperas   Servei de perruqueria: Damaret
Serveis tècnics del Gran Teatre del Liceu

CONSORCI DEL GRAN TEATRE DEL LICEU

Dilluns **29** octubre, **21** h. (Funció n. 24 Torn B) - GALA
Dimecres **31** octubre, **21** h. (Funció n. 25) Fora d'abonament
Dijous **1** novembre, **21** h. (Funció n. 26 Torn A)
Diumenge **4** novembre, **17** h. (Funció n. 27 - Torn T)
Dimarts **6** novembre, **21** h. (Funció n. 28) Fora d'abonament
Dimecres **7** novembre, **21** h. (Funció n. 29 Torn D)
Divendres **9** novembre, **21** h. (Funció n. 30 Torn E)
Dissabte **10** novembre, **21** h. (Funció n. 31 Torn C)

VENDA ANTICIPADA DE LOCALITATS: de 8 a 15 h. dies feiners; dissabtes de 9 a 13 h. VENDA EL DIA DE LA FUNCIÓ: de 8 fins l'hora de la funció de dilluns a dissabte; festius d'11 a 13.30 h. i de 16 fins l'hora de la funció. Oficines de Rambla Caputxins, 65. Tel. 318 91 22   412 14 66

Impremta Borràs - Barcelona   Dipòsit Legal B. 38.177 - 90

meint, sie kenne nicht viele Kolleginnen, die zu so etwas bereit gewesen wären.

Nicht zuletzt mit dieser Produktion begründet Gruberova eine stetige Zusammenarbeit mit dem Teatro Liceu. Dessen deutscher Intendant Albin Haenseroth versteht es zu dieser Zeit als einer der wenigen in der Welt, Gruberova auch längerfristig an sein Haus zu binden, und das eben vor allem mit genau dem Repertoire, das die Sängerin zumindest in Häusern wie München, Wien, London oder Mailand kontinuierlich singen müßte: Belcanto. Damit wird nicht zuletzt auch jene Tradition fortgesetzt, die in Katalaniens Hauptstadt von Montserrat Caballé begründet worden war. Am „Liceu" gibt es noch heute jene ganz spezielle „mediterrane" Beziehung zur menschlichen Stimme. Die Forderung zur radikalen szenischen Ausleuchtung einer Aufführung steht hier keineswegs so sehr im Vordergrund wie die Unbedingtheit ausdrucksvollen Singens. Ein Sänger, der zwar schön singt, mit seinem Vortrag aber langweilt, wird hier vom Publikum gnadenlos aus dem Theater „hinauskomplimentiert". Praktisch jede Saison kehrt Gruberova inzwischen nach Barcelona zurück, wo sie mittlerweile auch vom Publikum auf Flugzetteln zur „Regina dell' Liceu" gekrönt wurde.

Im März 1991 steht erneut die New Yorker Met auf dem Auftrittskalender – diesmal mit Bellinis *Puritani*. Wieder ist Richard Bonynge der Dirigent, der sie erstmals mit dem für Maria Malibran komponierten Schluß der Oper vertraut macht. Die Aufführungen geraten zum größten Erfolg Gruberovas an Amerikas führendem Opernhaus. In jeder Vorstellung wird sie schon beim ersten Auftritt mit Szenen-Applaus bedacht. Glücklicherweise kann die Radioübertragung einer Vorstellung auch in vielen Teilen Europas empfangen werden, wo die Sängerin in der Partie seit Jahren nicht mehr zu erleben gewesen war. William Wells versicherte in *Opera Monthly*, daß es in dieser Saison wohl keine schönere Produktion gegeben hätte als diese. Zur großen Verwunderung und Enttäuschung vieler kündigt Gruberova nach dieser Vorstellungsserie allerdings an, von nun an nicht mehr in Amerika auftreten zu wollen. Unverständlich, denn gerade jetzt war auch so etwas wie ein „amerikanischer Durchbruch" mit italienischer Oper gelungen. *Das, was ich erreichen wollte, habe ich erreicht*, erklärt sie, *ich fühle irgendwie, daß sich der Kreis geschlossen hat. Ich muß auch ehrlich sagen, daß ich mich in Amerika eigentlich nie wirklich wohlgefühlt habe. In einer Stadt wie New York oder Chicago mehrere Wochen lang leben zu müssen, hat mich enorme Überwindung gekostet. Ich habe dort viel gelitten. Ich glaube, für einen Europäer, der inmitten von vielen kulturellen Traditionen aufgewachsen ist, wird diese geschäftige „Neue Welt" mit ihrem künstlichen Glimmer immer etwas Fremdes bleiben.*

Am 27. und 29. Juni 1991 singt Edita Gruberova mit dem Chamber Orchestra of Europe unter Nikolaus Harnoncourt acht große Konzertarien von Mozart, den ihrer Aussage nach *schwierigsten Gesangsstücken der gesamten Musikliteratur*. Nachdem die Deutsche Grammophon Gesellschaft ihre erste Aufnahme unverständlicherweise nie auf CD veröffentlicht hatte und sie diese „Perlen“ auch einmal mit ihrem Mozart-Lieblingsdirigenten aufführen wollte, war das Projekt im Rahmen der „Styriarte“ in Graz eingeplant worden, während sich Teldec die Veröffentlichungsrechte dafür gesichert hatte. Gruberova, die damals unmittelbar zuvor tiefere und schwerere Belcanto-Rollen absolviert hatte, gibt zu, vor dieser Aufgabe ungewöhnlich großen Respekt gehabt zu haben – völlig unbegründet, wie sich herausstellen sollte, denn sie singt auch zu dieser Zeit noch mühelos bis zum f der dreigestrichenen Oktave, der Klang ist schöner und reifer denn je, und was ihre künstlerische Intelligenz anbelangt, so hat sie ihre Aufnahme von vor über 10 Jahren mit diesen Darbietungen weit übertroffen, natürlich nicht zuletzt auch durch die herausragende und von großem gegenseitigen Vertrauen geprägte Zusammenarbeit mit Harnoncourt.

Es lag nahe, daß die Sängerin nach Bekanntwerden ihrer Rückkehr in die Tschechoslowakei von allen Seiten bedrängt, ja bestürmt würde, bald wieder einmal in ihrer ehemaligen Heimat öffentlich aufzutreten. All diese Anfragen stießen allerdings auf strikte Ablehnung. Vor allem die Preßburger Oper hatte jahrelang vergeblich versucht, sie für nur einen einzigen Abend zu gewinnen. *Ich wäre mit einem solchen Auftritt als politisches Objekt benutzt worden und hätte das Regime unterstützt, unter dem meine Familie nach wie vor zu leiden hat.* Erst nach der Öffnung des Eisernen Vorhangs gelingt es dem ehemaligen Wiener Staatsoperndirektor Claus Helmuth Drese, sie zu dem von ihm organisierten Mozart-Festival nach Prag zu holen. Als Gruberova am 17. September 1991 auf der bekannten Dachterrasse des Hotel Intercontinental von Journalisten auf den aufkeimenden Konflikt zwischen Slowaken und Tschechen angesprochen wird, antwortet die Sängerin mit diplomatischem Geschick: *Nach vielen Jahren der Unterdrückung meiner Heimat bin ich jetzt glücklich über die wiedererlangte Freiheit. Ich glaube, daß wir jetzt für sie dankbar sein sollten und mit ihr sorgsam umgehen müssen. Jede Ausweitung alter Konflikte würde in diesem Moment noch mehr Probleme schaffen, als wir ohnehin schon haben.*

Knapp vor Beginn des Prager Konzertes gibt es ein erstes peinliches Mißgeschick: Die vormals staatliche Agentur „Prago-concert“ hatte mehrere hundert Karten für „höhere Funktionäre“ zurückgehalten, von denen die meisten nicht erschienen waren. In buchstäblich letzter Minute versucht man, die Restkarten für das seit Wochen ausverkaufte Konzert noch an den

Mann zu bringen, was eine kleinere Verzögerung hervorruft, zu guter Letzt aber keine größeren Probleme verursacht.

Gruberova wird mit einer Standing Ovation begrüßt und leitet das Konzert mit den Liebesliedern von Antonín Dvořák in der Landessprache ein. In der Pause erkundigt sich der Aufnahmeleiter des Tschechoslowakischen Fernsehens, das den Abend aufzeichnet, beim Pianisten über die Zugaben. Friedrich Haider gibt auch das slowakische Volkslied an, das seine Partnerin sich als leisen Schlußpunkt aufgehoben hatte. Und weil slowakische Volkslieder im tschechischen Prag von manchen Leuten nicht so gerne gehört werden, schaltet man rechtzeitig vorher alle Kameras einfach aus! Das verletzt Gruberova dermaßen, daß sie den für den nächsten Morgen in der Burg angesetzten Festakt, bei dem ihr vom tschechischen Kultusminister eine Medaille überreicht werden soll, kurzerhand absagt. Jetzt erst hatte sie den Fehler erkannt, für ihr Comeback nicht ihre Heimatstadt Preßburg gewählt zu haben, und sie hat sich das bis heute nicht verziehen.

Im darauffolgenden Oktober kann sie nun die *Lucia* endlich auch an ihrer geliebten Münchner Staatsoper singen. Wolfgang Sawallisch hatte sich jahrelang geweigert, ein Belcanto-Werk ins Repertoire aufzunehmen, obwohl er „seiner Edita“ immer ganz besonders wohlgesonnen gewesen war. Dies dürfte wohl nicht zuletzt auch auf die eher deutsch-orientierte Spielplan-Politik Sawallischs zurückzuführen sein. Und so kam es, daß der Münchner Generalmusikdirektor Cornelius' *Barbier von Bagdad* dirigierte, während das kleine Gärtnerplatz-Theater eine *Lucia* produzierte! Gruberova hatte Sawallisch inzwischen jedenfalls klargemacht, für Repertoire-Vorstellungen der *Ariadne* oder *Entführung* einfach kein Interesse mehr zu haben, wenn es für sie nicht auch endlich einmal eine Gelegenheit gäbe, sich dem Publikum dieser Stadt in einem italienischen Belcanto-Werk zu präsentieren. Also übernimmt man nun die von Robert Carsen geschaffene *Lucia*-Produktion aus Zürich. (Manche Intendanten müssen eben zu ihrem Glück gezwungen werden!) Die Kassen werden gestürmt wie schon lange nicht mehr, der Erfolg der Aufführungen ist so enorm, daß die Ovationen neue Lautstärkerekorde aufzustellen scheinen. Der Engländer Peter Jonas, Sawallischs Nachfolger als Münchner Operndirektor, schließt daraufhin wohlweislich sofort einen weiteren Vertrag mit Gruberova ab, der sie für eine Neuinszenierung von Donizettis *Anna Bolena* verpflichtet. Es regnet auch enthusiastische Kritiken, darunter eine inzwischen viel zitierte von Deutschlands Kritikerpapst Joachim Kaiser, der erklärt, daß Gruberova die Leistung von Callas und Sutherland (die er in dieser Partie noch live erleben konnte) möglicherweise noch übertroffen habe.

Am 9. Dezember 1991 kann Edita Gruberova bei einem Liederabend an der Mailänder Scala nicht nur ihren Erfolg von 1987 noch um Beträchtliches steigern, es gelingt ihr auch, die Eröffnungspremiere mit *Parsifal* unter Riccardo Muti von zwei Tagen zuvor in den Schatten zu stellen: diesmal ist es eine volle Stunde, die sie nach dem offiziellen Programm den fanatischen Fans gewährt (oder gewähren muß) und die sie mit sichtlicher Freude als eine Art „Konzert nach dem Konzert" gestaltet. Die bis auf den letzten Platz ausverkaufte Scala tobt, wie es selbst die stets anwesenden und allwissenden Platzanweiser des Hauses selten gesehen haben wollen. Bevor die „Divina" dem Publikum eine Zugabe ansagen kann, beginnen von allen Seiten lautstark die Wünsche der Fans durch das Haus zu schallen: „Ophelia" befiehlt einer – „Lucia" fleht ein anderer – *„Roberto Devereux"*, sagt die Sängerin – *grazie, tu sei generosa* („Danke, Du bist großzügig") bedankt sich eine Frauenstimme aus der 4. Galerie. Das Haus rast von neuem, bevor sie überhaupt beginnt. Gruberova ist in Italien „La Regina". Es grenzt an ein Wunder, wie eine Sängerin die Energie und Kraft aufbringen kann, nach einem anstrengenden Programm deutscher Lieder, deren Tessitur zumeist in der Mittellage liegt, auch noch Arien aus *Roberto Devereux*, *Maria Stuarda* und *Beatrice di Tenda* zum besten geben kann. Offensichtlich, will Gruberova mit diesen Kostproben auch der Direktion der Scala einen indirekten Hinweis auf jenes Repertoire geben, das sie an diesem Hause gerne singen möchte und auch singen müßte! C.M. Fontana, zu dieser Zeit „sovrintendente" der Scala, versucht auch während des Zugabenteils des Konzertes, als Gruberova zwischen den Encores immer wieder hinter die Bühne kommt, dies zu einem Gesprächsthema zu machen. Aber zu einem Zeitpunkt, an dem ein enthusiasmiertes Publikum heftig nach seiner Protagonistin verlangt, dürfte diese wohl kaum Sinn für Planungsgespräche haben. Und zu einer persönlichen Unterredung am nächsten Tag kommt es erst gar nicht. Lediglich der „direttore artistico" Cesare Mazzonis meint im Stehen zwischen Tür und Angel, daß man jetzt wohl „etwas Schönes planen müsse". Mitnichten seriöses Verhandlungsgebaren.

Zwei Wochen später kommt dann die Anfrage nach der für Gruberova auf der Bühne wohl ungeeigneten drei Frauenrollen in *Hoffmanns Erzählungen*. Schade, daß die Führungspositionen italienischer Opernhäuser immer wieder mit derart fragwürdigen Persönlichkeiten besetzt sind. Die Mailänder Scala müßte zumindest jedes zweite Jahr mit einer Oper aufwarten können, an der Gruberova mitwirkt. Ein Triumph, nicht zuletzt auch für die Scala selbst, wäre programmiert, denn Publikum und Presse hatten diesen Wunsch längstens allerdeutlichst zu verstehen gegeben.

Gruberova beschließt, nun auch endlich ein Comeback in ihrer Heimatstadt Preßburg zu feiern, das am 22. Dezember 1991 stattfindet. Es hatte ein langes Tauziehen zwischen Oper und Philharmonie gegeben, wer den Abend bekommen sollte. Die Entscheidung trifft aber letztlich die Protagonistin selbst, die, als ihr zu Ohren kommt, daß trotz politischer Wende nach wie vor alle alten und ihr persönlich bekannten Kommunisten die obersten Positionen der Oper bekleiden, den Abend bewußt in die Philharmonie verlegt. Der Reinerlös des vom Fernsehen mitgeschnittenen Liederabends kommt krebskranken Kindern in einem Preßburger Hospital zugute. Der Organisator des Konzertes macht der Heimkehrerin ein etwas makabres Geschenk: die Photokopie einer Archivkarte des Slowakischen Rundfunks. Sie enthält sämtliche ihrer zwischen 1968 und 1971 in der Slowakei entstandenen Aufnahmen. Auf ihr ist handschriftlich vermerkt: *Nicht senden!*

Nicht nur Gruberova-Fans können darüber glücklich sein, daß von diesem Konzert, welches die eigentliche Rückkehr in ihre Heimat besiegelte, eine Fernseh-Live-Aufnahme existiert, wenngleich sie nicht die ungeheure Stimmung wiedergeben kann, die an diesem Abend im Saal herrschte. Trotz üblichen Schlußjubels war dies einer der stillsten und ergreifendsten Abende, den der Autor je erlebt hat. Über zwei Stunden benötigt Gruberova nach dem Konzert, um all ihre Freunde, Verwandten und Schul- und Gesangskollegen wiederzubegrüßen.

Bei den Salzburger Festspielen kommt es 1992 bedauerlicherweise zu einer erneuten „Österreich-Krise". Gruberova hatte im Laufe ihrer Karriere mehrmals das Angebot erhalten, die Partie der Amenaide in Rossinis *Tancredi* zu singen, diese aber immer abgelehnt. Die Rolle schien ihr vom Charakter her zu wenig ergiebig. Gérard Mortier, der soeben die künstlerische Leitung der Salzburger Festspiele übernommen hatte, macht Gruberova nunmehr das Angebot, die Rossini-Oper in einer konzertanten Version an der Seite von Marilyn Horne zu singen, was sie unter dieser besonderen Voraussetzung schließlich auch akzeptiert: Mit der amerikanischen Mezzosopranistin hatte sie nie zuvor auf der Bühne gestanden, und sie bedeutete für sie so etwas wie eine Institution, ein wichtiges Stück Gesangsgeschichte. Da die Horne bereits intern ihren baldigen Abschied von der Bühne bekanntgegeben hatte, ist dies für Edita Gruberova ein Grund mehr, den Vertrag mit Salzburg zu unterschreiben. Durch eine unglückliche Verkettung von Mißverständnissen zieht Marilyn Horne aber ein Monat vor der Aufführung das Einverständnis für ihre Mitwirkung zurück. Unstimmigkeiten zwischen ihr und dem Dirigenten Pinchas Steinberg über die Fassung hatten zu dieser Reaktion geführt. Marilyn Horne hatte Mortier gleich zu Beginn der Ver-

Názov skladby	Súbor	Dirigent Sólista	Číslo arch.	Čas	Poznámky
Ária kráľovnej noci.1.dej.	SOČR v Blave dir.Tibor Frešo	sp.Drahomíra Královcová	HH-12752	4.35	
dtto	Nový SO v Londýne dir. Richard Bonynge	sp.Joan Sutherlandová/nem./	HH-51585 ST	4.45	
dtto	Symf.orch.berl.rozhl. dir.Heinz Rögner	sp. Isabella Naweová/nem./	HH-55973 ST	2.40	
dtto /Scéna a ária/	SOČR v Blave dir.Tibor Frešo	sp.Edita Grúberová/nem./	HH-38903 /ST nevysielať!	4.34	
Ária kráľovnej noci.2.dej.	OBR dir.Richard Týnsky	sp. Anna Kostecká	HH-11996	3.00	
dtto	SOČR v Blave dir.Tibor Frešo	sp.Jarmila Smyčková-Hromadová/nem./	HH-32604	3.03	
dtto	dtto	sp.Edita Grúberová/nem./	HH-38904 /ST nevysielať!	3.01	
dtto z 1.dejstva opery Čarovná flauta.	Bavorský št.orch.v Mníchove dir.Hans Löwlein	sp.Ingeborg Hallsteinová	HH-56101 ST	5.04	
dtto					

Archivkarte des Slowakischen Rundfunks mit dem handschiftlichen Eintrag „nicht senden“

handlungen darauf aufmerksam gemacht, daß sie nur die „Tragico-Fassung" des Stückes singen würde, die für sie nach zahlreichen Diskussionen mit den größten Rossini-Spezialisten der Welt die einzig authentische Version der Oper sei. Steinberg bestand aber nun plötzlich auf dem „Lieto-Schluß". Als Gruberova von Marilyn Horne persönlich über deren Absage informiert wird, sagt auch sie ihre Mitwirkung ab. Die Festspiele eröffnen ihr daraufhin, in Vesselina Kasarova einen Ersatz gefunden zu haben. Gruberova hatte mit der blutjungen Nachwuchssängerin bereits in *Beatrice di Tenda* gesungen, und sich, angetan von ihrer hervorragenden Stimme, daraufhin mit Nachdruck für sie eingesetzt. Aber unter diesen Umständen will sie die Aufführung nicht singen. Ihre damalige Zusage hatte einzig und allein in Marilyn Horne ihre Begründung gehabt. Um nun Gruberova nicht ebenso zu verlieren, bietet Mortier an, das Stück zu ändern und *Beatrice di Tenda* zu geben – ebenfalls an der Seite Kasarovas. Gruberova willigt gerne ein, doch Andrea Seebohm, ehemalige Kultur-Rezensentin des Wiener *Kurier* und Leiterin der Sparte „Ernste Musik" im Österreichischen Rundfunk, stellt sich dagegen. Die Bellini-Oper war bereits in Wien mitgeschnitten worden, weshalb *Tancredi* bleiben muß. Also tritt Gruberova endgültig zurück und bittet das Pressebüro der Festspiele um eine wahrheitsgemäße Weiterleitung der Vorgänge. Sie scheut auch nicht die Mühe, sie Andrea Seebohm persönlich am Telefon darzulegen, um auch hier Mißverständnisse in der Öffentlichkeit von vornherein auszuschließen. Bereits am 3. August 1992 meldet sich der Feuilleton-Chef der *Salzburger Nachrichten*, Werner Thuswaldner, zu Wort:

> *...Die Festspiele fanden rasch Ersatz: Die vielgerühmte junge Sängerin Vesselina Kasarova wird Tancredi singen. Dies erfahrend, protestierte Edita Gruberova, die für die kleinere Rolle der Amenaide vorgesehen war. Mit einer jungen Sängerin würde sie niemals auftreten. Sprach's und stieg aus. Demnächst werden die Festspiele einen gewiß vollwertigen Ersatz für Frau Gruberova bekanntgeben.*

Edita Gruberova, die in ihrem Urlaubsort von diesem unverschämt verlogenen Artikel informiert wird, läßt daraufhin umgehend ihre Agentur in der Redaktion der *Salzburger Nachrichten* anrufen. Dort erklärt Werner Thuswaldner, diese Informationen von Andrea Seebohm bekommen zu haben, und verspricht auch gleich eine Korrektur. Leider ist sie nie erschienen. Gruberova war wohl auch nicht gut beraten gewesen, sich vertrauensvoll an eine ehemalige Kritikerin zu wenden! Wo, so fragt man sich erneut, bleibt hier die „journalistische Sorgfaltspflicht", und wo die Verantwortlichkeit der österreichischen Presse ihrer Leserschaft gegenüber?

Im Februar 1992 unterzeichnet Gruberova einen Vertrag mit dem neuen Schweizer Plattenlabel Nightingale Classics, das von einem halben Dutzend Sponsoren finanziell getragen wird und das nun die Produktion eines längst fälligen Belcanto-Opernzyklus in Aussicht stellt. Noch im April kommt man mit dem Live-Mitschnitt von Bellinis *Beatrice di Tenda* aus Wien auf den Markt, der reißenden Absatz findet. Im Juni erfüllt sich Gruberova dann einen Wunsch ganz besonderer Art: Im Wiener Austrophon-Studio nimmt sie das Album *Children's Song Of The World* auf, das eine Sammlung der schönsten Kinderlieder aus nicht weniger als 25 Nationen enthält, in der jeweiligen Landessprache (einschließlich Chinesisch, Hebräisch und Finnisch!) gesungen. Das Programm ist aber um vieles gewichtiger, als es der Plattentitel vorerst suggeriert, da es sich nicht nur um Kinder-, sondern in erster Linie um Volkslieder handelt, die der Musikwissenschaftler Kurt Pahlen, ein Freund der Sängerin, in aller Welt gesammelt und in einem Buch veröffentlicht hatte. So findet sich hier unter anderem auch slowakische Folklore, die sie in ihren frühesten Kindertagen erlernt hatte wie etwa das rührselige *Dolina, Dolina* oder der ausgelassene Jahrmarktstanz *tancuj, tancuj*. Auch ihre ungarische Herkunft kann sie mit Haragszik, einem stolzen Tanz, demonstrieren. Bei vielen der Lieder hat der Bearbeiter Richard Oesterreicher den Klang von Originalinstrumenten des jeweiligen Landes hinzugefügt, der den einzelnen Titeln eine sehr idiomatische Farbe gibt.

Im Sommer 1993 erreicht Gruberova in ihrem Ferienort eine Nachricht ganz besonderer Art. Durch die sehr ambitionierte Chefin der Züricher Fremdenpolizei war es gelungen, vorzeitig die sogenannte Schweizerische Niederlassung zu erhalten. Dies garantiert ihr jetzt das unbeschränkte Wohn- und Kaufrecht in der Schweiz, das laut Statuten üblicherweise erst nach 10 Jahren vergeben wird. Das Bundesamt für Ausländerfragen in Bern teilt dem Züricher Fremdenamt in einem Schreiben mit:

Frau Gruberovas kultureller Beitrag ist unübertroffen. Angesichts dieser Sachlage erklären wir uns bereit, sie per sofort aus der eidgenössischen Kontrolle zu entlassen. Es versteht sich von selbst, daß es sich dabei um eine absolute Ausnahme handelt.

Diese *absloute Ausnahme* war bis dahin tatsächlich nur für drei Künstler gemacht worden: Thomas Mann, Elisabeth Schwarzkopf und Nikolaus Harnoncourt.

Am 2. September 1993 gibt Gruberova erstmals einen Liederabend im berühmten Schloßtheater von Drottningholm. Nach einer Besichtigung dieser wunderschönen barocken Spielstätte hatte sie den spontanen Wunsch geäußert, in diesem auf der Welt einmaligen Ambiente singen zu wollen. Die

Intendantin des Hauses, Elisabeth Söderström, war diesem Wunsch damals mit großer Freude nachgekommen und hatte sie sofort für ein Programm mit Mozart, Mendelssohn und Schubert eingeladen. Ohne die obligaten Opernarien als Zugabe, sondern ausschließlich mit Klavierliedern beweist Gruberova erneut, daß sie zu einer echten Liedsängerin herangereift ist, die auch mit Schuberts *Forelle* das Publikum begeistern kann.

Schon wenige Tage nach diesem Konzert beginnen die Proben zu den beiden konzertanten Aufführungen von Donizettis *Linda di Chamounix* in Stockholms „Berwaldhallen". Friedrich Haider war einige Jahre zuvor in einem Musikarchiv auf eine alte handgeschriebene Partitur dieser praktisch nie aufgeführten Oper gestoßen. Angetan von der besonderen Schönheit der Musik, beschloß er, sich für eine Wiederbelebung des Werkes einzusetzen. Weil sich mehrere Opernintendanten aber für das Sujet nicht begeistern wollten, initiierte und organisierte er – zusammen mit einem jungen schwedischen Konzertveranstalter – diese Produktion ganz einfach selbst. Mit Edita Gruberova hat man den nötigen Publikumsmagneten zur Hand, neben ihr setzt man ausschließlich auf junge Nachwuchssänger. Die Kombination eines koreanischen und schwedischen Baritons, eines spanischen Basses, einer finnischen Mezzosopranistin und einer slowakischen Sopranistin demonstriert einmal mehr, daß man nicht immer nur italienische Kräfte benötigt, um italienische Oper auch gut aufzuführen. Und daß Schwedens Amateurchöre so manchen Berufschor in den Schatten stellen können, wird hier überzeugend vom Michaeli-Kammerchor demonstriert. Eine solche Klangfrische und Homogenität dürfte man von Opernchören nur sehr selten zu hören bekommen. Für etwas mehr als eine Woche scheint sich auch eine besondere Form des Ensemblegeistes zu entwickeln: Die Sänger, allesamt einquartiert im Hotel Hasselbacken, halten ihre Proben im Entrée zum Restaurant ab und locken so zahlreiche Hotelgäste an, die dem jungen Team herzlichen Beifall zollen. Diese Einstudierung wurde zum Glück von Nightingale Classics auf CD veröffentlicht. Sie ist einmal eine weitere Demonstration von Gruberovas belcantistischen Kunstfertigkeiten, stellt aber auch eine absolute Rarität im Plattenkatalog dar. Von den vielen unbekannten Opern, die in den letzten Jahren wieder ans Tageslicht befördert worden sind, zählt für den Autor diese *Linda di Chamounix* vielleicht zu den schönsten überhaupt. Dieses Werk würde sich mit absoluter Sicherheit eine Wiederaufnahme in die Spielpläne der Theater verdienen.

Im Dezember 1993 singt Gruberova in Barcelona erneut eine Vorstellungsserie der *Regimentstochter*. Die von ihr so geschätzte Züricher Inszenierung von Giancarlo del Monaco hatte sie für ihr Kommen zur Bedingung gestellt. Zum Entsetzen der Musikwelt fällt das Theater dann aber nur wenige Wochen später einem verheerenden Brand zum Opfer. Gruberova, die zu diesem Zeitpunkt mit dem Liceu mehr Verträge abgeschlossen hatte als mit irgendeinem anderen Opernhaus der Welt, ist über diese Katastrophe bestürzt. *Mir ist, als ob ein geliebter Mensch gestorben wäre!* Es bleibt zu hoffen, daß die Organisatoren des Liceu für die nächsten Jahre ein Ausweichquartier finden, denn das Haus ist inzwischen zu einer der wichtigsten Belcanto-Stätte der Sängerin geworden.

Im Mai 1994 kehrt Gruberova mit *I Puritani* triumphal an ihre Alma Mater, die Wiener Staatsoper, zurück. Daß man Claus Helmuth Drese inzwischen auf sehr unfeine Art aus Wien verabschiedet hatte, während Ioan Holender den Intendantenthron besteigen konnte, war nicht nur in der Opernwelt Anlaß für heftige Kritik an der österreichischen Kulturpolitik gewesen, sondern auch für Gruberova Grund genug, Wien vorerst nur noch mit einem Minimum an Auftritten zu berücksichtigen. Eine grundfalsche Entscheidung, wie sie später doch einsah. Und wenn es auch während dieser Neuinszenierung zwischen ihr und Holender nicht den geringsten persönlichen Kontakt gibt (der Direktor soll ihre Garderobe nicht betreten dürfen!), so scheint der unterschwellige Konflikt mit Wien nach außen hin doch so gut wie ausgeräumt. Es ist, als hätte sich ein Kreis geschlossen: Seit der inzwischen legendären *Lucia*-Premiere von 1978 mit der die damalige Ensemble-Sängerin erstmals im italienischen Fach frenetische Begeisterung auslösen konnte, ist dies die erste Produktion, die allein für sie geplant und ausgeführt wurde. An jenem Ort, wo der Wiener Hausstar einst in *Ariadne*, *Manon*, *Fledermaus*, *Rigoletto* oder *Entführung* in herrlichen Sänger-Ensembles zu erleben war, ist bei dieser *Puritani*-Premiere mit den vokalen Leistungen ihrer Kollegen allerdings ein peinliches Defizit zu verbuchen. Selbst für ein führendes Opernhaus der Welt scheint es nach wie vor schwierig zu sein, adäquate Belcanto-Partner für sie aufzubieten. Mit Ausnahme des technisch souveränen und wunderbar phrasierenden Bassisten Roberto Scandiuzzi sind die übrigen Haupt-Protagonisten mit ihren Partien ziemlich überfordert. Und mit Plácido Domingo am Dirigentenpult hat diesmal sogar das Publikum seine Probleme. Ob diese Umstände der Grund dafür sind, daß Gruberova trotz makelloser vokalistischer Leistung ein wenig befangen und vielleicht sogar unspontan wirkt? Gleichwohl: Von ihrer Wiener Fangemeinde wird sie stürmisch gefeiert.

Noch höher schlagen die Wellen wenige Monate später bei der Neuinszenierung von *Linda di Chamounix* am Opernhaus Zürich. Schon am Premierentag sind alle neun Folge-Vorstellungen bis auf den letzten Platz ausverkauft, mehrere tausend Anfragen für Karten müssen unberücksichtigt bleiben. Ein wahres *Linda*-Fieber scheint ausgebrochen – eine Oper betreffend, von der unzählige Musikfreunde gerade einmal den Titel kannten. Rehabilitation eines Werkes, das mit Sicherheit zu Unrecht von den Spielplänen verschwunden ist. Die CD der Stockholmer Einspielung (die nach ihrem Erscheinen entscheidend zur Ehrenrettung des Stückes beigetragen hatte) findet erneut reißenden Umsatz und ist wochenlang in den Plattencharts. Sogar eine Apotheke staffiert mit einem übergroßen *Linda*-Poster ihr Schaufenster aus, um für ihre Produkte gegen Erkältungen zu werben – Oper als Stadtereignis! Und Ereignis sind in dieser Produktion endlich auch wieder einmal Regie und Ausstattung. Der Schweizer Filmemacher Daniel Schmid schafft zusammen mit dem Bühnenbildner Erich Wonder eine hinreißende Umsetzung der zum Teil doch recht vagen Geschichte von Armut, Liebe und Wahnsinn. Die Transformation ins Surreale, das Schaffen visionärer Bilder und Situationen ist seine intelligente und phantasievolle Reaktion auf ein Libretto, das, wenn auch aus dem Zeitgeist des 19. Jahrhunderts heraus entstanden, heute zu Recht Anlaß zu kritischer Betrachtung gibt. Werner Pfister spricht im Schweizer Opernjournal *Musik und Theater* von Gruberova als einer *Grenzgängerin des vokalen Ausdrucks, der scheinbar keinerlei Grenzen gesetzt sind*, von einer *Stimmkünstlerin unvergleichlichen Ranges, die den Formenkanon des traditionellen Ziergesangs auf unnachahmlich differenzierte Weise mit Leben zu füllen versteht*. In der Tat stellt diese Produktion das Klischee von der „Dutzendware" eines Donizetti in Frage und macht den Verfechtern romantischen Belcantos Mut, die Werke jener Epoche als musikalisch ernstzunehmend anzusehen.

Edita Gruberova: Der Mensch

Edita Gruberova: eine Sängerin, der es gegeben war, aus der künstlerischen Anonymität ihrer Anfängerzeit auszubrechen, um zu einer höchst individuellen Ausdruckssprache zu finden. Mit selten anzutreffender Arbeitsdisziplin, Auftrittsökonomie und intelligenter Rollenwahl konnte sie darüber hinaus auch ihr singuläres Stimmaterial vor einem allzu schnellen Verschleiß bewahren. Wenn sie Anfang der 90er Jahre von einem Kritiker (in Anlehnung an Sutherland – „La Stupenda" – und Caballé – „La Superba") mit dem Beinamen „L'Unica" betitelt wurde, so mag dies den eigentlichen Kern ihres Wirkens getroffen haben: eine Interpretin, die so einzigartig wie unvergleichbar ist und deren Rollengestaltungen ihren sicheren Platz in der Aufführungsgeschichte eingenommen haben. Das Persönlichkeitsbild der Edita Gruberova kann nicht so leicht beschrieben werden – sie ist ein sehr komplexer Charakter. Einmal setzt sie ihre Unabhängigkeit von anderen ab. Da ist ein unfehlbarer Instinkt für die menschliche Natur, gepaart mit einem sehr ausgeprägten Ehrlichkeits- und Gerechtigkeitssinn. Er hat sich für sie sowohl als Handicap als auch als Tugend herausgestellt. Gruberova hat es stets vermeiden können, Opfer dubioser Zeitgenossen zu werden, weil sie ihnen von vornherein aus dem Weg ging. Sie scheint ausschließlich auf ihre innere Stimme zu hören und weiß selbst am besten, was für sie gut und was schlecht ist. Am allerwenigsten hält sie von jenen, die nichts als Superlative für sie übrig haben. Empfänge oder Parties sind für sie „das Allerübelste". Sie ist in keiner Sekunde ihres Lebens eine Gesellschaftsfigur gewesen. Wie sie überhaupt eine fremden Menschen gegenüber eher verschlossene Person ist. Sie hat die Erfahrung gemacht, daß ein Vertrauensvorschuß sehr schnell ausgenutzt wird. Nichts ist ihr verhaßter als die vorschnelle Direktheit von Leuten, die sie kaum kennt. Sie mag es nicht, wenn bei aller Sympathie die Distanz nicht gewahrt wird. *Sich Freunde zu schaffen ist sehr schwer*, bekennt sie freimütig. *An Freundschaftsbekundungen und Angeboten hat es mir wahrlich nie gefehlt. Ich konnte mich aber nie Menschen gegenüber öffnen, die mich zum Zeitpunkt der ersten Bekanntschaft schon als Sängerin bewunderten. Da blieb dann immer ein letzter Rest des „Bestauntwerdens – einer Berühmtheit persönlich nahekommen zu dürfen". Und in der Folge ist es sehr schwierig gewesen, das Gefühl loszuwerden, nicht als Mensch, sondern als Sängerin verehrt zu werden. Deshalb habe ich zwar ausgesprochen viele Bekannte, die echten Freunde kann ich aber leicht an einer Hand abzählen.*

Ihre Stimmungen können kraß wechseln und sich in Minutenschnelle um 180 Grad drehen. Nicht selten ist sie das Spiegelbild ihrer Mutter: freundlich und bescheiden. Ihr Lachen kommt aus der Tiefe und ist herzlich, und man erlebt sie von Zeit zu Zeit auch mit einem sprühenden, ja kindlichen Humor. Schwermut ist ein anderer Charakterzug, „germanische Geradheit" ein weiterer. Daß Gruberova in kritischen Situationen nur sehr selten die Ruhe bewahrt, wissen die meisten Regisseure, Dirigenten oder Intendanten schon. Diejenigen, die einmal einen ihrer slawischen Temperamentsausbrüche erleben konnten, dürften diesen nicht wieder so schnell vergessen haben. *Ein Mensch mit tausendundein Gesichtern*, wie eine Freundin sie beschreibt.

Edita Gruberova hat ein von der Öffentlichkeit und den Medien sehr zurückgezogenes Leben geführt. Das war es gerade, was viele ihrer Verehrer als äußerst sympathisch an ihr empfunden haben. *Auf der Bühne gehöre ich dem Publikum,* sagt sie, *aber der Rest der Zeit gehört mir allein.*

Zauberflöte in München,
November 1978

Als Giunia in Mozarts *Lucio Silla*, Zürich 1979

Mit Brigitte Fassbaender (Hänsel) in der Unitel-Verfilmung von Humperdincks *Hänsel und Gretel* (1980)

In Strauss' *Die schweigsame Frau*, Wien 1980

Vier Primadonnen 1980 in Tokyo. Von links nach rechts:
Birgit Nilsson, Edita Gruverova, Sabine Hass und Leonie Rysanek

Tokyo 1980

La Traviata in Wien mit José Carreras und Bernd Weikl (1981)

Bellinis *La Somnambula* in Genf 1982

Manon mit Francisco Araiza, 1983 in Wien

Mit Francisco Araiza in Massenets *Manon*.
Wiener Staatsoper 1983

Manon, Wien 1983

Lucia di Lammermoor in Wien, 1985

Lucia, Wien 1985

Nach Beendigung der Filmaufnahmen zu *Così fan tutte* in München, 1987:
Jean Pierre Ponnelles Widmung für Edita Gruberova

In Japan, 1987

Mit der „großmächtigen Prinzessin“ (*Ariadne*) Jessye Norman in Wien, 1987

Nach der *Traviata*-Premiere in New York mit dem Regisseur Franco Zeffirelli

EDITA GRUBEROVA "I PURITANI"

METROPOLITAN OPERA
WINNIE KLOTZ

La Fille du Régiment (Donizetti)
1988 in Zürich

Liederabend am 15. Dezember 1990
in der Suntory Hall in Tokyo

Der 12. Dezember 1990
in der Tokyoter Suntory Hall

1989 in New York

Ernst Fuchs porträtiert Edita Gruberova als Violetta (*La Traviata*). Wien 1990

Edita Gruberova und Friedrich Haider, Tokyo 1990

Tokyo, 19. Dezember 1990

Elisabetta in Donizettis *Roberto Devereux*. Barcelona 1990

Barcelona 1990. In der Mitte Dame Joan Sutherland

Edita Gruberovas Töchter Klaudia und Barbara 1991 in Salzburg

Ihr Lebensstil ist gediegen, aber nicht protzig. Als ihren einzigen persönlichen Luxus bezeichnet sie ihr Riesen-Appartement an der südspanischen Küste, das sie sich nach fast 20jähriger Bühnentätigkeit „selber geschenkt hat". Das über dem Meer in einen Felsen gebaute Haus mit eigenem Swimmingpool und einer 100m^2 großen Terrasse mit einzigartigem „Hollywood-Ausblick" wird mehr und mehr zum Hauptanziehungspunkt für die Sängerin. Nachdem sie seit 1974 praktisch jeden Sommer in Salzburg unter Vertrag gestanden hatte und ihr ein längerer Urlaub deshalb für Jahre hindurch versagt war, hat sie für sich damit einen eigenen Ort der Entspannung geschaffen. Bei Sommerfestivals ist sie seither nur für Einzelabende zu haben, Opernproduktionen akzeptiert sie in dieser Periode gar nicht mehr. *Ich begann zu spüren, daß Körper und Geist Regeneration brauchen. Die Verbrennung während eines Abends ist ja doch enorm. Ich verbringe jetzt mindestens fünf bis sechs Wochen pro Jahr in meiner Sommerresidenz und möchte das in den nächsten Jahren steigern, vielleicht auch sogar einmal während der Saison einige Tage dort Ruhe suchen.* Und in ihrem Heim am Zürichsee pflegt die Hobbygärtnerin Gruberova in erster Linie die von ihr angebeteten Sonnenblumen. *Ich selbst empfinde mich als ein mit dem Erdboden verwachsener Mensch, denn ich bin praktisch auf dem Lande groß geworden. Mit bloßen Fingern in der Erde zu graben, zu säen und zu jäten, das ist meine liebste Beschäftigung.* Hotelzimmer sind für sie inzwischen zu einem wahren Alptraum geworden. *Ich glaube, die meisten Menschen können sich überhaupt nicht vorstellen, was es heißt, sieben, acht Monate im Jahr aus dem Koffer zu leben, keine eigenen vier Wände zu haben, nicht von der Familie und den persönlichen Dingen des täglichen Lebens umgeben zu sein. Unser Beruf sieht so sehr nach Glimmer aus, aber den Tag nach einer Vorstellung todmüde alleine im Hotelzimmer sein Dasein zu fristen und auf seinen nächsten Auftritt zu warten, das ist manchmal etwas wirklich Furchtbares.* Durch die mittlerweise drastisch reduzierte Anzahl ihrer Auftritte kann Gruberova nun aber mehr und mehr Zeit in ihrem Heim mit den beiden Töchtern verbringen, die das Wichtigste in ihrem Leben sind. Klaudia scheint die große Sprachbegabung ihrer Mutter geerbt zu haben, beherrscht inzwischen vier Fremdsprachen und studiert sie nun an der Züricher Universität. Barbara wird möglicherweise sogar in der Mutter musikalische Fußstapfen treten, ist dabei, ihr großes Tanztalent auszubilden, um später einmal als Musical-Sängerin zu arbeiten.

Persönliche Wünsche läßt Edita Gruberova einen kaum wissen. *Am wichtigsten ist mir, daß meine beiden Töchter im Leben und beruflich glücklich werden. Alles andere behalte ich in meinem ganz privaten Seelengarten ...*

Die Phänomenologie der Edita Gruberova

Edita Gruberova im Umfeld des Koloraturgesangs

Die Stimme ist ein Mysterium. Es gibt sie nicht: sie ist Klang, sie ist nicht greifbar, sie hat nichts Dingliches an sich; wir hören sie nicht einmal wirklich als das, was sie ist, weil unsere Ohren gleichzeitig einen Innen- und einen Außenton empfangen, weshalb es schwer fällt zu verstehen, wie dieser Klang beschaffen ist. Von allen Instrumenten ist sie das faszinierendste, denn wir selbst sind das Instrument, und wir handhaben es mittels innerer Gefühle.

Alfredo Kraus

Die Kunst des *Koloratur*gesangs (auch „Canto fiorito" genannt) basiert auf der Verwendung von Verzierungen, Rouladen und Läufen in der Vokallinie. Der Begriff bedeutet aber eigentlich viel mehr. Er muß auch im wörtlichen Sinne verstanden werden, nämlich als vokale *Farb*gebung. Einst als Terminus technicus verwendet, wird Koloratur nun üblicherweise mit dem „Koloratursopran" in Verbindung gebracht, was eigentlich ungenau ist. Im 19. Jahrhundert, noch vor Wagner und Puccini, mußte jeder Sänger – ungeachtet seiner Stimmlage – die Grundlagen des Koloraturgesangs beherrschen. Zu Beginn des 20. Jahrhunderts war „Koloratur" bereits zu einem spezialisierten Ausdruck geworden. Es waren Opern entstanden, die Stimmen voraussetzten, welche kaum oder nur peripher „vokale Mobilität" erforderten.

Die Forderung nach Koloraturgesang ist vor allem in den Werken von Händel, Mozart, Bellini, Donizetti, Rossini, Meyerbeer und dem frühen Verdi gestellt. Da der Ausdruck Koloratur auch heute noch immer im Zusammenhang mit dem Stimmfach „Koloratursopran" (und gelegentlich mit dem „Koloraturmezzo") verwendet wird, gilt ein Tenor oder Baß mit großer Koloraturfähigkeit als „Spezialist". Nicht wenige Musikkenner betonen, daß Koloratur vor allem als eine Technik und weniger als Stimmtypus anzusehen sei, doch es wäre heute undenkbar, die verschiedenen Sopranfächer nicht zu kategorisieren. Unvorstellbar, Isolde, Turandot oder Elektra in dieselbe Linie einzuordnen wie die Königin der Nacht, Zerbinetta, Olympia oder Konstanze. Und selbst zwischen den vier letztgenannten Koloratursopran-Partien besteht ein erheblich großer Unterschied in Farbe, Volumen und Charakter. Maria Callas befand dies als falsch, weil es ihrer Meinung nach eher die Grenzen als das eigentliche Potential eines Sängers hervorhebe. In dieser Hinsicht hatte die Griechin sicherlich unrecht, denn nicht jeder Sopran konnte und wollte sich das weitgefächerte Repertoire zumuten, das sie übernommen hatte. Und zu guter Letzt mußte sie dann auch teuer dafür bezahlen!

Die Callas war eine Ausnahme, die die Regel bestätigte, bedauerlicherweise versuchen ihr allzu viele Sängerinnen in diesem Punkt nachzueifern. Sie wies gerne darauf hin, daß Maria Malibran *La sonnambula* und *Fidelio* oder Lili Lehmann sowohl Brünnhilde als auch Konstanze gesungen habe. Aber ist es überhaupt möglich festzustellen, ob diese Sängerinnen diesen Anforderungen auch tatsächlich gewachsen waren?

Bevor Maria Callas und Joan Sutherland auf der Opernszene erschienen, hatte das Koloratur-Repertoire an Bedeutung verloren. Nach Ende des 2. Weltkrieges wurden praktisch nur noch *Lucia di Lammermoor* und *Il barbiere di Siviglia* mit unregelmäßiger Häufigkeit aufgeführt, und dies meistens in Italien. Andere Belcanto-Opern wie *La sonnambula*, *I Puritani* und *L'elisir d'amore* wurden, wenn man sie überhaupt auf die Bühne brachte, als „Museumsstücke" belächelt. Selbst als Edita Gruberova im Jahre 1978 erstmals die Lucia an der Wiener Staatsoper sang, hatte dieses Werk seit Jahrzehnten nicht mehr zum Repertoire des Hauses gehört. Für dieses Defizit gab es verschiedene Gründe: Die kunstvoll verzierten Opern von Bellini und Donizetti mußten zur Zeit der Wende ins 20. Jahrhundert neuen Trends Platz machen. Die Opern Wagners, Strauss' und der Veristen stellten neue Anforderungen an die Sänger. Es wurde auf großes Volumen und Stoßkraft hingezielt, um auch gegen die schwereren Orchestrierungen anzukommen. Die verfeinerte, präzise Art von Gesangsausbildung begann nachzulassen. Eine beträchtliche Anzahl von Koloratursängerinnen wie Lina Pagliughi, Margerita Carosio, Toti dal Monte, Lily Pons und Amelita Galli-Curci hielten zwar „ihr" Repertoire aufrecht, in den späten 40er Jahren war aber ihr Stimmtypus nicht mehr so gefragt. Auch Nachfolgerinnen waren keine in Sicht. Das Belcanto-Repertoire diente nun vorwiegend als Rahmen für leichte, bewegliche und ziemlich sterile Stimmen, die Opern bekamen einen Hang zur indifferenten Trivialität. Wenn diese Stimmakrobatinnen ihre Fermaten erst einmal erreicht hatten, war alles verloren. Hier lag vielleicht das Problem: Der Belcanto war zwangsläufig dazu verurteilt, seine Glaubwürdigkeit zu verlieren, weil man ihn zum sogenannten Kanarienvogel-Repertoire degradiert hatte. Das kompositorische Material und seine ausdrucksvolle Durchgestaltung blieben mehr und mehr auf der Strecke. Es mußte stillose „Bearbeitungen" in Form von übertriebener Ornamentierung, maßlosen Entstellungen des musikalischen Textes, Transpositionen und endlosen Kadenzen über sich ergehen lassen. Fragwürdiger Geschmack und schlampige Praktiken herrschten in diesem „golden age" vor, einer Zeit, in der dem bloßen Singen die höchste Rangordnung zugewiesen wurde. Die Abweichungen, die der Musik auferlegt wurden, klingen heute nicht selten komisch. Selbst tragische Musik hatte oft eine zirpende Vergnügtheit an sich. Nicht, daß Bellini, Donizetti oder Rossini keine Hinzufügungen in ihren Kompositionen vorausgesetzt hätten – aber sie verlangten es eben immer aus dem dramatischen Sinn heraus. John Steane hält es mit Rossini, wenn er in seinem Buch *The Grand Tradition* schreibt:

> *Schönheit des Tones, technische Meisterschaft, Hingabe an die Kunst und stilistische Autorität. Dies sollten mit Sicherheit die Parameter für Sänger jedes Zeitalters sein, das man als „golden" bezeichnen möchte.*

Die überzeugende Verbindung dieser vier Elemente ist im „golden age" tatsächlich nur den wenigsten Sängern gelungen.

Es war Anfang der 1950er Jahre, als Maria Callas begann, das Koloratur-Repertoire auf eine völlig neue Art für sich einzunehmen und radikal subjektiv zu gestalten. Sie belebte das Interesse an Donizetti und Bellini mehr als irgendjemand anderer zu dieser Zeit. Mit der Behauptung, es habe vor Callas keine dramatische Ausgestaltung des Belcanto gegeben, würde man allerdings entschieden zu weit gehen. Im Jahre 1927 hatte Arturo Toscanini eine sorgfältig vorbereitete Version von *Lucia di Lammermoor* mit Toti dal Monte in der Titelpartie präsentiert, die mit überwältigendem Beifall aufgenommen wurde. Eine große Anzahl von Sopranistinnen hatte mit beträchtlichem Erfolg *Norma* gesungen, wie etwa Gina Cigna, Rosa Ponselle, Claudia Muzio, Rosa Raisa, Iva Pacetti, Germana di Giulio und selbst Zinka Milanov. Die Callas brachte aber nunmehr einen neuen Interpretationsansatz, eine Art, den Text mit der Musik zu verbinden, die zu dieser Zeit neu war. Sie demonstrierte (unter ihrem Mentor Tullio Serafin, welchem sie mehr ihres Ruhmes verdankte, als heute anerkannt wird), daß Tonleitern, Triller, Ornamente und hohe Noten wieder ausnahmslos als Ausdruck der Musik verstanden werden mußten, anstatt nur bedeutungslos zur Schau gestellt zu werden. *Wollen sie Feuerwerk, oder wollen sie Ausdruck?* fragte sie ihre Juilliard-Studenten. Die Callas setzte Koloratur-Technik wieder in bedeutsame Interpretation um. Sie konnte eine einfache Tonleiter singen und sie zur Darstellung beliebigster Emotionen verwenden. Wenngleich ihr Einfluß auf die Wiederbelebung des Belcanto-Repertoires enorm war, so übersieht man aber dabei oft die Tatsache, daß sich ihre Stimme für viele dieser Koloraturrollen eigentlich nicht immer wirklich geeignet hatte. Nicht wenige dieser Frauenfiguren sind unschuldig-jungmädchenhafte Charaktere, und sie sollten auch danach klingen. Lucia, Amina in *La sonnambula*, Gilda in *Rigoletto* oder Elvira in *I Puritani* gehören in diese Kategorie. Die Callas, die sich selbst als dramatischen Sopran betrachtete, hatte eine dunkel gefärbte, unbändige Stimme, die von Natur aus den stürmischen, dramatischen Heldinnen wie Norma, Lady Macbeth oder Tosca nahestand. Dies war der Grund dafür, daß sie versuchte, den kindhaften und naiven Ausdruck durch Leichtmachen und Aufhellen der Stimme zu erreichen, was ihr nicht immer wirklich gelang. Das Positive, das Callas aber auch für diese leichteren Koloratur-Rollen leistete, war, deren musikalisches und dramatisches Potential zu demonstrieren: Sie bewies, daß die Musik jedes Charakters mit zahllosen Details und Abstufungen gestaltet werden konnte und daß mit dem Unsinn übertriebener und ausdrucksmäßig hohler Ornamentation aufgehört werden mußte. Ein weiterer Aspekt darf bei allem Respekt vor ihrer subjektiven Auslegung allerdings ebenfalls nicht übersehen werden: sie erreichte ihre hinreißenden Ergebnisse nicht selten auch durch technisch falsch eingesetzte Möglichkeiten der Klangproduktion. Maria Callas' kapitaler Fehler bestand ohne Zweifel nicht nur in der völlig unselektiven Auswahl des Repertoires, sondern auch in der Art und Weise, wie sie es wiedergab, nämlich ohne wirkliche Berücksichtigung aller richtigen gesangstechnischen Parameter. Ihr massives offenes Drücken in der Brust etwa hatte zur Folge, daß zwischen ihren Registern (die beim Singen möglichst ausgeglichen verbunden werden sollten) mit der Zeit riesige „Löcher" entstanden waren. Ist also die unvergleichliche Dramatik ihres Vortrages überhaupt legitim, wenn sie mit unnatürlichen Mitteln der Tongebung erreicht wird? Und ist es vor allem wirklich korrekt, jene Sänger zu verurteilen und immer wieder gegen Callas auszuspielen, die diesen speziellen Ausdruck nur deshalb nicht bringen, weil sie mit den richtigen technischen Mitteln arbeiten? Der größte Nachteil der Callas-Ära liegt darin, daß allzu viele Nachfolgerinnen versucht haben, ihr Idol bis hin zur lächerlichen Kopie zu imitieren. Viele große Gesangstalente bevorzugten es, dieser so ganz und gar unnachahmlichen Künstlerin nachzueifern, anstatt ihre eigene künstlerische und stimmliche Potenz zu entwickeln.

Maria Callas war eine extrem pflichtbewußte und hart arbeitende Musikerin, die nur das Höchste an künstlerischer Qualität vermitteln wollte. Aber all dies wurde unter einer Lawine von Skandalen begraben, unter feindlichem Journalismus und ihrem späteren Hang, eine Gesellschaftsfigur zu werden. Mit der Zeit wurde sie mehr wegen des Krachs um sie herum interessant als für ihre einzigartige Hingabe an die Kunst. Ihre Konzertabsagen wurden zu Skandalen stilisiert, während sie in der Tat weniger oft als die meisten Kollegen absagte. Noch heute wird ihr eigentliches Künstlertum ständig von kultischen Verehrern, Hochstaplern und Parasiten unterminiert, die fragwürdige Bücher schreiben, sich mit Raubpressungen bereichern und versuchen, aus ihrem Namen Kapital zu schlagen.

Es liegen mit Sicherheit viel mehr Möglichkeiten in der Gestaltung einer Rolle als nur der sogenannte „Callas-approach"! Gruberova hat diesbezüglich eine sehr klare Meinung: *Callas ist ein einzigartiges Phänomen auf ihre Art. Wir sollten deshalb endlich einmal aufhören, eine Nachfolgerin für sie zu suchen. Es wird nie eine geben. Bestenfalls eine schlechte Kopie. Und kopieren müssen nur solche Sänger, die kein eigenes künstlerisches Selbstbewußtsein besitzen. Auch die ewigen Vergleiche mit ihr sind lächerlich, weil jeder Sänger für sich betrachtet werden muß. Musik ist außerdem viel zu unermeßlich, um nur eine Methode der Realisation zu erlauben. Wenn man dauernd wertend vergleicht, als ginge es in der Kunst auch nur im geringsten um sportlich-meßbare Leistungen, dann ist man unfähig, den wirklichen Sinn unseres Berufes zu erkennen.* Dennoch: Auch Edita Gruberova ist – irrwitzigerweise – gelegentlich mit Callas verglichen worden, obwohl man sich kaum zwei Sängerinnen vorstellen könnte, die größere Unterschiede in Persönlichkeit, natürlicher Stimmdisposition oder stilistischem Instinkt aufweisen! Auch Jens Malte Fischer hält eine Gegenüberstellung Gruberova-Callas für grundsätzlich falsch. In seiner Studie *Große Stimmen* (1993) hält er fest:

> *Wer die Callas als Maßstab heranzieht, vergleicht Unvergleichbares. Vokale Selbstzerstörung sollte kein Muster darstellen, auch wenn sie solche Ergebnisse gebracht hat; wer das als Regel aufstellen möchte, der verlangt Gladiatorenspiele anstatt Vokalkunst. Höhenlagen, in denen die Callas sich nur mit höchster Anstrengung bewegte, machen Gruberova keine Schwierigkeiten … Am Ende bleibt jener keineswegs unwichtige Rest der Persönlichkeitsstruktur, der als gegeben hingenommen werden muß, und wer wird bestreiten, daß Edita Gruberova von ihrem Naturell her eher einer Regimentstochter und einer Zerbinetta nahesteht als einer Medea. Hier gibt es Grenzen, die nicht zu überspringen sind.*

Wenn Maria Callas diejenige war, die den Koloraturrollen wieder Charakter und Unbedingtheit der dramatischen Aussage verlieh, so war es Joan Sutherland, die in ihren Gesangsvorträgen auch die „objektive" stilistische Tradition wiedererweckte. Mit Hilfe ihres Mannes Richard Bonynge näherte sie sich dem Belcanto-Repertoire mit gesundem musikalischem

Verstand, immensem stimmlichem Potential und einer hervorragenden fundierten Technik. John Steane formuliert es sehr zugespitzt, wenn er schreibt, die Australierin hätte Callas mit der Gleichmäßigkeit und Schönheit ihres Tones übertroffen, Sills mit Klangfülle und Kraft, Caballé mit der besseren Ausführung des Trillers und der größeren Leichtigkeit in der Höhe! Bonynge, mit seiner großen Liebe für die Oper des frühen 19. Jahrhunderts, erforschte für seine Gattin sorgfältig die Traditionen einer Zeit, in welcher Giulia Grisi, Fanny Persiani, Jenny Lind oder Henriette Sonntag den Ton angaben. Dem Künstlerehepaar gelang es, die originale historische Technik der Verzierung neu zu beleben, welche sich zu Beginn des 20. Jahrhunderts so stark verändert hatte, daß von ihrem ursprünglichen Sinn nicht mehr viel übriggeblieben war. Sutherland verstand auf kluge Weise genau das zu verbinden, was vielen der „golden age"-Sängerinnen fehlte, nämlich eine solide Technik mit stilistischem Urteilsvermögen. Sie wich nie so weit von der Musik ab, daß sie unkenntlich wurde, sondern blieb stets innerhalb der stilistischen Grenzen. *Was ist Stil?* hatte Callas gefragt – *es ist ganz einfach guter Geschmack*. Zu einem großen Teil war Sutherland aber wahrscheinlich auch damit erfolgreich, daß sie den Zuhörern ihre erstaunliche vokale Brillanz und verblüffende Technik demonstrierte: perfekte, gleichmäßige Tonleitern, präzise Triller, mühelos ausgeführte Sprünge und betörend schönen Stimmklang. In der Tat: La Stupenda. Ihr Zögern, auch differenzierter in die Aspekte eines Charakters zu tauchen, gab jedoch vielen Anlaß zur Enttäuschung, vor allem jenen, die immer noch an Callas hingen. Es wäre jedoch verwegen, den Interpretationen der Australierin deshalb musikalischen Ausdruck abzusprechen. Man könnte eher sagen, daß die Palette wie auf einige wenige Expressionsmomente reduziert und der Klang fast durchgehend samten ist. John Steane fordert, daß jeder Sänger dazu imstande sein müsse, sein „Stimm-Gesicht" (voice face) variieren zu können. Damit meint der er wohl eine Art ausdrucksmäßiges Erscheinungsbild der Stimme, das nichts mit dem punktuell gesetzten Ausdruck eines Tones oder Wortes zu tun hat. Die Sutherland hat ihr „Stimm-Gesicht" wenig variiert, weshalb ihr Gesang auf manche eintönig wirken mochte.

Neben und nach Joan Sutherland gab es eine Anzahl von Sopranistinnen, die sich ebenfalls mit dem Belcanto-Repertoire befaßten, jedoch nicht alle konnten so viel Aufsehen erregen wie sie. Leyla Gencer war mit ihren „drei Stimmen" eine beinahe perfekte Callas-Imitatorin. Montserrat Caballé erweckte viele Hoffnungen als neue Belcanto-Primadonna, als sie 1965 mit einer sensationellen Wiedergabe von Donizettis *Lucrezia Borgia* in der Carnegie Hall Furore zu machen begann. Ihr zelebrierend-langsames Modellieren eines Satzes und die inzwischen legendären Pianissimi konnten das Publikum zum hellen Wahnsinn treiben. Ein Gebiet beherrschte Caballé ganz besonders: das der Kantilene. In schneller Musik fühlte sie sich nicht wohl, kam mit der hohen Tessitur und den Schwierigkeiten der Cabaletten nicht immer zurecht. Im expansiven Füllen langsamer Phrasen setzte die Spanierin jedoch neue, unüberbietbare Maßstäbe. In Amerika war Beverly Sills die führende Koloratur-Diva. Ihre Popularität als Opernsängerin war dort (zusammen mit Luciano Pavarotti) seit Caruso unübertroffen, und sie zog mit Oper und klassischer Musik ein breiteres Publikum an sich als vielleicht irgend jemand anderer. Sie hatte großen Erfolg, auch in solchen Rollen, die nicht einmal die ihren waren. Natürlich wollte auch sie den Eindruck erwecken, alles singen zu können. Die (für manche bewundernswerten) vielseitigen Intentionen dieser Sängerin konnten jedoch nie darüber hinwegtäuschen, daß ihre Stimme eine sehr süße, soubrettige Farbe hatte. Für die meisten Rollen hatte sie deshalb nicht nur zuwenig Gewicht, sondern vor allem auch zuwenig ausdrucksmäßige Amplitude. Beverly Sills hat ohne Frage interessante Rollenportraits kreiert, den Klang ihrer Stimme muß man allerdings mögen, bevor man sich mit den Details ihrer Interpretationen näher zu beschäftigen beginnt. Steane meint, sie hätte ihre Künstlerschaft eher „trotz“ als „wegen“ ihres Stimmaterials erreicht.

In Zentraleuropa gab es eine Anzahl von Koloratursängerinnen, die sich immenser Popularität erfreuten. Reri Grist fuhr dort fort, wo Rita Streich aufgehört hatte. Erika Köth war vor allem in München und Wien populär, sang zwar Lucia, war aber eher für Mozart und Strauss prädestiniert. Als herausragende Erscheinung muß die wunderbare Sylvia Geszty bezeichnet werden. Sie in den Topf der typischen Kolorateuse zu werfen, wäre falsch. Die 1934 Geborene war mit einem äußerst exquisiten Material ausgestattet. John Steane hat Gesztys Zerbinetta-Aufnahme (unter Rudolf Kempe) als *vielleicht wärmste, differenzierteste und menschlichste Aufführung* der bis dahin erschienenen Einspielungen bezeichnet. Er konstatierte dies freilich zu einem Zeitpunkt, an welchem Gruberova in dieser Partie noch nicht international bekannt geworden war. Dennoch dürfte die Aufnahme der Ungarin heute als das vielleicht interessanteste Gegenstück zur Zerbinetta-Studie der Slowakin gelten.

Als Edita Gruberova in den späten 70er Jahren begann, international von sich reden zu machen, schien es vielen klar, daß sie dazu bestimmt schien, die große Tradition des Koloraturgesanges fortzusetzen, weiterzuentwikkeln, ja manchen Rollen dieses Genre möglicherweise sogar ein ganz neues Profil zu verleihen. Die junge Sängerin schlug vorerst denselben Weg ein wie die meisten ihrer Vorgängerinnen, indem sie die Königin der Nacht, Olympia, Zerbinetta und verschiedene Mozart-Rollen sang, wich aber Anfang der 80er Jahre von ihrer vorgegebenen Richtung ab, um die Opernwelt durch von großen Erfolgen gekrönte Aufführungen der *Lucia di Lammermoor* zu überraschen. Sie begann, ihren exzeptionellen Stimmklang und ihre stupenden technischen Fähigkeiten mit einer eigenständigen, unverwechselbaren Künstlerschaft zu verbinden. Ausdrucksstarke Koloratur, große dynamische Amplitude und expressive Charakterisierung des gesungenen Wortes verschmolzen zu einer Einheit, die in dieser Form bis dahin noch nicht existiert hatte. In der Folge wagte sie sich sukzessiv auch an schwerere Rollen wie Violetta, Manon und Maria Stuarda bis hin zu Anna Bolena oder Elisabetta in *Roberto Devereux*. Man kann sie heute in keiner Kategorie festnageln. Ihre Stimme ist wesentlich größer als die irgendeiner vorhergehenden Zerbinetta oder Königin der Nacht, ihre Belcanto-Interpretationen sind außergewöhnlich differenziert und gefühlsbetont, ja selbst ihre Adele ist höher anzusiedeln als die typisch deutsche Soubrette. Ihre Stimme ist zu hoch und kraftvoll, um als klassischer Koloratursopran betrachtet zu werden. Man könnte sie allenfalls einen hohen lyrisch-dramatischen Koloratursopran nennen. Um das Ganze noch zu untermauern, verfolgt sie ihre Liederkarriere nicht nur als Nebenaktivität, sondern mit der leidenschaftlichen Hingabe einer Schwarzkopf oder Lehmann. Womit man nicht gerechnet hatte, war, daß Gruberova sich auch als eine außerordentliche Sing-Schauspielerin entpuppen würde. Daß sie alles glaubhaft verkörpern kann, vom kleinen Mädchen Gretel zur rasenden Königin der Nacht, von einer Jahrhundert-Zerbinetta zur Rolle der wahnsinnigen Lucia, von einer urkomischen Regimentstochter zur erschütternden und schauerlichen Königin Elisabetta, ist ein erstaunliches Zeugnis ihrer Vielseitigkeit. Sie kann wohl kaum eindeutig mit jemandem vor ihr verglichen werden. Edita Gruberova, darüber ist man sich heute einig, kann als Phänomen bezeichnet werden.

Rezeption

Sucht man in der einschlägigen Sänger- und Opernliteratur nach fachlichen Informationen über Edita Gruberova, so wird man nur schwer fündig. Die letzten umfassenden Bücher über Sänger wurden zu einer Zeit geschrieben, als die Slowakin noch zu unbekannt war, um darin berücksichtigt zu werden. John Steanes *The Grand Tradition. Seventy Years of Singing on Record* etwa erschien 1974, zu einer Zeit also, in der das junge Ensemblemitglied der Wiener Staatsoper noch nicht in das internationale Blickfeld gerückt war. Jürgen Kestings dreibändiges Mammutwerk *Die Großen Sänger* aus dem Jahre 1986 (in welchem Gruberova ein eigenes kurzes Kapitel gewidmet ist) entpuppt sich schon nach der Lektüre von wenigen Seiten als gefährliche Mache: Die Tendenz, noch aktive Sänger im wertenden Vergleich gegen bereits legendäre auszuspielen, ist schnell erkennbar. Das Problem liegt aber auch noch anderswo: Kesting behandelt ausschließlich Tonaufnahmen, und zwar praktisch alle bis 1985 veröffentlichten. Ein heikles Unterfangen, da jeder, der sich mit dieser Materie auch nur oberflächlich befaßt hat, weiß, daß zwischen dem klanglichen Eindruck einer Schallaufnahme und dem einer Live-Aufführung Welten liegen können. Um so mehr müssen Vergleiche hinken, die zwischen Tonaufnahmen der 20er oder 30er Jahre und solchen der späten 70er und 80er Jahre unternommen werden. Wenn es als unbestreitbare Tatsache gilt, daß die Stimmfarbe verschiedener digitaler Tonaufnahmen Edita Gruberovas sich keineswegs immer gleicht (und sie im Theater ohnehin noch einmal ganz anders klingt!), so darf bezweifelt werden, ob sich Charakter, Farbe oder Größe der Stimmen von Luisa Tetrazzini oder Nellie Melba beim Abhören rauschender und klanglich verschwommener Platten (mögen sie auch noch so gut wiederaufbereitet sein) wirklich so genau definieren lassen, wie Kesting sich dies zutraut. Man führe sich nur einmal vor Augen, wie unnatürlich alleine schon die Orchester auf diesen Aufnahmen klingen! Natürlich lassen sich gewisse Unterschiede stimmlicher Merkmale und emotionaler Aussage erkennen, ob dies aber für ein sicheres künstlerisches und klangliches Urteil ausreicht, und auch gar noch für einen wertenden Vergleich, darf in Frage gestellt werden. Bei Jens Malte Fischer ist zwar nur wenig über die spezifischen Stimmcharakteristika Gruberovas nachzulesen; der Münchner Musikwissenschaftler stellt hier allerdings einmal endlich klar, daß ihre perfekt durchgebildete Gesangstechnik eine emotionale Vermittlungsfähigkeit keineswegs ausschließt:

Mustert man die kritischen Würdigungen, die Edita Gruberova in den letzten zehn, fünfzehn Jahren zuteil geworden sind, wird man gerade im deutschsprachigen Raum ein merkwürdiges Phänomen bemerken. So sehr die technische Virtuosität dieser Sängerin anerkannt wird, so sehr wird immer wieder darauf hingewiesen, daß es ihr doch an Verinnerlichung, Beseelung, Tiefe der Interpretation mangele. Es ist bezeichnend, daß das Beispiel Sutherland einst geradezu deckungsgleiche Ergebnisse hervorgerufen hat. Ich habe das in beiden Fällen immer für ungerecht gehalten, auch wenn zuzugeben ist, daß solche Urteilsklischees sich aus verschiedenen Konstanten zusammensetzen. Einmal gibt es gerade in unseren Breiten eine sehr alte Tendenz, eine glänzende Oberfläche mit Oberflächlichkeit gleichzusetzen (der entspricht die Tendenz, technische Mängel mit „Ausdruck" zu entschuldigen). Man wird es als widersprüchlich bezeichnen dürfen, wenn der Niedergang der Gesangstechnik allgemein beklagt wird, dann aber von sich selbst genügender Virtuosität in tadelndem Ton gesprochen wird, wenn endlich einmal technische Mängel n i c h t festzustellen sind ... Technik ist die Voraussetzung für sängerische Interpretation und nicht etwa ein Hindernis, mangelnde Technik hingegen behindert oder verhindert gar jegliche Interpretation und Vertiefung ... Was aber Kunstverstand und Einfühlung zu leisten vermögen, das ist dieser großen Sängerin erreichbar, je reifer sie wird, desto selbstverständlicher. Konnte man an ihren Platten und Auftritten vor rund zehn Jahren noch dies und jenes vermissen, so hat ihre Münchner Lucia gezeigt, was sie über die schiere Virtuosität hinaus an tiefer Empfindung zu vermitteln vermag.

Eine der bemerkenswertesten Veröffentlichungen auf dem Gebiet der Stimmanalyse ist mit Sicherheit Prof. Dr. Klaus Scherer von der Universität Genf zu verdanken. Es handelt sich dabei um die ersten Ergebnisse eines hochinteressanten Forschungsprojekts, welches sich die „Untersuchung des Emotionsausdrucks in der Singstimme" zur Aufgabe gemacht hat und das subjektive Hörerlebnis dabei ebenso berücksichtigt wie rein wissenschaftlich objetive Parameter. Den Anstoß dazu hatte eine europäische Konferenz von führenden Musikologen aus aller Welt gegeben, die 1991 an der Universität von Trient abgehalten wurde (siehe Quellennachweis am Schluß der Bibliographie S. 238). Scherer hatte hierfür eine Gruppe von 22 Musikliebhabern und Amateurmusikern zusammengestellt, die einige Takte der Ricci-Kadenz aus der Wahnsinnsarie in *Lucia di Lammermoor* beurteilen sollten. Man analysierte die Tonaufnahmen von insgesamt fünf Sängerinnen: Toti Dal Monte, Maria Callas, Renata Scotto, Joan Sutherland und Edita Gruberova. Die Beurteiler hatten zwei Aufgaben: Die Angabe 1) ihrer Präferenz (welche Stimme ihnen im allgemeinen besser gefiel) und 2) ihres Eindrucks bezüglich der in der Interpretation zum Ausdruck kommenden Emotionslage. Um ein möglichst objektives Ergebnis zu erhalten, wurden jeweils zwei Aufnahmen hintereinander vorgespielt, und zwar in allen möglichen Kombinationen – jede Sängerin mit jeder anderen einmal kombiniert. Die Juroren, denen die Identität der Interpretinnen nicht mitgeteilt wurde, hatten diese Darbietungen dann durch Angabe ihrer Bewertung zu gewichten (preference).

Die Ergebnisse, die inzwischen in der Fachzeitschrift *Journal of Voice* (siehe Quellennachweis am Schluß der Bibliographie S. 238) veröffentlicht worden sind, zeigen: Gruberovas Vortrag wurde mit 77,3% bevorzugt, also vom größten Teil der Beurteiler. In den Kategorien „Indifférent" (gleichgültig) und „Déplaisant" (mißfallend) liegt sie mit 9,1% bzw. 13,6% am unteren Ende der Skala. In weiterer Folge waren die Aufnahmen dann im Hinblick auf vier verschiedene emotionale Ausdrucksmuster zu beurteilen:

Brennendes Verlangen (hier: tender passion)
Todesangst (fear of death)
Wahnsinn (madness)
Traurigkeit (sadness).

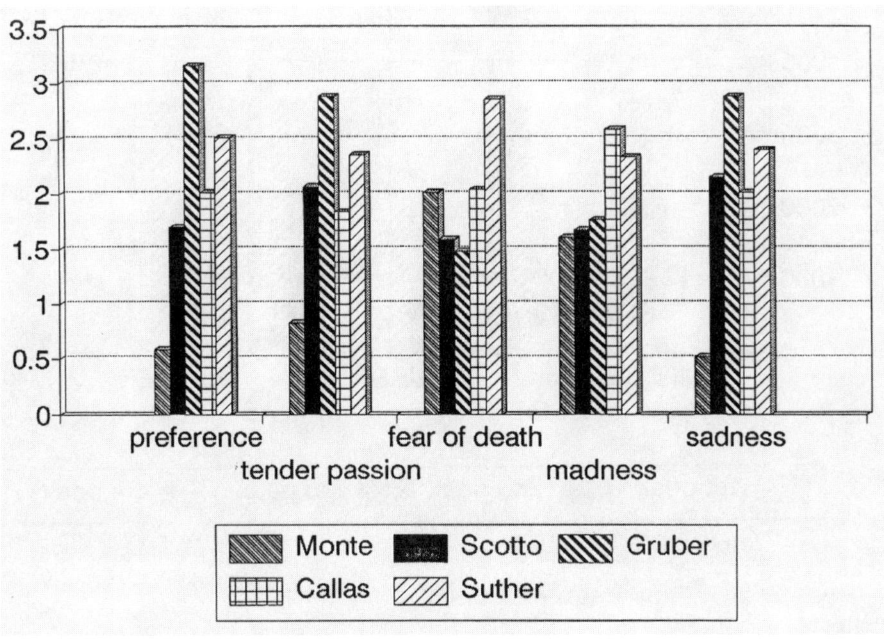

Wie obige Grafik verdeutlicht, wird Gruberova in den Punkten „brennendes Verlangen“ und „Traurigkeit“ die größte Intensität zugesprochen, während sie im „Wahnsinn“ von Callas und Sutherland, in „Todesangst“ von den übrigen vier Sopranistinnen übertroffen wird. (Wenn man jenen Personen glauben darf, die der Sängerin auch persönlich nahestehen, so zählen „brennendes Verlangen“ und „Traurigkeit“ auch privat zu ihren typischen Charaktermerkmalen!)

Zusätzlich zu diesen subjektiven Beurteilungen wurden objektive Stimmanalysen mit Hilfe digitaler Signalverarbeitungsverfahren durchgeführt. Neben anderen wichtigen Resultaten brachte die Untersuchung der „Energieverteilung im hohen Frequenzbereich des Spektrums“ ein besonders interessantes Ergebnis: Der 4. Energiegipfel („peak“) ist bei Gruberova wesentlich variabler und höher als bei den vier anderen Sopranistinnen. Mit anderen Worten heißt das: Gruberovas Stimme ist extrem obertonreich, mit starken Energieanteilen in den hohen Frequenzen. In der Grafik stellt sich dies sehr markant dar:

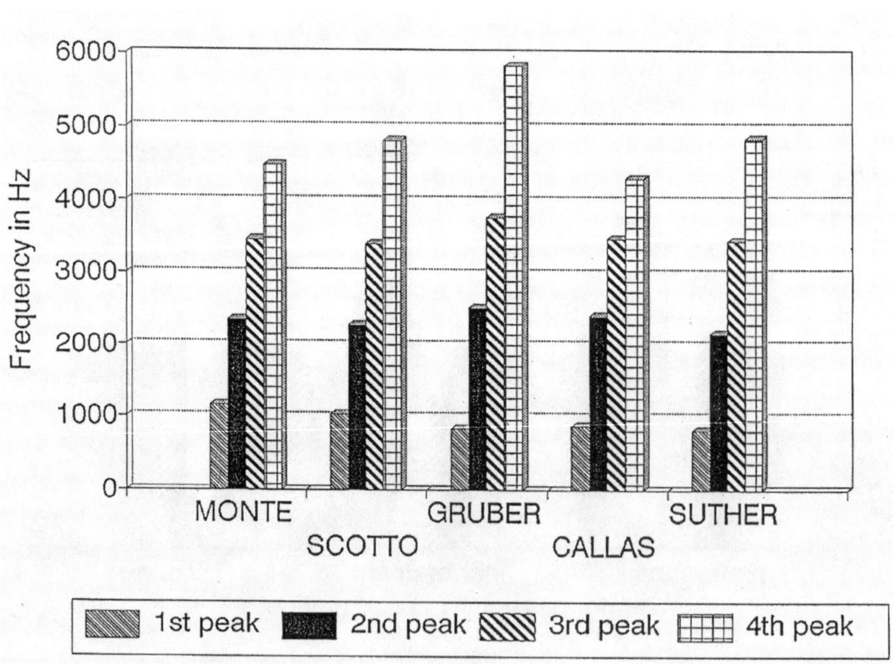

Einige Fachkollegen Scherers vermuteten, daß dieses außergewöhnliche Ergebnis durch die Verwendung von sogenannten Präsenzfiltern von Seiten der Toningenieure bei den Plattenaufnahmen verursacht gewesen sein könnte. Scherer fuhr daraufhin persönlich nach Zürich, um Gruberovas Vortrag der Ricci-Kadenz während einer Vorstellungspause von *Lucia di Lammermoor* mit einem gewöhnlichen tragbaren DAT-Recorder aufzunehmen. Bei der digitalen Analyse konnten dabei durchaus ähnliche spektrale Stimmcharakteristika festgestellt werden, die das Ergebnis letztlich bestätigten (siehe Quellennachweis am Schluß der Bibliographie S. 238).

Technik und Künstlerschaft

Timbre, Koloratur, Atemtechnik, Dynamik, Messa di voce, „Voice-face“

Bei ihr hört sich wie mühelose Natur an,
was doch das Ergebnis harter Arbeit ist.

Jens Malte Fischer über Edita Gruberova

Techniken gibt es vermutlich fast so viele wie Gesangslehrer. Alfredo Kraus konstatierte 1987 in den römischen Meisterklassen, daß nur seine Technik die richtige wäre. Trotz aller Aktualität löst dieses Thema bei Edita Gruberova Langeweile aus. Sie ist es überdrüssig, Kritiken zu lesen, die ihre große technische Gewandtheit als Koloratursängerin überhaupt nur erwähnen. *Technik ist keine Tugend, sondern eine Selbstverständlichkeit*, sagt sie bestimmt. *Jeder angehende Sänger muß vor Beginn seiner öffentlichen Laufbahn in dieser Hinsicht hundertprozentig ausgebildet werden. Interpretation beginnt nämlich erst dort, wo die Gesangstechnik aufhört. Gerade deshalb ist es für mich immer wieder tragisch festzustellen, daß viele meiner Kollegen sich auf die Bühne wagen, ohne auch nur im geringsten den Mechanismus ihres Stimmapparats zu verstehen. Es ist oft erschütternd, was man schon vor einer Vorstellung aus anderen Garderoben zu hören bekommt. Die Art und Weise, wie ein Sänger sich einsingt, besagt schon alles über seine technische Potenz. Das ist deshalb so schwerwiegend, weil eine schlechte oder falsche Technik im Unterschied zum Instrumentalisten auch gleichzeitig das Stimmaterial ruinieren kann. Unwiederbringlich! Fest steht, daß es ohne eine makellose Technik keinen Ausdruck geben kann. Das sage ich auch immer wieder jungen Nachwuchssängern! Lernt erst einmal eine Tonleiter richtig auszuführen, dann könnt Ihr versuchen, Euch auch musikalisch mitzuteilen. Wenn man in einem technischen Entwicklungsstadium ist, ist der Ausdruck ein Feind der Technik, weil er mit Mitteln erzeugt wird, die falsch sind.* Auch Richard Bonynge hat sich in einem Interview mit Stephanie von Buchau (*Opera News* 1/94) zu diesem Thema sehr ähnlich geäußert:

> *Ich denke, daß viel zu viel über Technik gesprochen, viel zu viel daraus gemacht wird. Sänger sollten über eine Technik verfügen, die sie so gut beherrschen wie das ABC.*

Es ist Ruthilde Boesch gewesen, die Gruberova das bewußte Singen lehrte: *Ich habe die drei Jahre, die ich bei ihr studierte, unglaublich hart gearbeitet, wollte alles*

Technische total verselbständigen, was mir auch gelang. Ich brauchte die folgenden 15 Jahre praktisch nicht mehr bewußt an die Tonproduktion zu denken, der Mechanismus funktionierte von allein. Erst als ich auf die Vierzig zuging, bemerkte ich, daß ich an Tagen, in denen mein Körper nicht in optimaler Verfassung war, das mit überbewußtem Einsatz der Technik ausgleichen konnte. Gruberova meint damit jenen Punkt, an welchem man der Gefahr ausgesetzt ist, ohne den Körper zu singen und auf die Stimme zu drücken. *Der Vorteil heute ist, daß ich eine neue Rolle auch viel schneller „in die Stimme bekomme", als das früher der Fall war.*

Studiert man die ältesten Tonaufzeichnungen Edita Gruberovas (sie stammen aus dem Jahre 1968 und wurden im Slowakischen Rundfunk produziert), so stellt man sehr schnell fest, daß die damals technisch noch wenig geschulte Stimme der 21jährigen bereits von Natur aus „gut plaziert" gewesen war. Der Ausspruch Erik Werbas von der *sagenhaften Naturbegabung* findet schon in diesen Tondokumenten seine Bestätigung. Die Stimme gleicht, so könnte man sagen, einem noch ungeschliffenen Diamanten. Ihre Farbe ist äußerst hell, und immer hat man den Eindruck des „Lächelns", was den Vortrag heute etwas eintönig wirken läßt. Wenn Gruberova zu dieser Zeit noch nicht viel von der Mischung der Register weiß und noch nicht immer alle Töne mit gleicher Intensität „abstützt", so liegt dies an der damaligen Unbewußtheit ihres Singens. Sie selbst erinnert sich noch genau, als sie als Studentin ihrer ersten Lehrerin Maria Medvecká in Preßburg ohne deren Zutun die Atemstütze für sich entdeckte. *Ich übte eine heikle, sehr hohe Passage eines zeitgenössischen Stückes mit vielen Staccato-Sprüngen. Dabei bemerkte ich, daß sie mir mit einer bestimmten „Bauchbewegung", so nannte ich das damals, leicht, ohne sie aber nur mit ziemlich großer Anstrengung gelang. Medvecká hatte mir zwar immer wieder „Opora!", das slowakische Wort für Stütze, zugerufen, aber nie konkret erklärt, was man als Sänger zu unternehmen hätte, um eine solche zu erreichen.* Gelegentliche Schärfen in der Höhe sind zu dieser Zeit also wohl noch auf das partielle Manko dieser Atemstütze zurückzuführen, die Gruberova übrigens heute mit zu den wichtigsten Faktoren ihrer Technik zählt. Die bewußte Atemstütze hat sie dann von ihrer zweiten Lehrerin Ruthilde Boesch erlernt, und es war für sie von diesem Zeitpunkt an nicht mehr denkbar, ohne diese technische Vorraussetzung auch nur einen einzigen Ton zu singen. (Bei enganliegenden Kostümen kann man ihren intensiven Zwerchfelleinsatz manchmal sehr gut an ihr beobachten.) Gruberova hält die fehlende tiefe Atemstütze als die meist verbreitete Sängerkrankheit unserer Tage, was bezeichnenderweise auch von Bonynge bestätigt wird:

Rossini benützt das Wort „mühelos", und die ganze Gesangstechnik basiert auf mühelos eingesetztem Atem. Der Atem und die Stütze müssen von ganz unten kommen. Der Atem wird hinauftransportiert und passiert dabei die Kehle. In der Kehle selbst darf aber dabei nichts geschehen. Das ist es, wo viele Sänger Fehler begehen. Wenn man sie beobachtet, sieht man die Kehlmuskel arbeiten; man sieht sie rot werden bei der Anstrengung, die sie an der falschen Position aufwenden.

Wichtig bei der Atemstütze ist nicht zuletzt der richtige Druck des Zwerchfells, denn zuviel kann für das Klangergebnis eine genau so schlechte Auswirkung haben wie zu wenig. Natürlich hängt auch das wieder von der jeweiligen Musik ab. So hat Gruberovas Zwerchfell ihrer eigenen Aussage nach in der Rache-Arie der Königin der Nacht eine etwas größere Spannung als in der 1. Arie derselben Rolle. Das ist der Grund, weshalb ihre dramatischen Staccati bis hin zu den f''' wirklich substantiell sind. Unlösbar damit verbunden ist die vollkommene Lockerheit des gesamten Stimmapparates. Gruberova insistiert bei jungen Studenten unter anderem immer wieder auf der absoluten Gelöstheit der Nacken- und Halspartie, ohne die der Ton nicht auf der Atemsäule sitzen kann. In der Inszenierung Giancarlo del Monacos von Donizettis *Anna Bolena* am Gran Teatro Liceu von Barcelona hatte sie einen großen Teil ihrer Schlußszene liegend und am Boden kauernd vorzutragen. Einer ihrer Kollegen stellte dabei mit großem Erstaunen fest, daß es für ihn unverständlich sei, wie sie auch noch in den unmöglichsten Positionen beliebig den Kopf drehen könne, ohne daß sich der Klang des Tones dabei verändere. Dies demonstriert einmal mehr, wie ungelöst viele Sänger heutzutage auf die Bühne gehen.

Große Faszination hat Gruberova immer wieder mit ihrer stupenden Beherrschung der Koloratur ausgelöst, deren vollkommen mühelose Ausführung auch noch in schnellstem Tempo den Eindruck von Beiläufigkeit erweckt. Aspirieren, das Einfügen des Hauchlautes „h" zwischen die einzelnen Noten (wodurch deren schneller Ablauf erleichtert, ihre Verbindung aber eliminiert wird), ist in ihrem Vortrag nicht zu finden. Ihre in den späten 80er Jahren (vermutlich auch durch den Einfluß von Nikolaus Harnoncourt) angenommene Eigenart, bei der höchsten Note einer Linie ganz leicht innezuhalten, gestaltet Phrasen und Übergänge auf ganz besonders attraktive Weise, verleiht ihnen Form und Architektur. In Giunias Arie *Ah, se in crudel periglio* aus *Lucio Silla* gibt es gegen Ende eine Phrase, die schier unendlich ist. Insgesamt sind es 13 Takte – sie dauern nahezu 30 Sekunden (!), in denen die Sängerin nur ein einziges Mal kurz Zeit hat, um zu atmen. Eine herrliche Demonstration von Klarheit und perfektem Legato ihrer Koloraturen einerseits, ein anschauliches Beispiel ihrer enormen Atemtechnik andererseits. Dieses unglaubliche Talent für die „Wendigkeit" der Stimme hat die Sängerin nie erlernen müssen: *Koloraturen sind mir schon immer wie von selbst aus der Kehle geflossen. Jede Sängerin ist dafür verantwortlich, sie auf eine Art einzusetzen, die nicht in Selbstzweck ausartet. Sie ist ein Expressionsmittel der Klangsprache. Man darf sie nie abstrakt verstehen. Sie hat immer einen ganz bestimmten Aussagegehalt. Leider ist Mozarts Ausspruch von der „geläufigen Gurgel" fürchterlich strapaziert und falsch gedeutet worden. Das kann doch unmöglich negativ gemeint gewesen sein. Natürlich ist die musikalische Substanz einer Koloraturpassage von Stück zu Stück verschieden. Vergleichen Sie einmal die verzierten Abschnitte in der Cabaletta der Lucia-Pazzia mit den Koloraturen der 1. Arie; in dieser ist für mein persönliches Gefühl viel mehr Musik enthalten als in manchen Chromatik-Abschnitten der Wahnsinnsarie. Solche schablonenhaft hingesetzte Koloraturen sind dann natürlich auch viel schwieriger zu gestalten.*

Trotz ihrer Präzisions-Qualitäten würde sich Gruberova bei Koloraturen nie in metronomische Perfektion einzwängen. In einer *New York Times*-Besprechung mehrerer neuer Plattenaufnahmen von führenden Opernsängern ging der Autor Will Crutchfield vor allem mit jenen Sängern ins Gericht, die es unter ihrer Würde finden, ein *decrescendo* zu machen, leise zu singen oder auch metrische Freiheit in ihr Musizieren einzubringen. Gruberova beweist in diesen Fragen immer mehr Mut, riskiert nicht selten, auch an dynamische Untergrenzen zu gehen oder Dirigenten und Sängerkollegen zu spontanem, sensiblem Rubato zu inspirieren! Tatsächlich erhält sogar jedes kleinste Melisma, von ihr gesungen, sogleich etwas ungemein Lebendiges. Am Beginn des Liedes *Im Frühling* etwa gießt Schubert die Silben der Worte *das Lüftchen spielt im grünen Tal* in Zweier-Melismen. Schwarzkopf oder Fischer-Dieskau singen diese Stelle stetig im Rhythmus. Gruberova nimmt die jeweils erste Note dieser Gruppen aber ein wenig schneller (wodurch die zweite minimal verlängert wird) und erreicht damit ungeheure Lebendigkeit. Das Bildhafte der Worte findet sich hier akustisch umgesetzt.

Nichts ist peinlicher, als Sänger mit ihr im Duett zu hören, die mühevoll mit Koloraturen kämpfen. Kiri Te Kanawa etwa hatte 1989 an ihrer Seite die Madame Silberklang in Mozarts *Schauspieldirektor* für Decca gesungen. Die direkte Gegenüberstellung der beiden Stimmen zeigte nicht nur deutlich, um wieviel kleiner Te Kanawas Stimme tatsächlich geraten ist (diese Künstlerin läßt sich immerhin auch als Puccini-Sängerin vermarkten!), sondern auch, mit wieviel vergeblicher Mühe sie versucht, im *Allegro-Allegrissimo*-Abschnitt des Duetts die Koloraturen deutlich wiederzugeben. Der Wettstreit der beiden Damen „Ich bin die erste Sängerin!" dürfte wohl kaum jemals ironischer ausgefallen sein als auf dieser Aufnahme. Die konzertante Aufführung von Rossinis *Semiramide* 1987 an der Münchner Staatsoper hatte hingegen gezeigt, welch großartige Wirkung es haben kann, wenn Gruberova gleichwertige Partner neben sich weiß, die solchen technischen Anforderungen gänzlich gewachsen sind – in diesem Fall war es die Mezzosopranistin Kathleen Kuhlman, die ihrer Kollegin in belcantistischer Klangsprache eloquent zu antworten verstand.

Gruberovas Atemtechnik ist ein Fall für sich. Nicht nur das richtige Ein-, sondern auch das unmittelbar vorhergehende Ausatmen ist für sie von größter Wichtigkeit! Dies eliminiert die Restluft. Tatsächlich hält die Sängerin diese Technik für einen der wesentlichsten Faktoren richtigen Atmens, ja, sie geht heute sogar so weit zu behaupten, daß ohne vorheriges Ausatmen überhaupt erst gar nicht richtig eingeatmet werden kann. (Man denke an die Atemtechnik bei Läufern: Das Luft-Auslassen muß länger betrieben werden als das Luft-Einholen!) Vielleicht ist dies ein Grund dafür, daß sie Phrasen auf einen Atem nehmen kann, für die andere zwei- oder dreimaliges Luftholen benötigen. Auf praktisch allen ihrer Aufnahmen kann man bei genauerem Hinhören dieses „Ausatmen" deutlich wahrnehmen. Gruberova hat selbst darauf hingewiesen, wie wichtig es sei, im Einatmen auch schon den kommenden Ausdruck des Tones zu erfühlen. In der Intensität des Atemholens und in dessen Geschwindigkeit muß gewissermaßen schon die Aussage liegen, die nachher kommt.

In der Aufnahme von *Linda di Chamounix* kann man zu Beginn der Wahnsinnsarie (*No, non è ver, mentirono*) diese Technik genau studieren. Vor allem das Ausatmen nach den Worten *No* und *non è ver* ist hier mit geradezu dramatischer Intensität betrieben. Wenn junge Nachwuchssänger das seltene Glück genießen, eine Gesangsstunde von ihr zu erhalten, so dauert es in der Regel längere Zeit, bis sie überhaupt einen Ton singen dürfen, denn auf eine richtige Atmung, die meist nicht tief genug und noch seltener stetig und entspannt ist, muß als „conditio sine qua non" genauest geachtet werden. Der Autor hatte 1992 die Möglichkeit, die Sängerin als private Zuhörerin eines öffentlich ausgetragenen Gesangswettbewerbs zu begleiten. Bei vielen Kandidaten schien es ihm schon nach 10 Sekunden klar, wie sehr es vor allem an einer guten Technik mangelte. Gruberova allerdings gab zu verstehen: *Ich brauche nicht einmal 10 Sekunden dazu; es genügt mir schon nur zu sehen, wie jemand einatmet, und ich weiß, welche Tonqualität jetzt kommen muß.*

Voraussetzung für die richtige Klangbildung ist die gute Beherrschung der „Emission" eines Tones. Luisa Tetrazzini fordert: *ein Aussenden der Luft in einem gleichmäßigen, stetigen Fluß.* Fritz Wunderlich sah in dieser Frage das Wesen der Technik überhaupt:

> *Es gibt im Grunde nur eine Technik: die Technik der absolut natürlichen Tongebung. Man beherrscht diese natürliche Tongebung, wenn man beim Singen so wenig wie möglich verändert und auf dem schwingenden Ton wie ein Instrumentalist spielt. Wenn man das tut, verschenkt man auch am wenigsten Luft.*

Nicht zuletzt auch bei Gruberovas Trillern, deren richtige Ausführung sie heute wie kaum jemand sonst beherrscht, ist diese Art der natürlichen Tongebung deutlich wahrzunehmen. Im Jahrbuch von 1991 der Zeitschrift *Opernwelt* brach Sena Jurinac in dieser Hinsicht eine Lanze für ihre jüngere Kollegin:

> *Ich versuche beim Unterricht einen echten Triller einzuführen, kein Tremolo und kein Vibrato. Einen Triller, der nicht von den Muskeln kommt, sondern ein Kehlschlag ist. Wir können ja beim Singen den Kehlkopf nicht übergehen und sagen: Maske, Resonanz, Stütze – aus. Der Triller ist der Ansatz dazu, ob eine Stimme locker geführt sein kann. Mozart hat ja Triller komponiert, sogar für den Osmin. Hören Sie die? Er hat sie geschrieben, weil die Leute es damals singen konnten. Das ist nämlich ein Zeichen dafür, daß der Kehlkopf wirklich locker gehalten wird. Und darauf kommt es an … Man muß imstande sein, jeden Ton von Sekunde zu Sekunde zu einem Triller machen zu können, nur so weiß man, ob der Ton richtig sitzt. Hören Sie sich nur Frau Gruberova an, sie kann das.*

Henry Chorley, der berühmte englische Kritiker des 19. Jahrhunderts, bemerkte, daß der Triller eine Verzierung sei, *die auf lächerliche Weise verachtet* würde. Dies könnte auch heute noch gelten, denn die Kenntnis seiner richtigen Ausführung scheint völlig in Vergessenheit geraten zu sein. Es ist oft nicht mehr als ein Tremolieren an ein und demselben Ton. Selma Kurz, die österreichische „golden age"-Sopranistin, wurde von vielen als die Sängerin mit dem perfektesten Triller aller Zeiten erachtet. Natürlich ist für all das auch ein erhebliches Maß an Naturbegabung erforderlich. Richard Bonynge erklärte in einem Gespräch mit Stephen Wadsworth (*Opera News* 2/1976), daß Joan Sutherland von jeher eine besonders ausgeprägte Fähigkeit zu trillern hatte. Arbeiten mußte sie lediglich am Unterschied zwischen dem Ganzton- und dem Halbtontriller. Wesentlich bei Gruberovas Triller ist, daß sie ihn ausschließlich in den Dienst differenzierten Ausdrucks stellt. Man muß nur einmal die fast „hysterischen" Triller in der Cavatina von Lucias 1. Arie mit jenen „lachenden" der Zerbinetta-Arie vergleichen, um zu verstehen, was damit gemeint ist.

Für den Autor zählt es zu den faszinierendsten Momenten, wie in den Gesangsdarstellungen Edita Gruberovas eine Ausdrucksgestalt ihre Auferstehung feiert, die in der Vokalgeschichte einst von großer Bedeutung gewesen ist: das „messa di voce". Es bedeutet gemäß Garcías *Traité Complet de l'Art du Chant* von 1840 ein gleichmäßiges An- und Abschwellen eines Tones auf einem Atem – ohne Frage ein unabkömmliches Mittel zu einer phraseologischen Architektur. *Selbst eine einzige Note kann und muß*, so die Gruberova in einem Interview von 1987, *eine Entwicklung vollziehen, natürlich unter der Voraussetzung, es ist die Zeit dafür vorhanden. Ein Ton, der keine Entwicklung hat, ist tot. Natürlich kann es sein, daß ich das manchmal absichtlich vernachlässige; aber das ist nur dann der Fall, wenn ich bewußt etwas Bestimmtes damit ausdrücken will. Unsere Stimme ist keine Orgelpfeife, sondern wie ein Streichinstrument, auf dem der Ton in jede Richtung hin entwickelt werden kann.*

Ärgerlicherweise ist dieses *messa di voce* von einem Teil der Presse oft als „Manierismus" der Sängerin abgetan worden, nicht wissend, daß es sich hierbei um ein bewußt eingesetztes, gesangshistorisches Stilmittel handelt! (John Higgins war der erste, der anläßlich von Gruberovas *Puritani*-Vorstellungen an der Met auf ihren Gebrauch des *messa di voce* positiv hingewiesen hatte!) Gruberova scheint sich durch inkompetente Kritik jedenfalls nie irritieren lassen zu haben. Es war ihr vielmehr *ein permanentes Anliegen, dieses Mittel so gut wie nur möglich zu verfeinern und mit schönstem Ausdruck zu bringen.*

Gruberovas Ton ist natürlich „in der Maske" gesammelt. Manche Sänger begehen den Fehler zu „näseln" – eine Überkonzentration des Tones in die Nase hinein, ohne die nötigen Nebenräume mitschwingen zu lassen. Johannes Messchaert hat es am treffendsten formuliert, wenn er sagte: *Der Ton soll nie in der Nase sein, aber die Nase immer im Ton.* Gruberova selbst spricht immer wieder vom „Einfädeln" des Tones – ein bildliches Hilfsmittel, das sie mit Ruthilde Boesch in vielen Übungsstunden bis zur Perfektion hin geübt hatte. Dies deckt sich wiederum vollkommen mit einem Ausspruch Maria Ivogüns:

> *Ich stelle mir eine ins Nasenbein eingebaute Fadenspule vor, und dann strecke ich den Faden. So muß der Ton aussehen. So muß er bleiben.*

Als Edita Gruberova im Oktober 1992 ihren ersten Solo-Abend in Stockholm gab, traf sie in der Hotelhalle durch Zufall auf Birgit Nilsson. Sie machte sogleich ihrem Staunen Luft, wie sehr die Stimme der großen schwedischen Kollegin selbst beim Sprechen in der Maske saß. Nach Gruberovas Meinung ist dieser Masken-Stimmsitz auch bei Alfredo Kraus ideal zu hören, und in der Tat gibt es sowohl vokal als auch stilistisch gesehen viele Gemeinsamkeiten zwischen ihr und dem Spanier. Schade, daß Kraus bereits im Zenit seiner Laufbahn stand, als seine um fast 20 Jahre jüngere Kollegin gerade erst auf den Plan trat. Hier hätte sich ein in der Aufführungsgeschichte einmaliges Belcanto-Duo entwickeln können, was nicht zuletzt die Aufnahme bei EMI und einige Aufführungen der *Lucia* in Florenz, Wien und Barcelona eindringlich demonstriert hatten. Wenn Gruberova Kraus zwar mittlerweile als *für das gemeinsame Spiel auf der Bühne ein wenig zu alt* bezeichnet, so gibt es für sie doch keinen unter seinen jüngeren Tenorkollegen, der gesangsdarstellerisch mit ihm auf eine Stufe gehoben werden könnte. *Die ersten Worte, die Edgardo in seinem Rezitativ an Lucia richtet, verfolge ich immer mit besonderer Aufmerksamkeit. Kraus ist der Einzige auf der ganzen Welt, der hier nicht singt, sondern mit Tönen spricht!*

Entscheidend für eine gute Technik ist der sogenannte Registerausgleich, das richtige Mischungsverhältnis und die bruchlose Verbindung der einzelnen „Stimm-Etagen". Gruberova singt nie mit dem Kopfregister allein, wie etwa viele der „Nachtigallen" des golden age. Und sie selbst bestätigt, auch das Brustregister ausschließlich in der Mischung mit den Kopfresonanzen einzusetzen. Es ist ihrer Meinung nach einer der fatalsten Fehler überhaupt, die Bruststimme „in die Höhe zu treiben". *Dann dauert es nicht lange, und es gibt ein riesiges Loch in der Stimme.* Dies hat ihr, ähnlich wie Alfredo Kraus, nicht zuletzt auch unvermindert ihre Höhe erhalten. In seiner römischen Meisterklasse am 22. März 1990 legte der Tenor die Dringlichkeit dieses Aspektes seinen Studenten gegenüber deutlich dar:

> *Warum sollte sich denn eine Stimme ändern? ... Kein Zweifel, daß man mit der Zeit altert, aber man bleibt gleich groß; ich werde um 3 Kilo zu- oder um 5 abnehmen können, aber im übrigen der Gleiche bleiben. Die Technik muß die optimalen Bedingungen einer Stimme zeitlich viele Jahre lang erhalten; sicher, manchen kleinen Unterschied wird man im Lauf der Zeit bemerken, eine etwas dunklere Tönung, eine größere Robustheit der tieferen Töne, aber im Prinzip sollten die Eigenschaften gleich bleiben. Wenn wir einige Tenöre in Betracht ziehen, irgendwen, der „Che gelida manina" zu Beginn seiner Karriere im richtigen Ton sang und dann, fünf Jahre später gezwungen war, um einen Halbton zu transponieren: Ist das Ihrer Ansicht nach in Ordnung? Was war geschehen? Ganz einfach: sie haben durch die Belastung der Mittellage ihre Stimme vergrößert und dabei die hohen Noten verloren. Normal ist das nicht. Ein Tenor, der auf sich hält, muß immer über das C verfügen können.*

Die Möglichkeiten von Gruberovas dynamischer Bandbreite sind enorm. Die Stimme ist nicht unbedingt als „groß" zu bezeichnen, aber was will das schon heißen? Sie ist nämlich, wie bereits oben ausgeführt, äußerst Oberton-energiereich, und das ist eine der wesentlichsten Voraussetzungen für eine gute Tragfähigkeit, die im Theater viel entscheidender ist als die in Dezibel meßbare Lautstärke! Gerade in großen Räumlichkeiten wie der Metropolitan Opera oder den japanischen Konzerthallen hat sich gezeigt, daß die Sängerin auch noch in der dynamisch tiefsten Stufe des *piano* Zuhörer in der letzten Reihe erreichen kann. Wieviele der Verdi- und Puccini-Sängerinnen auf Schallplatte sind, sobald sie eine Bühne betreten, schon in der 4. Reihe kaum mehr zu hören! Gerade das *piano*-Register Gruberovas ist von einer unerhörten Tragfähigkeit und dazu von einer Vielstufigkeit, wie es nur ganz wenigen Sängerinnen der letzten Jahrzehnte zur Verfügung stand. Dies ist natürlich auch gleichzeitig eine der wichtigsten Voraussetzungen für den klassisch-romantischen Belcanto-Gesang. Anläßlich einer Preisverleihung für Leonie Rysanek in Paris fragte man die damals 60jährige, wer von der jüngeren Generation für sie wohl heute als Sänger vorbildhaft wirke. Ihre Antwort lautete: Edita Gruberova. Und sie ließ die Journalisten wissen, daß sie die Kollegin während einer Aufführung von *I Puritani* an der Metropolitan Opera von der Seitenbühne aus beobachtet und ihre Darstellung als geradezu frappierend empfunden hätte. Rysanek hob dabei insbesondere das *piano*-Register hervor: *Man glaubt als Zuhörer, jetzt geht es nicht mehr weniger, aber sie diminuiert noch immer ...* Tatsächlich verfügt Gruberova heute über das „größte" *piano* unter den Sängern. Und das ist der Grund, weshalb auch ihr *forte* so klangvoll ist. *Ein Sänger, der nicht über ein echtes Piano verfügt*, betont sie, *ist auch nicht fähig, ein richtiges Forte zu singen*. Montserrat Caballé, Zinka Milanov oder Rosa Ponselle, sie verfügten über dieses intensive *piano*. Heute werden feine Abstufungen des Volumens leider immer seltener.

Über Edita Gruberovas Stimmfarbe ist immer wieder Unterschiedlichstes gesagt und geschrieben worden. Hier sind wir an einem Bereich angelangt, der sich der Verwendung ausschließlich gesangstechnischer Parameter zu entziehen beginnt. Zu unterschiedlich ist die Wirkung auf verschiedene Hörer, als daß hierfür eine verbindliche Aussage gemacht werden könnte. Gruberova glaubt, als Koloratursopran zur Erzeugung von Ausdruck mehr Arbeit aufwenden zu müssen als die meisten ihrer Kolleginnen. Auch Elisabeth Schwarzkopf erklärte in einem Interview mit den Freunden der Wiener Staatsoper ihrem Gesprächspartner Volkmar Parschalk:

> *... mein Mann hat mir eigentlich ... aus einer Art Silberstimme eine Klangphantasie erweckt, die ich vorher nicht gehabt hab'. Ich war da weit hinterher, hinter vielen Kollegen. Ich weiß zum Beispiel, die Irmgard Seefried, die hat von*

Anfang an diesen kolossalen Ausdruck immer gebracht – bei mir ist's dann erst später gekommen ... Der eine hat's, und der andere kriegt's halt mit Gottes Hilfe und der vieler fabelhafter Freunde und Lehrer und solcher Menschen wie meinem Mann.

Edita Gruberovas Stimme hat nichts von der so eigentümlichen Englischhorn/Bratschen-Farbmischung einer Callas, auch nichts vom pastellhaft verhangenen Flöten-Ton einer Sutherland; es ist ein hellerer, glänzender Violinton, der sich freilich in den 25 Jahren aktiven Singens erstaunlich verändert hat und mittlerweile auch dunkle und samtige Farben zu malen weiß. In der dramatisch eingesetzten Höhe nähert sich der Klang durchaus jenem metallischen von Montserrat Caballé und könnte auch gut mit einer Bach-Trompete verglichen werden. Die Sängerin versteht es auch immer besser, ihrer Stimme ganz spezifische instrumentale Farben zu verleihen: Wie sie sie etwa im Auftakt von Elisabettas Phrase *Le delizie della vita* aus *Roberto Devereux* mit dem Klang der beiden Klarinetten buchstäblich zu verschmelzen weiß, ist einzigartig. Wie ihre Mittellage inzwischen überhaupt sehr oft diese dunklere und runde Klarinetten-Farbe annimmt. Es ist von manchen Seiten behauptet worden, ihre Stimme wäre „kalt". Und Hand in Hand damit ging die Schlußfolgerung, daß auch ihr Vortrag wenig Ausdruck besäße. Es bleibt ein heikles Unterfangen, zu solchen (Vor-)Urteilen objektiv Stellung zu nehmen. John Steane weist auf das Faktum hin, daß es hohe Sopranstimmen von vorneherein viel schwerer hätten, „Wärme" zu erzeugen. Folgt man den gängigen Beurteilungsmustern, so ist der serene und dennoch farbige Klang von Gruberovas Stimme für sich betrachtet kein „warmer". Außer, daß sie enorm musikalisch ist, kennt sie zudem eben genau jene Mittel, die notwendig sind, um expressiv und klangmalerisch zu musizieren. Klaus Scherer hält Umschreibungen wie „kalt" oder „warm" überhaupt für problematisch. Seiner Meinung nach handelt es sich hierbei um *reine Assoziationen, in denen viel mehr an Wertung steckt, als gerechtfertigt ist*. Mangels einer vernünftigen Terminologie sind solche Vergleiche aber natürlich notwendig. Scherer bezeichnet Gruberovas Stimme als „außergewöhnlich rein", und das hänge mit der bereits angesprochenen Tatsache zusammen, daß sie in den hohen Frequenzbereichen extrem energiereich ist. Diese Reinheit ist nach Scherer aber auch *durch ihre perfekt koordinierte Phonation der Stimmbänder* verursacht.

Die sogenannte weiße Stimme – ein Kopfregister-Klang ohne nötige Mischung und Vibrato – setzt Gruberova nur punktuell als Ausdrucksmittel ein und folgt damit wohl genau den Absichten von Luisa Tetrazzini:

Die „weiße Stimme“ muß umfassend verstanden werden und ist eine der vielen tonlichen Nuancen, die ein Sänger manchmal verwenden kann, genauso, wie die Impressionisten verschiedene ungewöhnliche Farben verwenden, um bestimmte atmosphärische Effekte zu erzielen. In der Wahnsinnsszene der Lucia zum Beispiel suggeriert die „weiße Stimme“ das Gestammel des geistverwirrten Mädchens, so wie sie im letzten Akt der Traviata oder Bohème physische Erschöpftheit und das Nahen des Todes evoziert.

Auch Gruberova hat diesen Effekt vor allem immer wieder in Sterbeszenen verwendet, etwa in jener von *Rigoletto* und *Manon,* aber auch in den Wahnsinnsarien der *Linda di Chamounix* und *Anna Bolena*.

Ein Lieblingsthema vieler Autoren von Büchern oder Publikationen über Oper ist es, Vergleiche zwischen Sängern verschiedener Epochen anzustellen, wobei das Ergebnis meistens zugunsten des Vorgängers ausfällt. Es ist schwierig, die Standards im Singen von damals und heute zu vergleichen. Callas wird oft mit Giuditta Pasta in Zusammenhang gebracht, Joan Sutherland mit Giulia Grisi, Marilyn Horne mit Marietta Alboni. Horne hatte sogar das Gefühl, die Alboni in einer früheren Inkarnation zu sein. Eine Sängerin die Gruberova „gegenübergestellt“ werden könnte, ist Jenny Lind, die schwedische Nachtigall des 19. Jahrhunderts. Natürlich muß dies rein hypothetisch verstanden werden, denn es gibt kein einziges Tondokument dieser Sängerin. Wir können uns heute lediglich auf schriftliche Überlieferungen stützen. Lind zog sich schon im Alter von 29 Jahren von der Bühne zurück. Bis dahin hatte sie bereits schwere Rollen wie Norma, Giulia in Spontinis *La Vestale* und Donna Anna in Mozarts *Don Giovanni* gesungen. Gruberova sang Donna Anna nicht vor ihrem 40. Lebensjahr, wird sich an Norma nicht so schnell heranwagen und wird auch ganz bestimmt nie die Spontini-Oper singen. In einer Beschreibung von Jenny Lind durch Henry Chorley gibt es allerdings dennoch auffallende Parallelen zur Gruberova. Er schrieb, daß der obere Bereich von Linds Stimme

reich, brillant und kraftvoll war. Am besten sogar im höchsten Bereich. Man kann sagen, daß Fräulein Lind die Atemtechnik in höchster Perfektion beherrschte, daß sie ihren sehr langen Atem in jeder Klangschattierung vorteilhaft einsetzen konnte, und so, indem sie die höheren Noten abdämpfte und ihre tieferen mit großer Sorgfalt sang, konnte sie die Disproportion ihres Organs verbergen. Ihr Vortrag war großartig, und so, wie es immer der Fall ist mit Stimmen, die von Natur aus kleiner sind, schien sie viel größer, als sie es tatsächlich war. Ihr Triller (eine Tugend, die seit Neuestem auf lächerliche Weise vernachlässigt wird) war echt und brillant, ihr Geschmack bezüglich Ornamentation wirklich originell. Sie verwendete ihre pianissimo-Töne so, daß sie dem Effekt des Bauchredens ähnlich waren. Mit jeder Note, die sie sang, mit jedem Takt, den sie lieferte, konnte man eine begabte und gewissenhafte Musikerin erkennen.

Das vielleicht Überraschendste an Chorleys Ausführungen über Linds Stimme sind die *pianissimo*-Töne, die einen Bauchredner-Effekt hatten. Mit diesem Vergleich assoziiert man sofort das „wie aus dem Nichts kommende" *piano* Gruberovas.

Obwohl ihr ureigenstes Terrain die Höhe ist, beträgt ihr Tonumfang drei Oktaven, ausgehend vom sogenannten kleinen g bis hin zum g''' in Mozarts Konzertarie *Popoli di Tessaglia*. Letzteren Ton hat Gruberova als *gesanglich nicht mehr formulierbar* bezeichnet, wie für sie die „Stratosphäre" der dreigestrichenen Oktave überhaupt ein Bereich ist, der sich der Produktion des natürlichen musikalischen Ausdrucks prinzipiell entgegenstellt. Es ist jene Stimmetage, die von den Belcantisten Bellini und Donizetti eigentlich kaum gefordert wird. Die inzwischen obligat gewordenen Acuti am Ende von Arien oder Ensembles sind zumeist von den Interpreten selbst eingefügt. Richard Strauss hingegen verwendet den Bereich der dreigestrichenen Oktave sensuell, als Expression von Zerbinettas sexueller Ekstase. Gruberova hat mit ihrer Darstellung dieser Partie widerlegt, daß sich in diesem Bereich nur Artifizielles produzieren läßt, und wie keine vor ihr demonstriert, wie „musikalisch-empfindsam" diese Stimmregion letztlich doch sein kann.

Vor allem Koloratursopranistinnen müssen sich oft Kritik an ihrer nicht immer deutlichen Textartikulation gefallen lassen. Obwohl André Tubeuf meint, daß Gruberova die einzige wäre, die imstande sei, selbst in der unsingbarsten Tessitur die Worte noch zu artikulieren und ihnen Bedeutung zu verleihen, ist auch sie von einer solchen Kritik nicht verschont geblieben. Joan Sutherland hat sich verteidigt, indem sie von der sehr unnatürlichen Lage sprach, in welcher hohe Soprane ihre Töne produzieren müßten. Das ist sicherlich ein Faktum, das berücksichtigt werden muß, aber keineswegs eine vollständige Entschuldigung. Vor allem in den Klavierliedern, um deren ausdrucksvollen Vortrag sich Gruberova mit Erfolg bemüht, ist gelegentlich ein Defizit an deutlich artikuliertem Wortakzent zu verzeichnen. Natürlich haben es Mezzosoprane viel leichter: Ihre Stimmlage ist der des natürlichen Sprechens am nähesten; aber dennoch ist dies ein Punkt, in welchem die Sängerin nicht aufhören darf, sich einer strengen Selbstkontrolle zu unterziehen.

In Gruberovas vokalen Darstellungen ist Callas' Aufmerksamkeit gegenüber dem dramatischen Aspekt ebenso zu finden wie die phantastische Virtuosität der Sutherland oder die feinen, unzähligen Graduierungen der dynamischen Register von Caballé. Und doch sind diese Charakterisierungsversuche durch Vergleiche so überflüssig wie schlecht, weil das Wichtigste dabei ausgeschaltet wird: die Unverwechselbarkeit der Persönlichkeit. Die Art ihres Singens ist ganz und gar „unveristisch". Intellektuelle Kalkulation hält sich mit emotionalem Empfinden die Waage. Die Frage, ob ein nachschöpfender Darsteller auf der Bühne von dem dargestellten Charakter selbst berührt sein muß, ist oftmals gestellt worden. Gruberova spricht davon, auf der Bühne im *Kreis der öffentlichen Einsamkeit* zu stehen. *Wir wären keine Musiker, würden wir nicht selbst oft ergriffen, ja übermannt werden von Musik, Worten und Drama. Aber es ist die mit dem Gehirn kontrollierte Emotion, auf die es ankommt. Richard Strauss sagte einmal, daß der Kopf, der den Tristan komponiert hat, kalt wie Marmor gewesen sein muß! Das besagt eigentlich alles!*

Gruberova wird manchmal wegen ihrer großzügigen Verwendung des Portamento kritisiert. Unter Portamento versteht man *die gleitende Verbindung zwischen zwei Tönen* (Fischer-Dieskau). Vor allem Callas bestand in ihren „Master Classes" immer wieder auf der Verwendung von Portamenti, die gewissermaßen zur musikalischen Idiomatik gehören. Für Gruberova gehört es zur *Sprache eines bestimmten Stiles, wo und wieviel Portamento gemacht werden kann.* John Steane hat einen Interpretationsvergleich des Schubert-Liedes *Gretchen am Spinnrade* angestellt und dabei die stilistische Bedeutungswandlung des Portamento aufgezeigt, die in den Wiedergaben durch Emma Eames, Johanna Gadski, Dusolina Giannini, Kathleen Ferrier, Elisabeth Schwarzkopf und Lisa Della Casa festzustellen ist. Gleichwohl: Definieren läßt sich, wie auch Ornamentation oder Kadenzierung, sein richtiger Gebrauch nicht. Primär sollte es wohl für die italienische Opernmusik eingesetzt werden. Bei Richard Strauss etwa wirkt es geradezu wie ein Stilbruch. Gruberova verweist auf Leonie Rysaneks Darstellung der *Ariadne*, die neben vielem anderen auch deshalb so einzigartig unsentimental gewesen war, weil dort praktisch keine Anwendung des Portamento zu finden war, wodurch sich Wort und Ton viel besser die Waage gehalten haben. Worüber sich nicht streiten läßt, ist die Tatsache, daß Gruberova Noten gelegentlich von unten her „anschleift." Das ist eine vokaltechnische Unachtsamkeit, die ihre Ursache in mangelnder Selbstkontrolle haben dürfte.

Bemerkenswert im Zusammenhang mit dem Portamento erscheint ihr Umgang mit den acuti, die mit der vorangehenden tieferen Note praktisch immer *legato* gesungen, also verbunden werden! Sowohl in historischen als auch in zeitgenössischen Tonaufnahmen wird man lange suchen müssen, um auf dieses Merkmal zu stoßen, falls es überhaupt ein zweites Mal existiert. In der Regel geben die Sänger den hohen Schlußnoten eine neue Attacke, separieren sie also von der vorhergehenden. Das spart Kraft für den hohen Ton selbst, wirkt aber rein musikalisch wie aus dem Kontext gerissen. Natürlich ist es so auch um vieles einfacher. Auch Cheryl Studer äußerte in einem Interview mit dem Magazin *Opera Now*, hohe Noten generell lieber im *staccato* zu nehmen, als sie zu verbinden, und fügte hinzu, „stratosphärische" Töne auch nicht gerne zu halten. Belcantistische Ansprüche liegen aber eben gerade in diesem Aspekt sehr hoch, und ein Sänger der sich einer Donizetti- oder Bellini-Oper stellt, wird um die Erfüllung solcher Anforderungen nicht umhin kommen. Bei Gruberova erscheint der melodiöse Legato-Effekt auch ein Mehr an Ausdruck zu bewirken. Die letzten Takte der ersten Violetta-Arie sind ein sehr schönes Beispiel: Praktisch alle Interpretinnen der Violetta lassen in den Aufführungen vier Takte vorerst einmal ganz aus, um genügend Kraft für das es''' zu haben, das wiederum vom vorausgehenden g'' abgesondert attackiert wird. Gruberova singt besagte vier Takte nicht nur voll aus, es genügt ihr auch nur ein kurzes Einatmen, um im Legato vom g'' zur es'''-Fermate zu gelangen. Sie singt diese acuti übrigens oft auf die selbe Art an, wie es Milanov tat, nämlich mit einem leichten dynamischen Anheben und Anschwellen, ähnlich einem Einschwing- oder Einblendvorgang. Ihrer Meinung nach müssen alle interpolierten hohen Noten dramatisch bedingt sein. Sie war während der Aufnahme zu *Rigoletto* unter Giuseppe Sinopoli sofort einverstanden, auf das abschließende des''' am Ende des Duettes mit dem Duca zu verzichten: Die beiden Liebenden werden während ihrer Annäherung unterbrochen und müssen schnell auseinander. Der tiefere, von Verdi notierte Schluß gibt die dramatische Situation viel eindringlicher wieder, denn er hat keine derart heroisch-positive Wirkung. Als Riccardo Muti erstmals seine *Rigoletto*-Version an der Wiener Staatsoper umsetzte, die auf Acuti zur Gänze verzichtete, mochten das die Wiener allerdings überhaupt nicht leiden und bedachten den italienischen Stardirigenten mit wildem Buh-Geheul. Wenn Gruberova eine hohe Note einsetzt, so läßt sie deren Wirkung immer einzig von der jeweiligen dramatischen Situation abhängen. In der Wahnsinnsszene der Lucia erklimmt sie zweimal das es'''. Das erste, das die Flötenkadenz abschließt, nimmt sie oft zögernd und leise schwebend. Hier ist Lucia in einem verwirrten Selbstgespräch. Das zweite, wenige Minuten später, ist dann ein eklatanter Schrei der Verzweiflung.

Gruberova hat erst Anfang der 90er Jahre begonnen, auch in Fragen der Auszierungen ein eigenes Profil zu entwickeln. Hatte sie zu Beginn meistens Kadenzen von Sängerinnen der letzten Jahrzehnte übernommen (was durchaus legitim ist), so begann sie zu dieser Zeit, sich eigene Motive und

Figurationen zurechtzulegen. In einer Aufführung aus dem Moment heraus zu improvisieren, wie dies früher üblich gewesen war, ist heute wohl kaum mehr vorstellbar. Ja es wäre auch ziemlich gefährlich, weil es vom Sänger ungeheure Gewandtheit und genaue Kenntnis der rhetorischen Formeln des 18. und 19. Jahrhunderts voraussetzt. Speziell im Falle von Bellini warnte Richard Bonynge davor, eigenmächtig auszuzieren:

> *Dies ist eine Angelegenheit des Studiums und der Kenntnis aller Werke von Bellini ... Ich habe einen Zugang zu ihnen, weil ich sie oft aufgeführt habe ... wenn ich Ornamente für Bellini schreiben möchte, dann tue ich dies einfach aus dem Kopf ... der Stil des Komponisten diktiert die Art der Ornamentierung, denn wenn man sie so schreibt, als hätte man sie selbst geschrieben, dann ist sie falsch – und wenn sie klingt, als wäre sie hineingeschoben, dann ist sie falsch. Sie muß klingen, als wäre sie vom Komponisten selbst für genau die Stimme geschrieben, von der sie gesungen wird.*

Bonynge hat übrigens unter dem Titel *The Art of Joan Sutherland* sechzehn Bände mit Arien herausgegeben, zu denen er unter Berücksichtigung der Traditionen des 18. und 19. Jahrhunderts selbst die Kadenzen und Variationen verfaßt hat. Für Interessenten historischer Aufführungspraxis eine wahre Fundgrube!

Edita Gruberova hat in ihrer Generation bereits viel zur Erneuerung des Belcanto-Repertoires beigetragen. Diese Wiederbelebung hat sich in den letzten Jahren überhaupt sehr stark beschleunigt. Es gibt heute mehr Sänger denn je, die sich eifrig mit den lange vernachlässigten Werken von Bellini, Donizetti und Rossini beschäftigen. Indem sie dort fortsetzten, wo Leila Gencer, Joan Sutherland, Montserrat Caballé und Marilyn Horne aufgehört hatten, erzielt inzwischen eine ganze Reihe von Sopranistinnen und Mezzosopranen große Erfolge, nicht nur mit den geläufigen, sondern auch mit den weniger bekannten Opern dieser Komponisten. Und das Hervortreten von Tenören mit außergewöhnlicher Beweglichkeit und gutem Stimmumfang kommt einer echten Wiedergeburt gleich. Samuel Ramey hat die erstaunliche Leistung vollbracht, sich als einzigartiger Koloraturbaß mit unglaublicher Virtuosität zu etablieren. Dies läßt hoffen, daß vor allem auch die nächsten Sängergenerationen wieder beginnen, sich mit Gesangsschulen, Stimmtradition und historischer Aufführungspraxis intensiv auseinanderzusetzen. Gruberova hat immer wieder beanstandet, wie viel auf der Bühne *geschrien und gedrückt* würde. *Je lauter die anderen singen, desto leiser werde ich.* Dieses ihr Motto – ist es nicht ein Alarmzeichen?

Das Arienrecital

Es ist nur allzu oft konstatiert worden, daß das wunschkonzertartige Aneinanderreihen von Szenen und Arien, die praktisch immer aus dem dramatischen Zusammenhang gerissen werden, unkünstlerisch sei. Dieser Vorwurf mag nicht unbegründet sein. Gruberova ist in den letzten Jahren schon alleine deshalb äußerst behutsam bei der Zusammenstellung von solchen Programmen vorgegangen. Ihre Solo-Abende und Schallplattenrecitals mit Orchester waren nämlich anfangs noch ziemlich bunt zusammengewürfelt. Unter dem Titel *Berühmte Opernarien* hatte Orfeo 1985 ein Recital veröffentlicht, das mit Ausnahme einer Arie aus *La sonnambula* tatsächlich aber nur Raritäten versammelte, so etwa die (um einen Ton höhere!) Urfassung der Zerbinetta-Arie oder *Vanne t'affretta* aus Mozarts *Lucio Silla*. Irritierend war 1985 auch der Titel *Virtuose Arien* für ein Album bei EMI gewesen. Hier waren zum einen Stücke kombiniert, die man mitnichten als „virtuos" bezeichnen möchte, andererseits schienen einige der Arien überhaupt nicht in das Repertoire Gruberovas zu gehören: *Dove sono*, die Arie der Contessa aus *Le Nozze di Figaro*, oder *Wie nahte mir der Schlummer*, die Arie der Agathe aus *Freischütz,* machten sich neben *Casta diva* aus *Norma* oder der letzten *Sonnambula*-Arie ziemlich seltsam aus. Der Grund für diese Programmzusammenstellung lag darin, daß dieses Album ursprünglich als eine „Hommage an Jenny Lind" gedacht war, die diese Opern gesungen hatte. Weshalb EMI diesen Titel zu guter Letzt nicht auf dem Cover abgedruckt hat, bleibt wohl ihr Geheimnis. Diese Aufnahmen dürften die am wenigsten gelungenen der Sängerin sein. Es war vor allem die Wiedergabe von *Casta Diva* aus Bellinis *Norma*, die, und das wohl zu Recht, auf starke Kritik gestoßen ist. Um nur gleich eines vorwegzunehmen: Aus dieser Panne zu schließen, Gruberova würde Norma niemals singen können, wäre falsch. Im übrigen ist *Casta Diva* für sie wahrscheinlich der leichteste Teil der ganzen Oper überhaupt. Daß er für besagte Aufnahme so gar nicht gelingen wollte, ist ein anderes Problem. Genaugenommen handelt es sich um die Cabaletta *Ah! bello a me ritorna*. Gruberova singt hier die Koloraturen auf eine Weise, wie sie es nie zuvor oder danach getan hat. Der Effekt des „Jodelns" stellt sich ein – die einzelnen Figuren sind nicht wie sonst immer sauber voneinander getrennt und deutlich ausgesungen. Weshalb das so ist, muß hier unbeantwortet bleiben – auch die Sängerin selbst hat kein Hehl daraus gemacht, daß die Aufnahme mißlungen sei. *Die Norma-Arie ist einfach völlig danebengegangen; sie ist wahrscheinlich das Schlechteste, was ich jemals auf Platte gebracht habe.* Auch sonst überzeugt diese Aufnahme nur sehr bedingt. Die *Freischütz*-Arie ist von Lage und Timbre her einfach überhaupt kein Stück für sie. Und mit der Contessa konnte sich Gruberova ohnehin nie anfreunden, auch nicht, als Nikolaus Harnoncourt einige Jahre später die Einladung aussprach, sie mit ihm auf Platte einzuspielen. *Ich brauche Opern, in denen ich meine besonderen Mittel einsetzen kann*, sagt sie einsichtig, bereut es aber dennoch nicht, auch einmal ein paar Arien gesungen zu haben, in denen sie nicht „ihre Sprache" sprechen konnte.

Für ausgezeichnet gelungen halte ich, vielleicht mit Ausnahme der Arien aus *Ernani* und *I Vespri Siciliani*, das 1988 aufgenommene Recital bei CBS/Sony mit Chor und Orchester der Tschechischen Philharmonie Prag. Für die beiden Verdi-Stücke fehlten Gruberova natürlich die Farbe und der spezifische Charakter in der Stimme. Das weiß sie aber selbst am besten, denn sie hat nie auch nur im geringsten darauf bestanden, auch als „Verdi-Sängerin" akzeptiert zu werden. Man spürt, wie sie hier versucht, dieses Farb- und Kraft-Defizit durch sehr gedehntes Aussingen auszugleichen. Die Beiträge von Donizetti und Bellini hingegen rücken sie wiederum in das ihr gebührende Licht. Die Schluß-Szene aus *Maria Stuarda* hat eine schöne Innenspannung, die Dichte der Atmosphäre ist vorhanden. Von ausgesuchter Delikatesse ist *Son vergin vezzosa* aus *I Puritani* von Bellini, das mit federnder Eleganz gesungen ist.

Relativ spät, erst Anfang der 90er Jahre, begann Gruberova, ihren Konzert- und Plattenprogrammen sinvolle Zusammenhänge zu verleihen. So gab es etwa Recitals, die sich ausschließlich aus Wahnsinnsszenen italienischer und französischer Opern zusammenfügten: *I Puritani*, *Il Pirata*, *Anna Bolena* und *Hamlet*. Andere wiederum brachten die Kombination mehrerer Szenen von Donizettis Tudor-Königinnen. Als Hommage an das „golden age" hatte es schon 1983 das bei Orfeo erschienene Album *Die Kunst der Koloratur* gegeben. Hier waren jene „Kunststücke" versammelt, die wir heute auf zahlreichen Aufnahmen einer Tettrazini, Ivogün, Pons oder Ponselle hören können. Als das japanische Management NBS im Jahre 1993 anläßlich von Gruberovas 25jährigem Bühnenjubiläum ein „Gruberova-Festival" veranstaltete, bildete dieses Repertoire erneut eines der Konzertprogramme. Das bereits wenige Monate später bei Nightingale veröffentlichte Recital (*The Anniversary Concert*) zählt heute fraglos zu den besten der Sängerin. Besonders erwähnenswert ist die Wiedergabe der Glöckchenarie aus Delibes' *Lakmé*, ihrer vierten Tonaufnahme des Stücks. Sie ist die musikalisch bewegendste aller Versionen, weil sie einen in vielen Details innigen und rhetorischen Vortrag präsentiert. Welch klanglicher und musikalischer Unterschied im Vergleich zur Einspielung des Stückes 10 Jahre zuvor (EMI)! Besondere Erwähnung verdient der H-Dur-Dreiklang der die Phrase *Elle passe sans bruit et riant à la nuit* abschließt. Hier ist demonstriert, wie sehr die Stimme sich in die Instrumente des Orchesters einblenden kann: Mit den beiden Flöten geht sie eine klangliche Einheit ein, die frappierend ist. Auch im übrigen Programm zeigt sich Gruberova auf einem Höhepunkt ihrer vokalen und darstellerischen Möglichkeiten. Man begegnet interessanten Raritäten wie der Vokalise *Le rossignol et la rose*, einer 5 Minuten langen, wie eine Meditation anmutenden Komposition von Saint-Saëns. In den vergangenen Jahrzehnten hatte sich einzig Rita Streich dieses fast spiritistischen Stücks angenommen. Gruberova erklärte, sich für die textlose Komposition eine Geschichte vorzustellen, um dem Zuhörer einen Sinn hinter diesen Tönen zu suggerieren. Meyerbeers *Ombre leggiere*, sein berühmter „Schattentanz", ist durch eine prominente Reihe von Sängerinnen, darunter Tetrazzini, Galli-Curci, Callas und Sutherland, tondokumentarisch belegt. Gruberova verzichtete hier erstmals auf eine Flötenkadenz, weil dieses Instrument im Stück selbst nicht dominiert und sie es als kunstvoller erachtete, die „Schatten-Spiele" allein mit der Singstimme darzustellen. Ihr Vortrag in Benedicts *The gipsy and the bird* ist frisch, freudig und doch so voller Anmut. Entzückend auch der Walzer aus Gounods *Mireille*, der einst ein Paradestück von Lily Pons gewesen war. Gruberova nimmt dem Stück jedwede vordergründige Brillanz, singt ausgeglichen und mit wunderbarer Geschmeidigkeit. Eine absolute Rarität ist die Lach-Arie (*L'éclat du rire*) der Manon aus Aubers heute völlig vergessener Oper *Manon*, eine Studie von Ausdruckvaleurs, die vor allem in der 2. Strophe ihren Höhepunkt erlebt. Von Amelita Galli-Curci gibt es eine charmante (und durch die nicht akzentfreie Aussprache des Französischen eigentümlich „pikant" wirkende) Aufnahme dieses Stückes aus dem Jahre 1917. Auch wenn sich die Aufnahmen aufgrund ihrer großen zeitlichen Distanz nicht wirklich vergleichen lassen, so ist doch eines leicht feststellbar: Gruberovas Vortrag wirkt (im Gegensatz zu ihrer Vorgängerin) in jedem Moment wie improvisiert, alles scheint im Augenblick erfunden, weil sie eine Rubato-Kultur einsetzt, die gleichzeitig zu erkennen gibt, wie sensibel das Orchester unter Friedrich Haider hier mitgestaltet. (Das Stück dürfte – so vorgetragen – nicht einfach zu begleiten sein.) Bei Galli-Curci hört man die Taktstriche, bei Gruberova scheinen sie mitunter fast aufgehoben. Es gelingt ihr, in den Tönen zu lachen, und sie demonstriert damit einmal mehr, wie Koloraturen in Form von einfachen

PREIS
DER DEUTSCHEN
SCHALLPLATTEN
KRITIK

Die Juroren des

PREISES
DER DEUTSCHEN SCHALLPLATTENKRITIK

werten die Tonaufnahme

Jubiläumskonzert Edita Gruberovâ

Tokyo Philharmonic Orchestra
Friedrich Haider

Nightingale/Koch NC 090560-2

als eine der künstlerisch herausragenden
Neuveröffentlichungen des Tonträgermarktes
im vergangenen Quartal
und zeichnen sie daher durch Aufnahme in ihre

VIERTELJAHRESLISTE

1/1994 aus.

München/Hamburg, am 1.3.94

Für die Jury:

Der Vorsitzende

Der Sekretär

Preis der deutschen Schallplattenkritik e.V.
Sekretariat
Am Gehölz 67, 2000 Norderstedt

Dur-Tonleitern in sinnvollen Ausdruck umgesetzt werden können. Sie spielt förmlich mit den Worten, scheint sich um deren eigenen Klang zu schmeicheln. Der absolute Höhepunkt allerdings, für den allein es sich lohnt, diese Compact Disc seiner Sammlung einzuverleiben, ist die Interpretation von Leonard Bernsteins *Glitter and be gay*, dieser hochvirtuosen, brillanten Arie aus seiner komischen Operette *Candide*. In Amerika ist dieses Stück äußerst populär (es ist die amerikanische „Glöckchenarie" der Gesangsstudentinnen), in Europa mußte die Gruberova erst auf dessen Existenz aufmerksam gemacht werden. Es war zu erwarten gewesen, daß das einzige Problem für sie die korrekte Aussprache des Englischen (bzw. Amerikanischen) sein würde, was vorerst auch der Grund ihres Zögerns gewesen war, sich das Stück zu erarbeiten. In Barcelona nützte sie dann aber die Dienste eines amerikanischen Korrepetitors, der sie mit der Idiomatik des Stückes *bis an den Rand der Verzweiflung* quälte, und es ist ihr schließlich eine fesselnde Wiedergabe gelungen, die sich ironisch und ernsthaft, quirlig und sanft, verträumt und energisch zugleich gibt. Wie die Gruberova sich durch manche Lach-Passage „gluckst" oder manche Töne in der Art amerikanischer U-Musik über-ironisch von unten nach oben zieht, ist schlichtweg einmalig. Wenn das nur „Lenny" gehört hätte! Das englische Magazin *Opera now* zeigte sich gerade von diesem Stück hellauf begeistert:

> *„Glitter and be gay" aus Candide – ein Stück das sie wirklich mit Gusto singen kann und das ihr die Möglichkeit verschafft, eine ausgelassene Broadway-Mundart zu wagen, bevor sie mit farbenprächtigen Koloraturen loslegt ... Dieses gut aufgenommene Recital ist außergewöhnlich und darf als Liebhaber-Sammlerstück betrachtet werden.*

Als *eine der künstlerisch herausragenden Neuveröffentlichungen des Tonträgermarktes* wurde diese inzwischen vielfach verkaufte und hochgepriesene Aufnahme im März 1994 mit dem „Preis der Deutschen Schallplattenkritik" ausgezeichnet – eine für ein Arienrecital sehr seltene Anerkennung. Es ist das erste Mal, daß man Edita Gruberova mit dieser begehrten Urkunde bedacht hat, und sie ist eine nach 25 Jahren aktiven Singens mehr als verdiente Würdigung ihrer hohen Künstlerschaft und Hingabe an die Kunst.

Die Liedsängerin

Zu den erfüllendsten Momenten ihres künstlerischen Wirkens gehören für Edita Gruberova seit Jahren die Liedvorträge. Sie ist von deren großen Einfluß auf den gesanglichen Ausdrucksbereich überzeugt und betrachtet diese Aktivität als ebenso wichtig wie die Oper. *Lieder haben einen äußerst hohen Stellenwert für mich. Ich kann Sänger nicht verstehen, die sich mit dieser Materie nicht beschäftigen oder meinen, das wäre ausschließlich etwas für die „reiferen" Jahre der Entwicklung. Man kann auf diesem Feld überhaupt nicht früh genug beginnen. Mit dem Liedstudium einzusetzen, wenn die Opernkarriere gerade zu Ende geht, ist mit Sicherheit zu spät.*

Wo, so muß man sich wirklich fragen, könnte man das Wesen von Phrasierung und expressiver Formulierung besser erlernen als bei der Interpretation von Liedern! In einem Gespräch mit den Freunden der Wiener Staatsoper sagte Elisabeth Schwarzkopf über das Phänomen des Liedgesanges:

> *... ich darf wohl aus meiner Erfahrung sagen, daß man für das Liedersingen eine noch feinere Technik braucht als fürs Opernsingen, denn bei der Oper kommt man unter Umständen mit einer Position in der Stimme aus und einer Farbe zurecht, nicht aber, wenn man einen Liederabend singen muß. Dann muß man sehr viele Farben finden ...*

Das stimmt nur bedingt, denn in welcher Oper kommt ein Sänger mit nur einer Position in der Stimme aus?! Der wesentliche Punkt ist jedenfalls, daß diese Position während eines Liederabends eben viel öfter (und schneller) gewechselt werden muß als in der Oper.

Die Scheu vieler Sänger, sich mit Liedvorträgen einem Publikum zu stellen, ist hinsichtlich der Entwicklung von Stil und Persönlichkeit sicherlich ein schwerer Nachteil. Während viele Sänger guten Geschmack und Musikalität mitbringen, fehlt es den meisten letztlich doch an Präsenz und Individualität. So ist man heute bei Liedvorträgen zwar durchaus mit korrektem und schönem Singen konfrontiert, nur selten aber mit Identifikation und Tiefe. Es ist in jeder Hinsicht schwieriger, mit einem Liederabend zu reüssieren, als auf der Opernbühne: Lieder sind äußerst subtil gezeichnete poetische Skizzen, die nur ein sehr gewandter Interpret so übermitteln kann, daß keine Monotonie aufkommt. Liedsänger genießen die Freiheit und Kontrolle, die sie über ihre Recitals haben. Schon bei der Programmerstellung können sie ihre Phantasie spielen lassen und für die Vorbereitung so viel Zeit aufwenden, wie sie nur wollen.

Bereits in ihren Anfängerjahren an der Wiener Staatsoper hatte man die Gruberova für mehrere Liederabende in österreichischen Kleinstädten engagiert. Meist waren es Korrepetitoren gewesen, die sie damals begleitet hatten. Schon im Jahre 1975 begann sie dann die Zusammenarbeit mit Erik Werba, dem Altmeister unter den Liedbegleitern. Er ist es gewesen, der Gruberova gewissermaßen mit der „Grammatik" des Liedgesangs vertraut gemacht hat. Werba vereinnahmte die junge Sängerin aber mit der Zeit ein wenig zu sehr für sich, zog sie für viele mühsame und kaum ersprießliche Projekte heran. Für eine Feierstunde im Wiener Arnold-Schönberg-Haus vor einer Zuhörerschaft von nicht mehr als 20 Personen hatte Gruberova im Türrahmen zwischen zwei Räumen zu singen, während Werba von einem anderen Zimmer aus begleitete. Auch wollte der Pianist sie in zunehmendem Maße *für alle möglichen und unmöglichen Konzerte auf Burgen und Schlössern* heranziehen, jedesmal mit einem völlig neuen Programm, was ihr schließlich vom Arbeitspensum her zuviel wurde. 1982 wechselte sie dann zu dem Amerikaner Irwin Gage. Doch die Zusammenarbeit mit ihm beschränkte sich überhaupt auf nur vier Liederabende: das Recital-Debut an der Mailänder Scala sowie jeweils ein Konzert in Bonn, Wien und Salzburg. Es hatte sich nämlich schnell herausgestellt, daß beider Terminkalender zu voll war, um genügend Probenzeit zur gewissenhaften Vorbereitung zu finden. Gage wohnhaft in Zürich, Gruberova mit damaligem Wohnsitz in Wien – das ließ sich nur schwer vereinen. Und drei Probennachmittage wie für das Konzert bei den Salzburger Festspielen waren für die sich stets akribisch vorbereitende Liedsängerin Gruberova einfach entschieden zu wenig. Sie schien auch in diesem Feld den Ehrgeiz zu haben, ebenso Hochwertiges zu schaffen wie als Opernsängerin, und es ist ein erneuter Beweis ihres künstlerischen Strebens, das Schwierigste anzupeilen, wo sie doch mit Opernarien viel schneller und leichter hätte reüssieren können. Deshalb riet ihr Brigitte Fassbaender, sich doch einen eigenen Liedbegleiter heranzuziehen. Als sie sich daraufhin umzuhören beginnt, wird ihr gleich von mehreren Seiten der junge Dirigent Friedrich Haider empfohlen, der sich schon zu Zeiten seines Studiums an der Wiener Musikakademie den Ruf eines hochtalentierten Pianisten erworben hatte. Man beginnt mit dem Liedzyklus op. 48 von Richard Strauss, und Gruberova nützt auch Haiders dirigentische Qualitäten, indem sie mit ihm neue Bellini- und Donizetti-Opern einzustudieren beginnt. Aus dieser künstlerischen Partnerschaft ist auch eine private Verbindung entstanden, die die Sängerin nach Aussage von ihr nahestehenden Personen offener und zugänglicher gemacht hat. Diese Partnerschaft zeigt aber auch auf, wie wichtig die stetige Zusammenarbeit für ein organisches Wachsen eines echten Kammermusik-Duos ist: Die frühesten Rundfunkmitschnitte von Liederabenden oder auch die erste Liedplatte Gruberovas mit Haider (CBS) lassen noch recht wenig von jenem Eindringen in den Mikrokosmos der Liedminiaturen erkennen, das den beiden nun seit den 90er Jahren so überzeugend gelingt. Natürlich wird auch schon damals in vielen Details musikalisch gesungen und gespielt, aber was meistens noch fehlt, ist das gemeinsame Ausleuchten unzähliger musikalischer und sprachlicher Details. Wie Friedrich Haider dem Autor erklärt hat, war es vor allem das permanente Experimentieren, das Durchlaufen der vielen verschiedenen Ausdrucksmöglichkeiten während der Proben, was im Laufe der Jahre dazu geführt hat, miteinander eine individuelle Sprache zu finden. Gruberova spricht heute davon, in Friedrich Haider einen „großen Partner" gefunden zu haben: *Es gibt wahrscheinlich niemanden, der meine Stimme so gut kennt wie er. Deshalb sind mir seine Anregungen sehr wichtig, weil er immer sehr schnell weiß, was ich tun muß, um einen speziellen Klang oder einen bestimmten Ausdruck zu erreichen. Er ist auch zugleich mein bester Kritiker. Auf sein Urteil habe ich mich noch immer verlassen können!* Im Programmheft zu einem Liederabend von 1991 im Münchner Herkulessaal resümierte Claus-Dieter Schaumkell in seinem Einführungstext: … *Edita Gruberova scheint in Friedrich Haider nunmehr jenen kundigen und kompetenten Mentor ihrer künstlerischen Weiterentwicklung gefunden zu haben, der ihr genau im richtigen Moment auch die einzig richtigen Ratschläge zu geben und die entsprechenden Weichen zu stellen vermag.*

Haider hat sich inzwischen auch zu so etwas wie einem Geheimtip als herausragender Operndirigent etabliert. Wiederholt wurde er vor wichtigen Debuts (oder für das Studium neuer Partien) von Sängern aufgesucht, die sich von ihm musikalische Ratschläge einholten. Und die Organisatoren eines großen Gesangs-Wettbewerbes in Barcelona haben ihn sogar neben Joan Sutherland in ihre Jury berufen. Obwohl Haider seit 1984 praktisch alle Liederabende Gruberovas am Klavier begleitet hat, ist er aber als Dirigent (von einigen Ausnahmen abgesehen) einen von seiner Partnerin eher unabhängigen Weg gegangen, was für sein Selbstbewußtsein spricht. Seine Erfolge ließen inzwischen aufhorchen: Als knapp 30jähriger wurde er 1989 nach einem Dirigat an der Straßburger Oper zum Chefdirigenten dieses Hauses berufen und hat dort als einer der jüngsten Generalmusikdirektoren Europas vor allem auch immer wieder mit jungen Nachwuchssängern erfolgreich Opern erarbeitet.

Edita Gruberova betont immer wieder, wie lang der Weg zu einem Liedsänger mit spezifischer Charakteristik ist. An der Seite von Friedrich Haider gelangen der Sängerin inzwischen künstlerische Ergebnisse, die von Publikum, Kammermusikliebhabern und einem großen Teil der Presse wohl nicht zu Unrecht in die Reihe der großen Liedinterpretationen gestellt worden sind. Die Sängerin ist vor allem bei der Programmauswahl sehr vorsichtig geworden. Es braucht für sie nicht nur die richtige Lage (Lieder mit wirklich hoher Tessitur sind äußerst selten) sondern auch eine ihrem „Stimmnaturell“ entsprechende Atmosphäre. Dunkles, die elegische Schattierung, Schwermut oder Todesahnung sind im Lied (im Unterschied zur Oper) nicht für sie geschaffen. Kompositionen wie *Liebestreu* oder *Wir wandelten* von Johannes Brahms ist sie fast immer ausgewichen. Und die wenigen Versuche, diesen Liedern Gestalt und Farbe zu verleihen, sind nicht unbedingt geglückt. Bei Hugo Wolf hat sie sich ausschließlich auf dessen Mörike-Vertonungen konzentriert. Viele der feinnervigen, elfenhaft-huschenden und strukturell zart verästelten Kompositionen sind in Tessitur, Farbe, Gewicht und Sujet wie für sie geschaffen. So konnte sie mit Stücken wie *Nixe Binsefuß*, *Elfenlied*, *Zitronenfalter im April* oder *Er ist's* einmalige Ergebnisse erzielen. Das *Mausfallensprüchlein* war Mitte der 80 Jahre zu einer ihrer witzigsten Liedzugaben geworden. Von Claude Debussy hat sie die ziemlich unbekannten *Quatre chansons de jeunesse* gesungen, vier sehr hohe und beweglich-raffinierte Miniaturen, die 1984 für CBS/Sony auch auf Platte aufgenommen wurden. Leider kommen sie hier aber noch nicht so überzeugend zur Geltung wie in manchen der späteren Liederabende. Gruberova singt ein wenig unfrei, Friedrich Haider begleitet vor allem klanglich zu wenig subtil. Auch bei Schubert ist Gruberova in der Auswahl behutsam vorgegangen, doch hat sie, von einigen wenigen Ausnahmen einmal abgesehen, eben auch hier jene Lieder auf ihre Programme gesetzt, die sich als ideal für ihre stimmlichen Mittel erwiesen. Hier sei die bei Nightingale erschienene und mit Sicherheit schönste Platte Gruberovas mit Liedern der Romantik erwähnt: *Frühlingslieder* nennt sich ein sehr geschickt zusammengestelltes Programm, das in der Wiedergabe von Schuberts *Hirt auf dem Felsen* kulminiert, für welchen man sich den Soloklarinettisten der Wiener Philharmoniker, Peter Schmidl, nach München kommen ließ, wo die Aufnahme in Koproduktion mit dem Bayerischen Rundfunk entstanden war. André Tubeuf hält die Aufnahme dieses Trios als eine der interessantesten der Schallplattengeschichte überhaupt. Es wird mit Delikatesse, gemeinsamem Atem und jener Art unaufdringlicher Selbstverständlichkeit miteinander musiziert, deren Ursprung eben doch nur in Wien zu finden ist. Der am

TEATRO ALLA SCALA

ENTE AUTONOMO

Rappr. N. 10

LUNEDI 19 DICEMBRE 1994 - ORE 20

Abbonamento
Concerti
di canto

CONCERTO DI CANTO

SOPRANO

EDITA GRUBEROVA

PIANISTA

FRIEDRICH HAIDER

PROGRAMMA

FRANZ SCHUBERT

Nähe des Geliebten, D 162
Presenza dell'amata
Frühlingsglaube, D 686
Fede primaverile
Die Liebe (Klärchens Lied)
L'amore (Lied di Claretta)
Die Forelle, D 550
La trota
Liebhaber in allen Gestalten, D 558
Amante sotto ogni forma
Seligkeit
Beatitudine
Rastlose Liebe, D 138
Amore senza pace
Der Hirt auf dem Felsen, D 965
Il pastore sulla roccia

Fabrizio Meloni, clarinetto

ANTONÍN DVOŘÁK

In stile popolare, op. 73
Buona notte
Presso la cittadina
Ah, come è lontana, lontana
Ho un focoso destriero

JOHANNES BRAHMS

Leerchengesang, op. 70 n. 2
Canto dell'allodola
Geheimnis, op. 71 n. 3
Segreto
Des Liebsten Schwur, op 69 n. 4
Il giuramento dell'amata
Das Mädchen spricht, op. 107 n. 3
Parla la fanciulla

PREZZI (Tasse comprese)
Posto unico di platea L. 27.000 - Posto in palco L. 27.000 - 22.000
Posto unico di galleria L. 18.000 - Ingresso L. 5.000
Sui biglietti dei posti riservati o acquistati nei giorni precedenti quello dello spettacolo si applica il 15% di servizio prenotazione.
A termine di legge è vietato, durante il concerto effettuare, anche parzialmente, riprese filmate o registrazioni e scattare fotografie in sala o nei ridotti.
Durante l'esecuzione del concerto è vietato accedere alla platea e alle gallerie. È pure vietato muoversi dal proprio posto prima della fine di ogni pezzo.
In platea non vi sono posti in piedi. Le gallerie, la platea e i palchi si aprono alle ore 19,15.
Informazioni: tel. 72003744

Detail interessierte sei auf den Anfang der Textzeile ... *wie Herzen es zum Himmel zieht* ... verwiesen. Wie die drei Musiker hier beim Wort „Herzen" gemeinsam zögernd, gewissermaßen auf einem einzigen Atem in eine neue Atmosphäre eintauchen, ist von großartiger Wirkung. (Auf der CD findet man die Stelle unter Nr. 13 bei 7'10.) Den abschließenden *Allegro*-Teil leiten Schmidl und Haider vorerst „wienerisch-gemütvoll" ein, bevor sie ins wirkliche Tempo übergehen, eine sehr schöne Variante! Gruberovas flexibles und natürliches Singen in der koloraturreichen Coda ist erfrischend und ergreifend zugleich. Schuberts *Im Frühling* singt sie mit einer vielgradigen Piano-Kultur. Es sind wieder die unzähligen Abstufungen zwischen *mezzoforte* und dem dreifachen *piano*, die es auch einem Pianisten manchmal sehr schwer machen dürften, solchen Vorgaben farblich zu folgen oder zu antworten. Viele Komponisten fordern diese vielen Stufen des *piano* sehr deutlich. Gerade in diesem Lied, dessen Tessitur ziemlich tief liegt, gelingen Gruberova erstaunlicherweise die mitunter schönsten Momente der Aufnahme. Wenn es bei den Worten ... *und tief im dunklen Felsenquell* ... darum ginge, charakteristisch-dunkle Farben der Stimme einzusetzen (die ihr in dieser Lage nicht zur Verfügung stehen), tut sie nichts anderes, als das Wort „tief" minimal zu verzögern, was ihm sofort mehr Gewicht verleiht. An der Stelle ... *und sie im Himmel sah* scheint die Zeit stehenzubleiben. Friedrich Haider spielt dieses Lied mit untraditionellem, aber poesievollem Rubato und einer einmaligen Artikulationskultur (Vorspiel!). Er hat wiederholt betont, durch viele Gespräche mit Nikolaus Harnoncourt, den er auch in Klavierbegleitungsfragen immer wieder aufgesucht hat, dieses völlig neue Bild von Artikulation und Phrasierung gewonnen zu haben. Tubeuf hat einschränkend bemerkt, daß Gruberova dem Lied ein wenig von seiner Mystik nähme und stattdessen ein Genre-Bild zeichne, was stimmen mag, einem aber nichts vom Erlebnis nimmt. *Die Vögel* haben schelmische Eleganz und sind mit fünf wunderbar glockigen gis" gesungen, die sich durchaus mit jenen von Elisabeth Schumann vergleichen ließen, deren Aufnahme dieses Liedes Gruberova so sehr bewundert. Auch die selten gegebenen Mendelssohn-Lieder sind in ihrem leichten, schwebenden Gestus eine Rarität besonderer Art. Eindrucksvoll das wild dahinstürmende *Andres Maienlied*, in welchem auch noch die dramatischen Fähigkeiten Gruberovas zum Zuge kommen. Mit den Brahms-Liedern *Wenn um den Holunder* und *Maienkätzchen* sind auch feine Raritäten des Plattenkatalogs in dieses Recital mit einbezogen.

Edita Gruberova und Lieder von Richard Strauss

Ein Komponist, den man mit Edita Gruberova künstlerisch engstens verbindet, ist Richard Strauss. Zur Zeit ihres Studiums am Preßburger Konservatorium war sie praktisch nie mit der Musik des Garmischer Meisters vertraut gemacht worden. Alles, was die Gesangsstudenten gekannt hatten, war sein berühmtes *Ständchen*, das denn auch auf einem ihrer ältesten Tondokumente (dem vom slowakischen Fernsehen 1968 aufgezeichneten Recital) als einziges Werk dieses Komponisten zu finden ist. Der Name Richard Strauss durchzieht schon die allerersten Liedprogramme der Gruberova und ihre Solorecitals bis heute wie ein roter Faden. Es sei nur am Rande erwähnt, daß sich die Sängerin im Laufe der Jahre eine kleine Sammlung von Originalmanuskripten und Briefen des Komponisten angelegt hat, unter denen sich sogar das Autograph des Liedes *Waldseligkeit* (aus dem Besitz des Strauss-Biographen Willy Schuh) sowie mehrere Skizzenblätter finden. Wertvolle Handschriften, die einer Bibliothek als Leihgabe zur Verfügung stehen.

Claude Debussy hat es sehr treffend ausgedrückt, wenn er meinte, in der Musik von Richard Strauss wäre „viel Sonne". Das ist einer von vielen Aspekten, die Gruberovas Stimme für diesen Komponisten so geschaffen scheinen lassen, ist es doch ein primär luzides Material, mit dem sie ausgestattet ist, wenngleich sie es inzwischen auch in erstaunlichem Maße eindunkeln kann. Gerade im Lied-Œuvre Strauss', und hier wiederum besonders in den ersten Schaffensperioden, findet sich eine nicht unerhebliche Anzahl solcher serener, sonnenmystischer und „klimtfarbener" Stücke. Es ist auch die primär aufwärtsstrebende Strausssche Melodik, die ihrem Stimmcharakter entgegen kommt. Und auch die instrumentale Flexibilität ihrer Stimme ist hier von Vorteil – die Modulationen sind bei Strauss sehr oft „unvollständig", seine berühmten „Rückungen", die manchmal auf kleinstem Raum konzentriert sind: Sie verlangen eine betont raffinierte Mobilität beim Singen. Bei den späteren Liedern, hier vor allem bei den Brentano-Gesängen op. 68, sind es die Melismen, die in dieser Kompositionsphase eine neue Blüte erleben. Strauss liebt auch die spezifische Farbe, die entsteht, wenn eine hohe Stimme in die Tiefe geführt wird, wie etwa in *Leises Lied.*

1988 war in Gruberova der Wunsch erwacht, die bis dahin erarbeiteten und in zahlreichen Konzerten erfolgsbestätigten Strauss-Programme auch auf die Silberscheibe zu bannen. Das Hamburger Plattenlabel Teldec zeigte sich nach mehreren Gesprächen interessiert, das Projekt zu übernehmen. Es wurde Gruberovas erstes Liedrecital, das einem einzigen Komponisten gewidmet war.

Friedrich Haider, ein profunder Kenner aller rund 200 Lieder des Komponisten, begann eine Auswahl zu treffen, die ihm für seine Partnerin am geeignetsten erschien, stieß dabei aber auf ein Problem: Die Kapazität einer Compact Disc reichte nicht aus, um den „Bestsellern" unter den Strauss-Liedern gleichermaßen Platz einzuräumen wie den unbekannteren oder auch völlig vergessenen Stücken. Also beschloß Teldec, einen stilistischen Querschnitt durch das Gesamtliedschaffen des Garmischer Meisters auf nunmehr zwei CDs zu präsentieren. Dabei dienten nicht zuletzt auch alte Liedprogramme als Vorbild, die noch vom Komponisten selbst, gemeinsam mit seiner Gattin Pauline de Ahna, ausgeführt worden waren. So wurde eine erstaunliche Anzahl von Werken ans Tageslicht befördert, von denen die meisten seit ihrer Entstehung kaum jemals aufgeführt und noch seltener auf Tonträger festgehalten worden waren. Und im Münchner Richard-Strauss-Institut machte Haider zudem einen sensationellen Fund: In dieser Forschungsstätte werden die persönlichen Liedexemplare von Pauline Strauss-de Ahna verwahrt, die für Interpreten von unschätzbarem Wert sind, *da sie nicht nur zahlreiche eigenhändige Eintragungen der Sängerin enthalten, die als vom Komponisten autorisiert angesehen werden dürfen, sondern sich darin auch handschriftliche Vermerke vom Meister selbst finden, die sie zu einer wahren Fundgrube für interpretatorische und aufführungspraktische Details aus erster Hand geraten lassen.*

Der Pianist hat dies in seinem höchst aufschlußreichen Essay über *Stilpluralismus und Tonsymbolik in den Liedern von Strauss* (der im Beiheft zur CD abgedruckt ist und unter Plattentexten seinesgleichen sucht!) noch konkretisiert:

> *Der Schwerpunkt liegt auf wiederholten Anweisungen zum Rubato-Vortrag, Charakterangaben zu einzelnen Phrasensegmenten, Wortbedeutungsakzenten und Phrasierungszeichen, aber auch auf gesangstechnischen Details wie Atem- oder Intonationsmarkierungen.*

Daneben besitzt das Strauss-Institut auch noch die Liedhefte zahlreicher anderer Musiker, etwa jene von Maria Ivogün oder dem Liedbegleiter Michael Raucheisen, die nun als ergänzende Studienquelle dienten.

Die Aufnahmesitzungen, die im Januar 1990 in der Berliner Siemensvilla stattfanden, verliefen schließlich unter äußerst befriedigenden Bedingungen, hatte man doch mit Martin Fouqué einen Aufnahmeleiter herangezogen, der hervorragend Impulse zu geben imstande war. *Die Verantwortung des Produktionsteams ist enorm*, bestätigt Gruberova, *denn im Aufnahmestudio hat man meist einen völlig anderen Eindruck als ein paar Minuten später beim Abhören. Und man*

(リートの夕べ)

12/15 (土)
サントリーホール

ドヴォルザーク

「恋愛歌曲集」作品83

1．おお私たちの愛は幸せではない
2．死は多くの人の心を占める
3．あの人の家のあたりをさまよい
4．私は甘いあこがれにひたる
5．この地にさわやかな西風が吹き
6．小川のほとりの森で
7．お前の甘い眼差しに魅せられて
8．おお、ただひとりのいとしいお前

メンデルスゾーン

最初のすみれ（「6つの歌」作品19-2）
新しい恋（「6つの歌」作品19-4）
歌の翼に（「6つの歌」作品34-2）
春の歌（「6つの歌」作品47-3）
魔女の歌（「12の歌」作品8-8）

休憩

R.シュトラウス

赤いばら（「3つの歌」より）
あなたは私の心のかわいい冠（「5つの素朴な歌」作品21-2）
宿り（「5つの詩」作品47-4）
ぼくらは踊り出したい気持ちだ
森の幸福（「8つの歌」作品49-1）
星（「5つの小さな歌」作品69-1）
嵐と雨の避難所（「5つの詩」作品46-1）
チェチーリエ（「4つの歌」作品27-2）

●

ピアノ：フリードリッヒ・ハイダー

☆曲目および演奏順は、演奏者の都合により変更されることがあります。

(Lied Recital)

Dec. 15th (Sat.)
Suntory Hall

Dovořák

PÍSNÉ MILOSTNÉ Op. 83

1. Ó, naší lásce nekvete to vytoužené štěstí
2. V tak mnohém srdci mrtvo jest
3. Kol domu se ted' potácim
4. Já vím, že v sladké naději
5. Nad krajem vévodí lehký sánek
6. Zde v lese u potoka
7. V té sladké moci oči tvých
8. Ó, duše drahá, jedniká

Mendelssohn

Das erste Veilchen ~ 6 LIEDER Op. 19-2
Neue Liebe ~ 6 LIEDER Op. 19-4
Auf Flügeln des Gesanges ~ 6 LIEDER Op. 34-2
Frühlingslied ~ 6 LIEDER Op. 47-3
Andres Maienlied (Hexenlied) ~ 12 LIEDER Op.8-8

Intermission

R. Strauss

Rote Rosen ~ 3 LIDER (1883)
Du meines Herzens Krönelein ~ 5 SCHLICHTE WEISEN Op. 21-2
Einkehr ~ 5 GEDICHTE Op. 47-4
Wir beide wollen springen (1896)
Waldseligkeit ~ 8 LIEDER Op. 49-1
Der Stern ~ 5 KLEINE LIEDER Op. 69-1
Ein Obdach gegen Sturm und Regen ~ 5 GEDICHTE Op. 46-1
Cäcilie ~ 4 LIEDER Op. 27-2

●

Piano Friedrich Haider

☆Structure and Order of the above are subject to change

kann von Glück sprechen, jemanden an seiner Seite zu haben, der imstande ist, via Mikrophon die richtigen Weichen zu stellen und effiziente Ratschläge zu erteilen, um in kürzester Zeit zur bestmöglichen Wirkung zu gelangen. Gruberova erinnert sich der Schwierigkeiten einer bestimmten Stelle in dem Lied *Wer hats gethan?*: *Es wollte und wollte nicht das werden, was ich mir vorgestellt hatte, der Ausdruck geriet immer zu opernhaft, zu posenhaft. Da sagte Fouqué nur knapp: Singen sie das wie ein Renaissance-Mensch, wenn er erregt ist! – Und damit hatten wir's.* Fouqué schlug auch vor, den akustischen Abstand zwischen Singstimme und Klavier jeweils zu variieren, nicht nur, um die rund 112 Aufnahmeminuten auch in ihrer Klangwirkung abwechslungsreich zu gestalten, sondern um auch den stetig variablen strukturellen Kompositionsaufbau transparent zu halten. Eine völlig logische Folgerung Fouqués, angesichts der Tatsache, daß diese Aufnahme eine kompositorische Stilentwicklung von sechs Jahrzehnten aufzeigt!

Als die Doppel-CD im März 1991 veröffentlicht wurde, begrüßte man sie als neuen Meilenstein in der Straussschen Lied-Discographie. Michael Kennedy, ein bekannter Strauss-Spezialist und Verfasser eines Buches über den Komponisten, konstatierte im Londoner *Weekend Telegraph*:

> *... Gelegentlich ergibt sich die Veröffentlichung einer Aufnahme, die nicht nur wegen der Musik selbst und der Art ihrer Wiedergabe großen Gefallen findet, sondern auch unsere Kenntnis und unser Verständnis für den Komponisten erweitert ... überragende Klavierbegleitung von Friedrich Haider ... Gruberova stellt sich als Strauss-Interpretin höchsten Ranges vor ... Kein Liebhaber von schönem Gesang, und vor allem kein Straussianer, sollte auf diese Platten verzichten ...*

André Tubeuf, Autor einer in französischer Sprache erschienenen Strauss-Biographie, zeichnet die Aufnahme in *Diapason* mit dem „Diapason d'or" aus und hält in seiner Besprechung der Platte *Agilität, Phrasierung, Fülle und Differenzierung des Timbre* für schlichtweg perfekt. Über den Vortrag jedes einzelnen Liedes ausführlich zu schreiben, wäre nicht nur aus Platzgründen unmöglich, es würde dem Hörer auch die Möglichkeit nehmen, den Reichtum an Nuancierung im Detail selbst für sich zu entdecken. So wollen wir uns auf eine kurze Übersicht beschränken, die manche Einzelheiten dennoch nicht unbeachtet läßt.

Die Lieder präsentieren sich in chronologischer Reihenfolge, die es dem Hörer erlaubt, Strauss' kompositorische Entwicklungskurve zwischen den Jahren 1883 und 1948 mitzuvollziehen. *Rothe Rosen*, eine duftige Komposition des 19jährigen, bietet einen idealen Einblick in Edita Gruberovas Gestaltungskunst von Miniaturportraits. Schon die ersten Takte sind von sinnvoll eingesetzter Farb- und Expressionsdifferenzierung gekennzeichnet:

Weißt Du die Rose, die Du mir gegeben?
Der scheuen Veilchen stolze heiße Schwester;
Von Deiner Brust trug noch ihr Duft das Leben,
Und an dem Duft sog ich fest mich und fester.

Das Wort *Rose* erhält ein zartes, sehnsuchtsvolles Portamento nach unten, das Adjektiv *scheu* wird mit einer „schüchternen" Verzögerung des Diphthonges „eu" vermittelt. Kleinste Details auf kleinstem Raum! Eindrucksvoll auch, wie dem Phrasensegment *stolze, heiße Schwester* zwei unterschiedliche Ausdrucksfarben abgewonnen werden. *Zueignung*, die „Hymne" unter den Strauss-Liedern, wird eher weihevoll gebracht und erinnert in seinem verhaltenen Duktus an die Einspielung durch Dietrich Fischer-Dieskau und Gerald Moore im Jahre 1968. *Die Nacht* erhält etwas Mystisches, gibt sich angstvoll-verhalten und eher reflektierend als deskriptiv. Friedrich Haider hatte festgestellt, daß Strauss im Originalmanuskript ursprünglich nicht die Tempobezeichnung *Andantino* gesetzt, sondern die Grundstimmungsbezeichnung *Leise* gefordert hatte, und dies wird bei der Ausführung auch nachdrücklich befolgt. Diese Interpretation ist mit Sicherheit die dynamisch komprimierteste und gleichzeitig auch gefühlsdichteste auf Schallplatte. Hervorgehoben sei die Phrase *alle Blumen, alle Farben löscht sie aus ...* Das Rubato, das Gruberova hier in absoluter Konkordanz mit dem Klavier einsetzt, ist ein schönes Beispiel, wie rhythmische Persistenz dem natürlichen Duktus ausdrucksvollen Rezitierens sinnvoll weichen kann. *Wer hats gethan?* dürfte selbst den meisten Straussianern bislang unbekannt gewesen sein, weil das Werk noch vor seiner Drucklegung von Strauss selbst zurückgezogen und erst im Jahre 1974 im Verlag Hans Schneider in Tutzing in einer Einzelausgabe (mit Faksimile) zum ersten Mal veröffentlicht wurde. Nach Peter Schreier und Fischer-Dieskau ist Gruberova die erste Frau, die das Lied aufgenommen hat. *Allerseelen* ist nicht überemphatisch emotionell gestaltet und hat auch am Schluß nicht die geringste Tendenz zu sentimentalem Pathos. Das Grundtempo ist dichter, als man es von Dutzenden von Einspielungen und Aufführungen her gewöhnt ist – auch dadurch wird einem larmoyanten Grundton ausgewichen. Man ist vielmehr bemüht, die *Ambivalenz von Zärtlich-Wehmutvollem und Nostalgisch-Glückhaftem* zu betonen, wie Haider es formuliert. Der Hörer hat es hier mit einer durchaus neuen Sicht zu tun. Schon die Klaviereinleitung beginnt unkonventionell mit einem recht emphatischen Diminuendo, das wie ein tiefer, innerlicher Seufzer anmutet. Der Pianist verzichtet dafür auf jegliches Rubato und verhindert damit falsche Rührseligkeit. Ein kleiner Vergleich mit der Interpretation desselben

Liedes durch Jessye Norman sei hier angebracht. Allein das Wort *Reseden* illustriert den Unterschied der beiden Auffassungen sehr eindringlich: Norman setzt zwischen die beiden ersten Silben ein Portamento, während Gruberova nur die erste Silbe ein wenig dehnt; Norman singt traditionell-romantisch und sentimental, Gruberova klassischer und dadurch vielleicht auch glaubhafter.

Die in der Singstimme von *Morgen!* fast durchweg gehaltene Mittellage mag nicht gerade ideal für die Sängerin liegen, das vielleicht einzige Lied der Aufnahme, bei dem sie nicht immer so obertonreich singt und auch streckenweise mit der Intonation Probleme hat. Vielleicht spielte hier auch Müdigkeit eine Rolle – das Lied soll an einem der letzten Aufnahmetage der zehntägigen Sitzung eingespielt worden sein. Das ätherische Klavier-Nachspiel ist allerdings einer besonderen Erwähnung wert. Wer die vom Komponisten dirigierte Einspielung mit Julius Patzak und dem Orchester der Bayerischen Staatsoper anhört, der wird im besonderen von den Schlußtakten gefangengenommen werden, die Strauss dort in eine irreale Sphäre enthebt. Haider holt (nach diesem Vorbild?) die 5 Takte gleichsam aus einer anderen Welt herüber.

Leises Lied hält Gruberova selbst für das bestgelungene Lied der Einspielung.

In einem stillen Garten
an eines Brunnens Schacht,
wie wollt' ich gerne warten
die lange graue Nacht!

Die mystischen Tongebungen der Singstimme sind hier auch von Fouqué akustisch in einen Raum gestellt, der dem Hörer die Imagination verleiht, den Gesang tatsächlich wie aus dem Schacht eines Brunnens zu vernehmen. Für die „Ausgrabung“ zweier Lieder kann man den Interpreten besonders dankbar sein: *Junghexenlied*, ein humoristisch-phantastisches Opus mit melancholischen Zwischentönen, war eines der Lieblingslieder von Pauline und Richard Strauss. Auch hierbei handelt es sich um die erste Einspielung durch einen weiblichen Interpreten (die einzige Alternativaufnahme ist mit Dietrich Fischer-Dieskau). Wenngleich Gruberovas Darstellung des *Junghexenliedes* einen überzeugenden Eindruck hinterläßt, so hat sie nach Meinung des Autors das Lied in ihrem Wiener Liederabend vom 12. Juni 1990 noch pointierter und spontaner gesungen. Ein Konzert, das glücklicherweise vom Österreichischen Rundfunk aufgezeichnet wurde und überdies ein

Dokument des ersten ausschließlich Richard Strauss gewidmeten Abends der Künstlerin darstellt.

Als Höhepunkt darf sicherlich die erste digitale Einspielung des gesamten Liederzyklus op. 68, der *Brentano-Lieder*, angesehen werden. Hier bedarf es ungeheurer Flexibilität in der Wandelbarkeit der Stimme – von Lyrismen (*Ich wollt ein Sträusslein binden* und *Säusle, liebe Myrthe*) über hochdramatischen „Operngesang" (*Lied der Frauen*) bis hin zu expansiven und melismendurchsetzten Kantilenen (*Als mir dein Lied erklang* und *An die Nacht*) sind hier alle nur denkbaren Facetten von Expression und Stimmdisposition gefragt. *Amor*, eine vielfach dargebotene Zugabe bei Gruberovas Liederabenden, ist freilich ein ganz besonderer Höhepunkt:

An dem Feuer saß das Kind.
Amor, Amor,
Und war blind;
Mit den kleinen Flügeln fächelt
In die Flammen er und lächelt,
Fächelt, Lächelt, schlaues Kind!

Für diese Worte hat Richard Strauss eine in Koloraturen blitzende Musik ersonnen, die sich, für ein Klavierlied ganz unüblich, bis in Zerbinetta-Höhen aufschwingt. Da ist Gruberova natürlich in ihrem Urelement und läßt Amor mit exponierten Trillern und behenden Skalen hurtig flattern.

Erst im Jahre 1985 konnte die letzte Komposition Richard Strauss', das Lied *Malven*, veröffentlicht werden. Bis dahin befand es sich im Besitz der Widmungsträgerin Maria Jeritza, die nicht bereit gewesen war, das Manuskript herzuzeigen oder gar zum Druck freizugeben. Erst nach ihrem Tod gelangte es über eine Auktion in die New Yorker Pierpont Morgan Library und wurde kurz darauf von Kiri Te Kanawa und dem Pianisten Martin Katz in der Avery Fisher Hall (im Rahmen eines Konzertes des New York Philharmonic Orchestra!) uraufgeführt. Das Lied wurde seitdem bereits dreimal aufgenommen. Die erste Einspielung besorgten Jessey Norman und Geoffrey Parsons, dann folgten Eva Marton mit Andrew Davis sowie Kiri Te Kanawa mit Georg Solti als Pianisten. Drei unterschiedliche Interpretationen, die aber (speziell im Falle der Marton und Norman) ein üppiger und „herbstfarbtiefer" Stimmansatz verbindet. Edita Gruberova hat diesen eine lyrisch-serene und mit leichter Stimmgebung formulierte Fassung hinzugesetzt, die im Klang vielleicht nicht ganz jene Abgeklärtheit trifft, die das Lied haben sollte.

Ariadne auf Naxos

Edita Gruberova – die beste Zerbinetta aller Zeiten!

Richard Strauss (Enkel des Komponisten)

Es ist in der Aufführungsgeschichte sehr selten vorgekommen, daß eine Gesangsdarstellung schon zu Zeiten ihrer Ausführung zur Legende geworden ist. Beispiele, die einem in den Sinn kommen, sind Callas' Norma, Siepis Don Giovanni, Schwarzkopfs Marschallin, Wunderlichs Tamino oder Novotnas Octavian. Spätestens seit dem 20. November 1976 (der großen *Ariadne*-Premiere unter Karl Böhm an der Wiener Staatsoper) muß diese Liste auch um Gruberovas Zerbinetta erweitert werden, eine Rolle, in der die Sängerin einzigartige Maßstäbe gesetzt hat. André Tubeuf meint, Gruberova wäre *als Zerbinetta auf die Welt gekommen*. Keiner ihrer Vorgängerinnen ist eine derart vollendete Verschmelzung von unverwechselbarer Persönlichkeit und einzigartig charakteristischer Feinzeichnung gelungen. In seltener Einstimmigkeit jubeln die Rezensenten auf der ganzen Welt. Gruberova selbst sagt: *Ich identifiziere mich mit der Zerbinetta zwar nicht genau als mein Selbst, denn da bin ich eher Ariadne, aber sicherlich als mein zweites Ich. Wenn Strauss heute leben würde, dann, ich glaube das sagen zu können, wäre er mit meiner Darstellung einigermaßen zufrieden. Ich würde das bei keiner anderen Rolle zu behaupten wagen. Diese Partie ist derart auf mich und meine Stimme zugeschnitten, daß sie wahrscheinlich alleine für eine Karriere genügt hätte.*

Als Gruberova in der Rolle der Zerbinetta erschien, fanden es manche Opernintendanten undenkbar, eine *Ariadne* ohne sie überhaupt noch auf den Spielplan zu setzen. Christoph von Dohnányi hatte als Chefdirigent der Hamburgischen Staatsoper einst in einem Interview bemerkt, das Werk nur unter der Bedingung ins Programm nehmen zu können, wenn Edita Gruberova dafür gewonnen werden könne. In vielen Kritik-Schlagzeilen wurde die Oper sogar in *Zerbinetta auf Naxos* umbenannt.

Zum ersten Mal sang Gruberova die Partie in Wien am 9. September 1973, zu einer Zeit, als das Publikum langsam begann, seine besondere Aufmerksamkeit auf sie zu lenken. Es dauerte weitere drei Jahre, bis ihr dann die einmalige Gelegenheit geboten wurde, sie auch unter Karl Böhm darzubieten. Die *Ariadne*-Produktion wurde von Filippo Sanjust neu szenisch gestaltet und ist heute schon Bestandteil der Wiener Operngeschichte. Böhm wurde sozusagen Gruberovas geistiger Vater für die Rolle. Der greise Maestro hat seine „Entdeckung“ in Wien, Salzburg, Prag, Washington und Tokyo in mehreren Dutzenden von Vorstellungen dirigiert. Ein Journalist kommentierte damals:

Was für eine Freude muß es für Böhm in seinen Mittachtzigern sein, eine solche Zerbinetta zu haben, wie es Edita Gruberova ist.

In der weiteren Folge hat Gruberova die Rolle auf der ganzen Welt gesungen: in München, London, Barcelona, Florenz, Genf, New York, Tokyo, Hamburg, Bonn, Zürich und Salzburg. Sie wurde in einem Film von Filippo Sanjust festgehalten und auch mehrmals live aufgezeichnet. Obwohl Gruberova die Zerbinetta schon bald unter vielen bedeutenden Dirigenten sang, blieb Karl Böhm bis zu seinem Tod ihr unangefochtener „*Ariadne*-Meister“. Böhm, ein naher Freund von Strauss und Widmungsträger der *Daphne*, sagte wiederholt zu ihr: *Wenn das der Strauss g'hört hätt'!*

Gruberovas ganz besondere Eignung für die Zerbinetta hat mehrere Gründe: Ihre Stimme, um mit ihr anzufangen, ist vielleicht von jeher die größte für die Rolle, die, von einigen wenigen Ausnahmen abgesehen, mit sehr leichten Soubretten besetzt wurde, deren Flexibilität zu gering war, um eine derart detailbesessene Ausgestaltung des Charakters, eine in allen Farben und Facetten schillernde vokale Introspektion zu erreichen, wie Gruberova dies gelungen ist.

Strauss' verzierte Passagen dürfen nicht als „virtuos“ gesehen werden; dies könnte ein Mißverständnis verursachen, das den eigentlichen Sinn hinter all den Rouladen, Koloraturen, Trillern und Acuti ins Hintertreffen geraten ließe. Alle Fiorituren stehen hier im Sinn von musikalischer Rhetorik – Klangsprache im absoluten Sinn des Wortes. Das „Tüpfelchen auf dem i“ ist, daß Gruberova auch physiognomisch für die Rolle wie geschaffen ist. Mit ihrem runden, unschuldigen Gesicht und den großen weiten Augen ist sie die perfekte menschliche Venus-Fliegenfalle, eine Kokette, der man es glaubt, wenn sie bei der Aufzählung all ihrer Liebhaber sagt: *Ach, und zuweilen will es mir scheinen, waren es zwei!* … Zerbinetta ist Repräsentation ihrer Art von Frau bis zum äußersten. Leidenschaftlich, ernsthaft, ironisch, verletzlich, unsicher, ergeben, launenhaft und, dies vielleicht als Essenz, mit einer Art weiblichem Urinstinkt. *Großmächtige Prinzessin* ist eines der weiblich-erotischsten Musikstücke überhaupt.

Der sogenannte Prolog des Werkes bietet den Einblick in Zerbinettas eigentlichen Charakter, der sich von jenem der darauffolgenden „Oper“ wesentlich unterscheidet. Sein musikalisches Juwel ist wohl Zerbinettas

Duett mit dem Komponisten, in dem es eine platonisch-erotische Annäherung der beiden Figuren gibt. Ein ergreifender kurzer Moment, den Gruberova dazu benutzt, der „realen“ Zerbinetta im Gegensatz zu jener der Bühne eine wahrhaftige, menschliche Gestalt zu verleihen. Während dieses Moments legt Zerbinetta dem naiven Komponisten ihre eigene Philosophie dar und macht ihm klar, daß er noch zu jung sei, um die wirkliche Natur der Frauen zu verstehen. Obschon sich Zerbinetta anscheinend nichts aus ernsthaften Gefühlen macht, besteht eine unterschwellige Traurigkeit, die Edita Gruberova stets könnerisch einfängt. Mit einigen wenigen, von Hugo von Hofmannsthal wunderbar ersonnenen Worten eröffnet sie schließlich dem Komponisten die wahre Natur ihres Charakters:

Auf dem Theater spiele ich die Kokette,
wer sagt, daß mein Herz dabei im Spiele ist?
Ich scheine munter, und bin doch traurig,
gelte für gesellig, und bin doch so einsam.

Für Gruberova kreuzen sich hier die feinen Linien von Kunst und wirklichem Leben, und es ist auch ihre Lieblingsstelle in der Oper. Sie hat diese Worte in ihrem Sein als Mensch und ihrem Wirken als Künstlerin wieder und wieder an sich selbst erfahren.

Die Bühnen-Zerbinetta hat, im Gegensatz zur sensiblen und verletzlichen des Vorspiels, ein sehr herausforderndes Benehmen. Das „Theater im Theater“ erlaubt Zerbinetta nunmehr als Bühnenfigur ihre „philosophische“ Sicht auf die Männer, die Liebe und das Leben zu geben. Ariadne, auf einer einsamen Insel von Theseus zurückgelassen, ist bereit zu sterben. Zerbinetta und eine Gruppe von Hanswursten versuchen, sie zu unterhalten und aufzumuntern, aber ohne Erfolg. Zerbinetta verscheucht schließlich ihre Begleiter, um mit Ariadne ein Von-Frau-zu-Frau-Gespräch zu führen. *Großmächtige Prinzessin* ist zweifellos die kunstvollste und diffizilste „Predigt“ aller Opern-Solostücke. Es ist schwierig, Gruberovas Darstellung dieser Arie mit Worten beschreiben zu wollen. Sie muß im Theater gesehen, gehört, mitvollzogen und erspürt werden. Auch Schallplattenaufnahmen können nur einen Bruchteil dessen wiedergeben, was sie in dieser Szene an unmittelbarer Wirkung zu erreichen imstande ist.

In changierender Abwechslung von graziöser Ungeniertheit und ironischer Ernsthaftigkeit erklärt sie Ariadne:

Großmächtige Prinzessin! Wer verstünde nicht, daß so erlauchter und erhabener Personen Traurigkeit mit einem anderen Maß gemessen werden muß als der gemei-

nen Sterblichen. Jedoch: Sind wir nicht Frauen unter uns, und schlägt denn nicht in jeder Brust ein unbegreiflich Herz?

Gruberovas Färbung und Charakter*wechsel* von einem Wort zum anderen ist hinreißend. Wie ein Journalist einmal geschrieben hat, wird hier deutlich, daß die Slowakin die deutsche Sprache inzwischen nicht nur vollkommen beherrscht, sondern auch so *mit ihr umzugehen weiß, wie dies nur ein Deutschsprachiger aus seinem innersten Sprachinstinkt heraus tun könnte*. Das Gefühl absoluter Idiomatik stellt sich beim Anhören dieses „Monologs" ein. Zerbinetta enthüllt Ariadne schließlich ihre Sicht der „Männerfragen":

Noch bin ich wahr, und doch ist es gelogen.
Ich halte mich treu, und bin schon schlecht.

Gruberova schwelgt hier in ihrer eigenen Schlauheit, um dann leidenschaftlich hingerissen dem ersten Höhepunkt der Arie entgegenzusteuern:

Betrüg ich ihn endlich und lieb ihn noch recht!

Dabei bringt sie das letzte Wort *recht* mit einer solchen Inbrunst, als wolle sie damit die Welt umarmen. Zerbinetta, die personifizierte Unbeständigkeit. An genau jenem Punkt, an dem sie beginnt, ihre Liebhaber aufzuzählen, setzt Strauss das Mittel der Koloratur ein:

... So war es mit Pagliazzo und Mezzetin, dann war es Cavicchio, dann Buratin, dann Pasquariello ...

Am vielleicht köstlichsten wirkt die Gruberova, wenn sie mit einer Mischung aus „eigenem Unglauben" und Scham (von der sie weiß, daß sie keine ist) dem allen schließlich noch hinter vorgehaltener Hand spitzbübisch hinzufügt:

... Ach, und zuweilen will es mir scheinen, waren es zwei!

Die Art, wie sie das Wort *zwei*, gleichsam ein Auge zudrückend, verzögert und die Stimme einen Tonfall annimmt – als wolle sie sagen: *Ich glaub's ja selber nicht einmal* –, ist nur eines der vielen unnachahmlichen kleinen Wunder dieser Interpretation.

Die textlose Kadenz vor dem abschließenden Rondo-Teil erzählt schließlich eine eigene Geschichte. Gruberova benützt den dreimaligen Aufschwung als Ausdrucksvehikel, um erneut ihre von den Liebhabern verursachten „psychischen Konstellationen" nachzuvollziehen. Es eröffnet sich ein schillerndes Ausdrucksspektrum: Der erste Koloraturen-Aufgang ist zumeist etwas zögernd, um sich dann verzehrend aufzuschwingen – so als rufe die Erinnerung an den imaginierten Liebhaber melancholische Gefühle in ihr wach; der zweite ist erotisch-frech, die Töne gehen oft sogar in ein Lachen über; der letzte schließlich scheint wie die Erinnerung an zärtliche Gefühle echter, tiefer Liebe. Leider sind diese Expressions-Valeurs auf keiner der beiden Aufnahmen Gruberovas (Decca und Philips) in dieser Form zu hören. Das Schallplattenstudio scheint die Sängerin überhaupt immer ein wenig eingeengt zu haben.

Zerbinetta hat den Höhepunkt noch nicht erreicht. Der Rondoteil dieses Stückes ist vielleicht das Schwierigste in der Oper überhaupt. Strauss bringt in seiner Musik hier nicht zuletzt auch so etwas wie sexuelle Ekstase zum Ausdruck. Leidenschaft setzt ein und läßt sie mit elementarer Kraft auf das hohe „e" schwingen. Wieviele Interpretinnen der Zerbinetta waren froh, den Ton überhaupt zu erreichen und ihn im besten Falle auch noch etwas verlängern zu können. (Strauss schreibt keine Fermate vor.) Nicht genug für Gruberova. Sie transportiert ihn (in italienischer „messa di voce"-Manier) über ein *diminuendo* auch noch ins *piano*, um ihn dann wieder zum *forte* hin anzuschwellen, und betupft dazu obendrein (wie etwa in der Wiener Sanjust-Inszenierung) mit einem Puder-Quästchen quirlig ihr Gesicht. Plötzlich ein kleines Ritardando in der Musik – mit der Flöte fällt die Linie ab –, kurzes Atemholen nach soviel Passion – da beginnt sie in einer Manier zu trillern, als wollte sie noch schnell hinzufügen: *Nun, meine Herrschaften, messen Sie dem Ganzen nicht allzu viel Bedeutung bei ...!* Und sie sagt das so ganz nebenbei. Ganz zuletzt das dreimalige *stumm* ... – und dann: *der Applaus* ... Der Sänger des Harlekin hat es hier nicht gerade einfach: er muß ohne Orchester mit einem „d" weitersingen – ein Ton, den er aber während des Beifalls nicht vergessen darf. Bei bis zu 10 Minuten Ovationen dürfte das wohl nicht immer einfach sein.

1980 erhielt Edita Gruberova den Brief eines Verehrers aus Dresden, der in seinen Einsichten so erstaunlich und in seiner Formulierung so brillant war, daß er von der Sängerin bis heute sorgsam aufbewahrt wurde. Er soll den Abschluß obiger Ausführungen darstellen.

Cossebaude-Dresden, 24. Februar 1980

Sehr geehrte und liebe Großmächtige Prinzessin Edita Gruberova!
Nur mit Dankbarkeit kann ich quittieren, was mir die Übertragung einer Aufführung der Strauss-Oper „Ariadne auf Naxos" aus der Festspielstadt Salzburg beschert hat. Nicht in einer Zufallswiedergabe, die auf planmäßiges Erfüllen eines Pensums hinausläuft, sondern in einer Darstellung, hinter der man Kom-

petenz und Bekenntniskraft erkennen möchte. Man spürt, daß hier nicht ein Werk gewissermaßen neu geboren werden muß. Hier ist etwas im Entstehen, das in dieser Stadt Salzburg und in ihrer Tradition intensiv lebt und nur von nachschöpferischen Musikern zu neuem blühenden Leben erweckt zu werden braucht.

Nun müßte „Ariadne auf Naxos" hier allerdings „Zerbinetta auf Naxos" heißen. Denn wo sind Ariadne, Bacchus, Harlekin und die anderen, wenn Sie die Szene betreten? Man weiß: Sie sind der seltene Fall, daß eine Koloratursopranistin jahrelang an einem großen Institut wie Wiens Oper in zweiter Reihe steht, von Vielen übersehen. Bis dann eines Tages ihr so en passent die Zerbinetta zufällt – und die Welt hat ein Stimmwunder mehr. Ihre Stimmleistung ist das graziöseste, witzigste, atemberaubendste was man – trotz Ivogün und Berger – je in der „Ariadne" erlebte. Dergleichen lockere Perfektion feierte bei der großen Bravourarie wahre Triumphe.

Die Wiedergabe der Aufführung kritisch bewerten zu wollen, wäre wohl ein widersinniges Unterfangen, und außerdem fühle ich mich dazu überhaupt nicht berufen. Auch einer bloßen Beschreibung des Eindrucks entziehen sich die Worte. Wenn ich Schriftsteller wäre, würde ich Ihnen einen langen Brief schreiben, um all meine Sympathie für Sie gründlich erklären zu können. So kann ich dem Menschen und der Sängerin Edita Gruberova nur einen kräftigen Händedruck geben. Bitte, verzeihen Sie, wenn ich mich bei Ihnen für ein unvergeßbares Musikerlebnis mit einem maschinengeschriebenen Brief bedanke. Sie werden sich mit meiner Schrift nicht quälen müssen.

Wie aufregend ist es doch, die „Ariadne" zu hören. Ich betrete unbekanntes Land, und eine Fülle von Assoziationen wird wach. Ich entdecke, wie eigene Gedanken und Gefühle auf die Töne, die da zum Erklingen gebracht werden, ansprechen. Geistvoll ist die ganze spirituell ausgeformte Sphäre, die jede Person mit wenigen Strichen erschöpfend charakterisiert; wie der Komponist mit einem feurig-drängenden Motiv eingeführt wird; wie er Zerbinetta durch eine kleine Wendung von wenigen Takten, durch einen neckischen musikalischen Augenaufschlag sozusagen, als diejenige vorstellt, die sie ist: keckes Persönchen mit erheblichem erotischen Flair.

Übrigens fällt von dem Vorspiel, in dem ja bereits alle Figuren des „Öperchens" auftreten, ein bezeichnendes Licht auf die Gestalt der Zerbinetta. In dem Duett zwischen ihr und dem Komponisten, in das Strauss seine „besten Einfälle" investiert hat, findet der Hörer Töne eines bezaubernd reinen Gefühls. Zerbinetta ist gar nicht die treulose Schwankende der Hauptoper. Sie ist, wenn auch vielleicht nur in einem Moment der Selbsttäuschung, sehr wohl einer wahren Liebe wert.

Der Ziergesang Zerbinettas ist künstlerischstes Barock aus dem Land der Koloraturarie. Genau in der Mitte der Partitur steht Zerbinettas blendend aufgemachte große Bravour-Koloraturarie „Großmächtige Prinzessin“, virtuos aufgeputzt, vom Klang des modernen Klaviers eingefärbt. Es gibt gar nichts Halsbrecherisches auf dem Gebiet der Kolorateusen, nichts, das ebenso an Technik, Charme und Witz einer hohen Sopranistin appelliert.

Erregend gestalten Sie die Partie der Zerbinetta. Wenn Sie singen, dann ist es, als rinne die Musik förmlich durch den ganzen Körper. Sie singen leicht, schlank, durchsichtig, mitvollziehbar, dabei ohne jede akademische Kälte. Ich höre – wenn der Ausdruck gestattet ist – das Herz der Musik klopfen.

Die überlegene Kraft, die von Ihnen ausgeht, ist nicht nur Ausdruck einer starken Persönlichkeit, sondern einer überzeugenden Könnerin. Technische Versiertheit, gesangliche Brillanz und Bravour werden von ihnen niemals vordergründig als Gestaltungsmittel eingesetzt; das weist den hohen Grad der Beherrschung aus. Scheinbar spielerisch funktioniert hier eine große Gesangskunst, die eine interessante und effektive Synthese aus den Elementen der Tradition und des Modernen (im weitesten Sinne) darstellt und Ihnen einen großen Aktionsradius verleiht. Überlegene Beherrschung der Rolle, Instinkt und Kraft für die große Linie, dazu Gefühl für das Verhaltene und Leise – so etwas läßt sich nur in immerwährender harter Arbeit aneignen, bedarf letztlich eines wesentlichen Moments: Liebe zur Sache, Enthusiasmus.

Sie erfüllen die Rolle der Zerbinetta mit Empfindungsreichtum und verleihen ihr Plastizität durch die Ausstrahlungskraft Ihrer sängerischen Fähigkeiten. Dabei können Sie eine Stimme mit fesselndem Timbre und glänzender Durchschlagskraft einsetzen, die auch ekstatische Ausbrüche ganz unangestrengt meistert und selbst schwierigste Passagen ganz natürlich erscheinen läßt. Vielleicht ist es gerade diese selbstverständliche Natürlichkeit, die Ihre Gestaltung der Zerbinetta für mich so intensiv erlebbar macht. In Ihrem von Natürlichkeit, Innigkeit und Wahrhaftigkeit geprägten Gesang verbindet sich mimosenhafte Sensibilität mit urmächtiger Energie, differenzierteste Detaillierung mit grandiosem Gestaltungsvermögen, handwerkliche Akkuratesse, redliche Musiziergesinnung, hohe Stimmkultur und Musikalität mit Wärme und Stärke der Persönlichkeit, völlige geistige Durchdringung der Rolle mit vitaler Ursprünglichkeit und wacher Intelligenz, unbeirrbares Stilgefühl, verantwortungsbewußter Sinn für die Tradition der Oper mit der Ausdrucksgewalt der modernen Singschauspielerin. Diese Zerbinetta ist ganz und gar Ihr „Eigentum“ und von Ihrer Interpretation kann man ruhig sagen: sie ist ohne Vergleich. Eine solche Leistung ist aber nur einer Sängerpersönlichkeit möglich, die aus einer schier unerschöpflich reichen Substanz an künstlerischer Kraft zehrt, einer Substanz, die sich ständig bewegt, wandelt, verfeinert, sublimiert. Vielleicht wird Ihre Darstellung der Musik durch den Gesang nur durch eine Vokabel treffend gekennzeichnet: Größe. Ein abgebrauchtes Wort, gewiß. Aber in Verbindung mit Ihnen erhält es einen neuen Sinn.

Vor Strauss' Musik, die vom Interpreten im Ausdruck Höchstes verlangt, kann man nur bestehen, indem man von sich selbst absieht, sich gleichsam vergißt, um ihn, Strauss, zu begreifen, indem man eigene und selbst der Gegenwart Ansprüche nicht vorschnell an ihn heranträgt, sondern hinhörend sich offenhält. Ihre Darstellung der Zerbinetta, deren Geist, Sinn und Stil kaum eindrucksvoller erfüllt werden kann, verdeutlicht die anhaltende Nähe des einmal durch große Kunst Ausgesprochenen.

Wissen Sie, liebe Frau Gruberova, die Musik stellt in meinem Leben eine große Bereicherung dar. Sie ist meine liebste Gefährtin und bedeutet für mich sinnvolle Entspannung nach meiner beruflichen Tätigkeit. Entspannung soll aber nicht verwechselt werden mit Passivität. Musik regt an und entspannt zugleich, befruchtet die eigene Arbeit. Und wenn ich jetzt an den Wiederaufbau unserer Semper-Oper denke, so gestehe ich, daß mich dieser Gedanke irgendwie inspiriert. Musik vermag ja eine durch keine andere Kunstgattung wiederholbare Gefühlsskala im Menschen anzusprechen. Wer kennt nicht jenes berauschende Gefühl der Beschwingtheit und des Gelöstseins, der inneren Ruhe, das uns eine schöne Melodie vermittelt, den Zustand, in dem man sich zu wahrhaft Großem fähig glaubt?

Liebe Frau Gruberova!
Sollen diese Zeilen auch keine angemessene Würdigung Ihrer Tätigkeit sein, so hoffe ich doch, daß Sie sie aufnehmen mögen als einen ehrlichen Ausdruck tiefster Verehrung und Dankbarkeit. Von ganzem Herzen wünsche ich Ihnen Glück in Ihrer bemerkenswerten Tätigkeit, die uns allen so sehr viel Freude, Glück, Kraft, Mut und hohe Kunsterlebnisse beschert.

Ihr …

La Traviata und Carlos Kleiber

> *... So konnte Edita Gruberova in München unter der Leitung von Carlos Kleiber die Nachfolgerin für eine Traviata werden, mit der sie kaum Ähnlichkeiten hat und die emotional schwer zu erreichende Höhen erklommen hatte: Ileana Cotrubas. Mit ihren musikalischen und menschlichen Mitteln gelang der Gruberova die Verzauberung des Augenblicks, in dem jede Erinnerung ausgelöscht wurde.*
>
> André Tubeuf

Nach Auffassung des Autors gibt es in Edita Gruberovas Darstellung der Violetta eine besondere Note. Es ist ein Rollenportrait, das sich einem dramatischen Belcanto nähert und nicht, wie so oft, in schluchzendes Verismo-Territorium abgleitet. Maria Callas' Definition der Rolle, *zerbrechlich, zart und schwach ... ein Akt auf dem Hochseil, voll von unmöglichem pianissimo* (*Life*-Magazin 1959), ist ein Indiz dafür, daß zu schwere Stimmen, auch dann, wenn sie den Koloratur-Anforderungen des 1. Aktes gewachsen wären, keine ideale Besetzung sein können. Ein noch konkreteres und weiseres Callas-Zitat über die Darstellung der Violetta findet man in dem höchst aufschlußreichen, von John Ardoin herausgegebenen Buch *Callas at Juilliard: The Master Classes*:

> *Es gibt nur bestimmte Momente in Violettas Musik, die man voll aussingen sollte; der Rest ist mezzoforte und piano. Es braucht jedoch viel Zeit, um dies zu lernen. Wenn man jung ist, hat man die Tendenz, immer nur zu geben, vor allem weil man dem Publikum gefallen will. Aber mit den Jahren lernt man, solchen Dingen weniger großen Wert zuzumessen, und der dramatische Effekt wird verstärkt.*

Es ist genau der von der Callas angesprochene Fehler, zu welchem Gruberova 1980 in ihren ersten Aufführungen der Rolle an der Wiener Staatsoper noch neigte, nämlich die Tendenz, „für das Publikum" zu singen. Diese Extrovertiertheit paßte zwar schon damals in den ersten Akt, nicht aber in das Duett mit Germont, dem dramaturgischen Zentrum des zweiten Bildes. Aber selbst zu diesem Zeitpunkt sang sie das *dite alla giovine* schon mit Morbidezza, die das Potential für die Partie erahnen ließ. Für das *Addio del passato* hat sie einen spezifischen Ton erst in den späteren Jahren gefunden. Es bedurfte des genialischen Dirigenten Carlos Kleiber, Gruberova schließlich in eine außergewöhnliche Interpretations-Richtung zu führen.

1985 hatte es die erste Aufführungsserie der Oper mit Gruberova und Kleiber an der Münchner Staatsoper gegeben, damals noch mit relativ wenig Probenzeit. 1989 erarbeitete man die Rolle dann aber schließlich gründlich im Rahmen einer Neuproduktion an der Metropolitan Opera New York. Bei der Erinnerung daran gerät die Sängerin heute ins Schwärmen: *Wir haben so viele Details neu gestaltet, daß ich zuerst dachte, das Stück gar nicht wirklich gekannt zu haben. Kleiber findet die neuralgischen Punkte der Musik. Es ist, als ob er an diesen Punkten dann noch den Nerv freilegt und ihn reizt. Unglaublich, was ihm zu drei Noten Musik alles einfallen kann. Mit ihm die Seelenlandschaften der Traviata zu durchstreifen, ist etwas, was einen sein Leben lang prägen wird. Es ist eine Art der Auseinandersetzung mit dem Material, die mit Worten nicht beschrieben werden kann. Deshalb ist auch die Probenarbeit mit ihm oft relativ schwierig, weil er in seiner phänomenalen Phatasie dann oft keine Art mehr findet, sich zu erklären. Meistens singt er dann selber vor, und dann erahnt man, was er haben will. Da, wo das Verbale endet, beginnt bei ihm das Musizieren. Er spricht auch fast immer nur in Vergleichen. Nicht einmal habe ich ihn „lauter oder leiser“ sagen hören. Für eine Phrase im Duett mit Germont fragte er mich, ob auch ich diese tiefe Depression kenne, die ein Gefühl im Magen erzeugt, gegen das man nichts machen kann. Sofort hatte ich, was er wollte. Oft macht er Dinge anschaulich, auf die man in einem bestimmten Kontext überhaupt nie kommen würde: Bei der Phrase „Cosi alla misera“ sprach er über die unglaubliche Einsamkeit der Polarbären, ihre Art, wie sie sich fortbewegen, mit einer für uns Menschen scheinbaren Trauer. Sofort begann ich die Phrase völlig anders zu singen. Bis ich für jedes der beiden „È strano, è strano“ am Beginn meiner ersten Arie eine eigene Farbe, einen eigenen Ausdruck gefunden hatte, dauerte es wieder ein wenig länger, ihn restlos zufrieden zu stellen. In Kleibers Proben gibt es nichts von diesem banalen, ermüdenden Vokabular, das nicht nur von unzähligen Opernkapellmeistern, sondern auch von manchen der sogenannten Stardirigenten wieder und wieder verwendet wird. Passagen, von denen ich geglaubt habe, ihren Sinn zu erkennen, bekamen plötzlich eine völlig neue Bedeutung. Ich glaube, daß viele Aspekte von Kleibers Wesen dem Publikum zum großen Teil verborgen bleiben. Man muß seine Phantasie bei der Probenarbeit, seine Spontaneität und Energie bei Aufführungen erleben, sein Gesicht und seine Physiognomie beobachten, um ihn näher zu begreifen. Er ist die perfekte Mischung von Phantasie und Entschlossenheit während der Einstudierung und inspirierter Improvisation bei der Aufführung. Seine Augen und seine langen Arme sind die eines Adlers, der in der Luft kreist und sich dann plötzlich seine Beute schnappt. Bei ihm gibt es nichts Endgültiges, nur die permanente Suche. Oft saß ich vor dem Beginn der Vorstellung mit dem Klavierauszug in der Garderobe, um mir noch einmal unsere Probenarbeit zu vergegenwärtigen und alle Details einzuprägen. Dann konnte es passieren, daß er zur Tür hereinkam, um mir alle möglichen Änderungen mitzuteilen. „Versuchen wir's heute einmal so!" Da muß man als Sänger flexibel sein und auch ein gutes Gedächtnis haben, um nur ja nichts zu vergessen. Spätestens mit dem Beginn unserer Zusammenarbeit wurde mir bewußt, wie wichtig es für einen Sänger ist, technisch einwandfrei geschult zu sein, denn er verlangte Ausdrucksnuancen, die mir bis dahin verborgen gewesen waren. Ein Manko in der Beherrschung der stimmlichen Mittel würde bei einem Dirigenten wie ihm das Ende bedeuten.*

Tatsächlich schaffte Kleiber fast Unmögliches. Langjährige Opernmelomane der Met wollten sich nicht erinnern können, das *Alfredo, Alfredo, in questo core* in ihrem Leben jemals so leise und „verwundet" gehört zu haben wie in diesen Aufführungen. Auch der Rhythmus der Singstimme schien an dieser Stelle fast wie getilgt, es war wie jemand, der keinen Halt mehr unter den Füßen hatte. Dieses *pianissimo* bruchlos über sieben Takte hinweg konstant zu halten, war für Gruberova der schwierigste Moment der Aufführung, da sie auch noch halb am Boden liegend zu singen hatte. Schon in den Proben schien Kleiber die Streichertriolen jedesmal noch leiser zu machen, als sie es schon zuvor gewesen waren. Gruberova kam an ihre Grenzen dort, wo Verdi größte Dramatik in der Mittellage verlangt. Ausbrüche wie *Morro, la mia memoria* oder *Gran Dio morir si giovane*, die beide ein Aufschrei gegen den Tod sind, wird die Sängerin immer vor allem mit der Kraft der Worte gestalten müssen und weniger mit der Stimme. Hier hatten die Callas und auch die Sutherland den Vorteil einer kräftigeren Mittellage. Bedauerlicherweise werden diese beiden Passagen von einem nicht unerheblichen Teil der Musikkritik als das non plus ultra für eine *Traviata*-Interpretation gewertet. Gelingt es einer Sängerin nicht, sich hier hochdramatisch zu gebärden, ist für diese Herren alles verloren. Eine bedauernswert einseitige Betrachtungsweise! Daß aber fast keine Interpretin über die Morbidezza und ein fil di voce verfügt, das mindestens ebenso wichtig für *Traviata* ist, wird großzügigst entschuldigt, ja meist gar nicht einmal erwähnt. Wie recht hat doch John Steane, wenn er sagt: *Wenn Verdi ppp vorschreibt, dann will er auch, daß Notiz davon genommen wird!*

Kleiber hat Edita Gruberovas *Traviata*-Darstellung ohne Frage ein Profil verschafft, das dieses Portrait heute zu einem faszinierenden Hörerlebnis macht. Schade, daß die Aufnahme bei Teldec, für deren Realisation Gruberova sich so lange Zeit gelassen hatte, mit Carlo Rizzi einen Dirigenten präsentiert, der in vielen dieser Details einfach nicht mit der Sängerin kooperieren wollte. Der junge Italiener soll nun keineswegs gegen Kleiber ausgespielt werden, aber seine Ausführungen haben kein eigenes Profil und bleiben an der Oberfläche. Es genügt, sich die einleitende Chor-Szene anzuhören, um festzustellen, daß das hier angeschlagene schnelle Tempo keineswegs auch ein „italienisches Brio" erzeugt. Hier bedürfte es vor allem einer größeren rhythmischen Bewußtheit, der Verdeutlichung kleinerer Strukturen und der Ausarbeitung des Charakters durch sprachlich-idiomatische Präsenz. Rizzi liebt zu sehr das Melodramatische, die lauten Finaltöne.

Im 2. Akt hatte es die Gruberova auf eine Stelle ganz besonders abgesehen. Germont richtet sich dort vorwurfsvoll an die ehemalige Kurtisane Violetta:

Ah, il passato perchè, perchè v'accusa?	*Ach, die Vergangenheit, warum klagt sie Euch an?*

Violetta antwortet „con entusiasmo":

Piú non esiste ... or amo Alfredo,	*Sie ist vorbei ... jetzt liebe ich Alfredo*
e Dio lo cancellò col pentimento mio.	*und mit meiner Reue hat Gott mir dafür vergeben.*

Kleiber hatte seinerzeit vorgeschlagen, diese Worte nur ja nicht mehr im Tempo zu singen. Sie sollten, von Glücksgefühlen überwältigt, buchstäblich „mit Violetta durchgehen". Carlo Rizzi bestand nun jedoch penibel auf der rhythmischen Notation. Unverständlich, weshalb Gruberova solch wichtige Details, die ja immerhin zu ihrem persönlichen Traviata-Portrait gehören, hier nicht ganz einfach durchgesetzt hat. Um eine Stelle ist es ganz besonders schade – Violetta übergibt Alfredo ihr Medaillon:

Prendi; quest'è l'immagine	*Nimm; dies ist ein Bild*
De'miei passati giorni;	*Von mir aus vergangenen Tagen;*
A rammentar ti torni	*Es soll dich an die erinnern,*
Colei che si t'amò.	*Die dich so geliebt hat.*

Im Orchester setzt hier ein trommelartiger Rhythmus ein, der wie ein Trauerkondukt anmutet. Verdi instruiert ihn dynamisch mit *ppp*! Es bedarf vieler Arbeit, dieses Orchestertutti wirklich als mysteriöses Beben darzustellen – das London Symphony Orchestra spielt aber hier einfach zu schwer und direkt. Das zerstört die unglaubliche Dichte der Atmosphäre. In den darauffolgenden Textzeilen ändert Gruberova üblicherweise ihr „Stimm-Gesicht" und transportiert etwas Leuchtend-Engelhaftes in den Klang:

Se una pudica vergine
Degli anni suoi nel fiore
A te donasse il core ...
Sposa ti sia ... lo vo'.

Wenn eine reine Jungfrau
In der Blüte ihrer Jahre
Dir ihr Herz schenkt ...
So sei sie deine Braut ... Ich will es.

Obwohl Verdi über den ersten Takt *Poco più animato* schreibt, behält der Dirigent aber praktisch das vorhergehende *Andante sostenuto* bei. Die Musik scheint so auf der Stelle zu treten, und der nötige Ausdruck bleibt aus. Es wäre vermessen, hier zu viele direkte Vergleiche anzustellen. Was aber auf dieser Teldec-Aufnahme stört ist, daß die künstlerischen Konzeptionen der Ausführenden zu wenig ineinander aufgehen. Edita Gruberovas Darstellung der Violetta ist ohne Frage vor allem durch die Zusammenarbeit mit Carlos Kleiber zu jenem nuancenreichen Portrait herangewachsen, mit dem sie in den letzten Jahren von sich reden machen konnte. Die Aufführungen unter seiner Leitung sind freilich unwiederbringliche Sternstunden.

Belcanto

Lucia di Lammermoor
I Capuleti ed i Montecchi
I Puritani
Beatrice di Tenda
La Fille du Regiment
Linda di Chamounix
Die Tudor-Königinnen in:
Maria Stuarda, Roberto Devereux, Anna Bolena

Die Leute tendieren dazu, das abzulehnen,
was sie nicht verstehen.

Richard Bonynge über Belcanto in *Opera News* 1/94

Nur Vokalgenies vom Range Edita Gruberovas
geben dem Belcanto seine Existenzberechtigung.

Thomas Wördehoff in *Die Weltwoche* 1/95

Die wörtliche Übersetzung von „bel canto" lautet „Schöner Gesang". Manche Musikwissenschaftler ordnen unter diesem Begriff eine Zeitspanne ein, die sich von Händel bis zum frühen Verdi zieht. Heute assoziiert man mit Belcanto wohl in erster Linie die Komponisten Rossini, Bellini und Donizetti. Und „Schönes Singen" wäre inzwischen auch eine durch und durch mißverständliche, oder besser gesagt: unzureichende Definition für Belcanto. Die von der Natur gegebene schöne Stimme und eine mühelose technische Ausführung von verzierter Musik sind nach Gioacchino Rossinis Aussage nämlich ebenso wichtig wie die meisterliche Beherrschung des italienischen Stils, also auch des klangsprachlichen Ausdrucks.

Man könnte sagen, daß die Aufführungsgeschichte in der Kunst des Belcanto-Gesanges vier unterschiedliche „Darstellungs-Typen" hervorgebracht hat. Viele Vertreterinnen des „golden age" haben Tondokumente geschaffen, die uns heute ein in vielerlei Hinsicht negatives Bild von ausdrucksmäßig unreflektiertem Gesang vermitteln. Die vokale Darstellung

Staatsoper Hamburg,
Edita Gruberova als Zerbinetta,
Oktober 1979

Königin der Nacht
in der *Zauberflöte* in
Jean-Pierre Ponnelles Inszenierung
in Salzburg, 1983

Als Konstanze in der *Entführung*, München 1980

Als Adele in der *Fledermaus*.
Wiener Staatsoper 1980

Königin der Nacht,
München 1978

Als Lucia in Wien,
1978

Als Violetta in *La Traviata*,
München 1984

Recital in der Mailänder Scala
1983

Edita Gruberova als Giuletta in Bellinis *I Capuleti ed i Montecchi* in London, 1984, mit Riccardo Muti, Agnes Baltsa und dem Regisseur P. L. Pizzi

Mit Agnes Baltsa und P. L. Pizzi bei den Proben zu *I Capuleti ed i Montecchi*

Als Donna Anna, München 1986

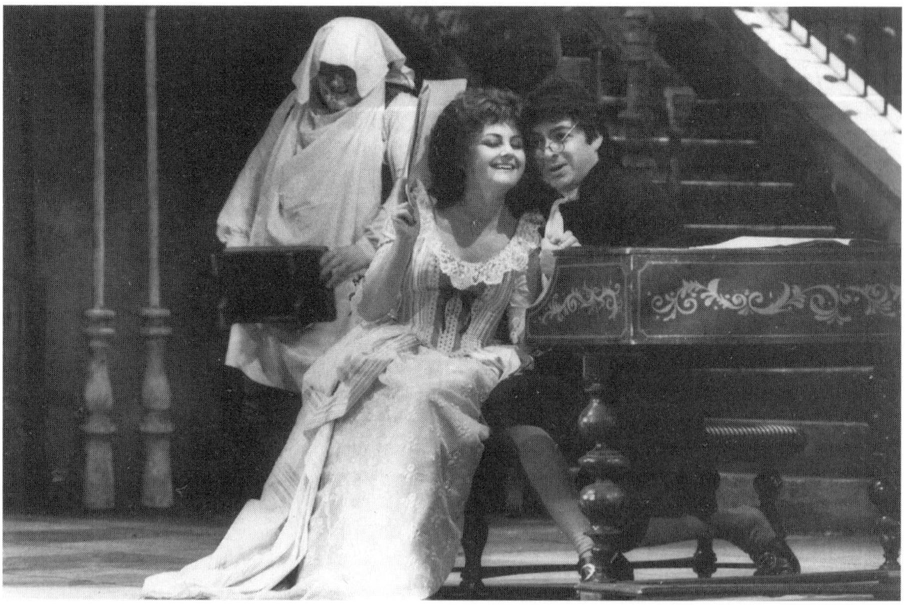

Mit Francisco Araiza im *Barbier von Sevilla*, Zürich, Februar 1982

Als Zerbinetta in New York, 1979, mit Leontyne Price

La Traviata in München 1985 mit Niel Shicoff (links) und Carlos Kleiber

In London,
1984

Als Zerbinetta in München, 1985

Regimentstochter
in Zürich 1988

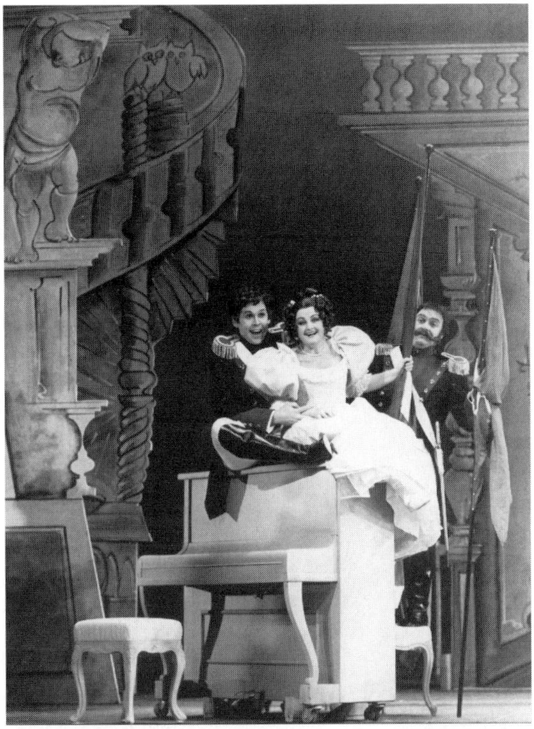

Dieselbe Inszenierung der *Regimentstochter*. Mit Dean van der Walt und Luigi Picconi

Mit Nikolaus Harnoncourt 1990 in Graz

Elisabetta in Donizettis *Roberto Devereux*, Barcelona 1990

In Florenz mit Zubin Mehta und Luciano Pavarotti (1990)

Anna Bolena 1993 in Barcelona

Edita Gruberova in Tokyo, 1993

Edita Gruberova in Tokyo, 1993

dieser „Singvögel" stellte die technisch-virtuose Demonstration über den Transport expressiv-musikalischer Aussage. Hinzu kam, daß der Notentext oft derartig grobe Veränderungen über sich ergehen lassen mußte, daß von den ursprünglichen Intentionen des Komponisten nicht mehr viel übrig geblieben war. (Es ist überliefert, daß schon Gioacchino Rossini selbst der Sopranistin Adelina Patti vorgehalten hatte, *Una voce poco fa* durch übertriebene Ornamentierung bis zur Unkenntlichkeit entstellt zu haben.) Musikalisch herausragende und stilistisch geschmackvolle Interpretationen blieben in dieser „golden age"-Ära eher die Ausnahme. Natürlich muß dieses Urteil relativ verstanden werden, weil wir es mit historischen Aufnahmen zu tun haben, die uns heute mit großer Wahrscheinlichkeit ein stark verändertes Klangergebnis überliefern.

Der zweite Typus, dessen Ursprung wohl auch als Gegenreaktion auf das „golden age" zu sehen ist, kann vielleicht als der künstlerisch Ambitionierteste angesehen werden, wenngleich ihm der stimmliche Ruin sicher gewesen ist: die Verfechter der „Callas-Methodik". All jene, die dieser unnachahmlichen und einzigartigen Sängerin folgen wollten (und dies vor allem mit der plumpen Imitation ihrer schlechten technischen Eigenschaften taten), haben damit ihr Stimmaterial ausnahmslos dem vorzeitigen Ruin preisgegeben. Schuld daran ist nicht zuletzt die Tatsache, daß schlechtes technisches Singen schon immer entschuldigt wurde, wenn es nur als „expressiv" galt. Wenngleich die eigentliche Belcanto-Renaissance schon rund zwei Jahrzehnte vor Callas eingesetzt hatte (angeführt von Dirigenten wie Tullio Serafin oder Vittorio Gui), so war die Griechin wohl die erste, die dem Publikum nun verzierten Gesang wieder als das zu verstehen gab, was sein ursprünglicher Sinn gewesen war: klangsprachlicher, dramatischer Ausdruck. Der Belcanto-Musik, die von vielen Akademikern oder Kritikern bis dahin als banal und unintellektuell abgelehnt wurde, war so wieder ein neues, glaubhaftes Profil verliehen worden. Dennoch ist die künstlerische Qualität von Donizetti- und Bellini-Opern nach wie vor umstritten, und es bleibt Aufgabe der Interpreten, dem Hörer ihre Kraft und Fülle an Imagination zu vermitteln.

Der dritte Typus ist durch eine Darstellung charakterisiert, deren praktische Ausführung eigentlich bislang alleine ihrer „Begründerin" vorenthalten geblieben ist: Joan Sutherlands stilistisch orientierte Gesangsmethode hat ohne Frage einen einmaligen Standard gesetzt. Die Sängerin hat in der Zusammenarbeit mit Richard Bonynge auf die Unbedingtheit der Ausführung von zweiten Arien- und Cabalettenstrophen insistiert und brachte mit historisch belegten Auszierungen einen wichtigen Aspekt des Belcanto in die Aufführungspraxis zurück. Wenngleich das Ausdruckspotential der Sutherland mit Sicherheit weit über jenes der „golden age"-Sängerinnen zu stellen ist, so war es, zumindest im Vergleich zur Callas, in gewisser Hinsicht doch wiederum etwas vage, ja auf nicht wenige wirkte es sogar monochrom. Es fehlte jene radikale Durchgestaltung der Worte und des Dramas, das von Callas mit der größtmöglichen Intensität betrieben worden war. Objektiv gesehen war der Unterschied von Sutherlands Persönlichkeit zu jener der Callas vielleicht doch zu groß, als daß der völlig neu orientierte Gesang der Australierin nicht auf manche wie ein Schock gewirkt hätte. Ohne Frage hatte ihr Gesang Ausdruck, es war aber auf ein eher passives, lyrisch-verhaltenes Bild reduziert.

Der vierte Typus versucht die Intentionen (aber nicht die Charakteristika!) von Maria Callas und Joan Sutherland zu kreuzen und somit historische Aufführungspraxis mit expressiver Tonbedeutung zu vereinen. Dies ist nicht zuletzt aus der Erkenntnis einer Notwendigkeit heraus entstanden. Edita Gruberova hat mittlerweile überzeugend demonstriert, wie sinnvoll eine solche Synthese sein kann, wenngleich ihre Entwicklung auf diesem Gebiet natürlich noch nicht abgeschlossen ist.

Gruberova spricht im Zusammenhang mit Belcanto von einem *weder eindeutig klassischen noch romantischen Stil*. Es ist für sie der *Übergang dieser beiden Stilepochen, in denen die Stilelemente ähnlich verschmolzen sind wie bei Schubert*. In dieser Hinsicht scheint es ihr, trotz höchster Wertschätzung der unvergleichlichen Callas, daß die Belcanto-Werke von dieser Sängerin manchmal mit zuviel an Ausdruckwille belastet worden sind. André Tubeuf spricht in diesem Zusammenhang vom Orchester Richard Wagners, mit dessen spezifischem Klangcharakter Callas gewissermaßen in physischen Kontakt getreten war: Noch bevor sie als *Puritani*-Elvira im Belcanto-Fach debutierte, hatte sie nicht weniger als drei große Wagner-Rollen auf der Bühne verkörpert! Sie sang mit den Ausdrucksgebärden der hochromantischen Oper, ja, ihr Bellini- und Donizetti-Gesang streifte in mancher Hinsicht sogar die Grenzen des Verismus, worauf auch Richard Bonynge hingewiesen hat. Genau hier muß man nun bei Edita Gruberova ansetzen. Die technische Flexibilität einer Sutherland und ein spontan-natürlicher, aber in keinem Moment veristischer Gestaltungswille halten sich in ihrem Vortrag bewußt die Waage und verleihen ihm so ein durchaus persönliches und unverwechselbares Profil. Eine weitere unabdingbare Voraussetzung für die Interpretation dieser Rollen ist, wie bereits angedeutet, die absolute und umfassende Beherrschung der vokalen „Belcanto-Grammatik" – jene spezifischen Parameter, die in den Gesangsschulen des García oder Marchesi manifestiert wurden. Wenn eine der begabtesten amerikanischen Sopranistinnen unserer Tage nicht wirklich in der Lage ist, Koloraturen, Triller, ein sicher auf dem Atem liegendes „Pianissimo" oder ein „messa di voce" technisch sicher auszuführen, ist sie dann tatsächlich als eine „Belcanto"-Sängerin zu bezeichnen, als die sie sich und die Deutsche Grammophon Gesellschaft (neben vielem anderen) gerne sehen möchte? Und ist ihre Einspielung von Donizettis *Lucia* dann tatsächlich aus ausschließlich künstlerisch-interpretatorischer Motivation geplant und entstanden? Ist Maria Callas wirklich die einzig Wahre in Expression und Stil gewesen, an der alles Nachkommende auch heute noch gemessen werden muß? Und ist es aus „dramatischen" Gründen wirklich zu entschuldigen, wenn sie dem von Verdi ausdrücklich mit *piano* markierten Abschnitt *La pace dell'avel* der Arie *Tu, che la vanità* aus *Don Carlo* einen lauten, fast baritonalen Klang verleiht, der einem Leonard Warren alle Ehre gemacht hätte? Man kann nur Lilli Lehmann zitieren, die in ihrer Autobiographie einsichtig sagt:

> *Plötzlich begann ich zu verstehen, daß es nicht unbedingt notwendig sei zu schreien; daß man auch mit wenig Stimme gut singen könne, wenn nur der Klang nobel ist; daß es töricht sei, lediglich eines wetteifernden Ehrgeizes wegen durch große Theater und voluminöse Stimmen von Kollegen seine eigenen Kräfte übermäßig zu fordern; daß „Schönheit" unter allen Umständen schön bleibt, auch wenn sie nur von einigen wenigen als solche erkannt wird.*

Nicht nur Sänger – auch herausragend gute Dirigenten für Belcanto-Opern sind an einer Hand abzuzählen. Wer von ihnen setzt sich heute noch intensiv mit den historischen Aufführungsquellen auseinander und führt die Dinge wieder dorthin, wohin sie einst gehörten? Auch was die Orchesterbehandlung anbelangt, trifft man heute nur noch sehr selten Sensibilität und Klangsinn an. Pinchas Steinberg hat bei der Aufführung von *Beatrice di Tenda* in Wien als einer der wenigen gezeigt, wie der sanft-verhangene Ton der Bellinischen Elegie klingen sollte und wie transparent und elastisch ein Orchester selbst bei dynamischen Höhepunkten noch spielen kann. Weshalb wollen vor allem italienische Dirigenten nicht endlich lernen, daß Dramatik nichts mit Lautstärke zu tun hat?

Für Bellini und Donizetti galt es als selbstverständlich, daß ihre Musik ornamentiert würde, und sie hätten auch mit Sicherheit das Auslassen von zweiten Strophen und deren obligatorische Verzierung als architektonische bzw. stilistische Verunstaltung betrachtet. Unter Authentizität und Werktreue darf bei diesen Kompositionen mitnichten die wortwörtliche Wiedergabe des in der Partitur notierten musikalischen Textes verstanden werden, wie Jesús Lopez Cobós dies in seiner „originalen" Einspielung der *Lucia* getan hat. Es gilt vielmehr die ungeschriebenen Gesetzmäßigkeiten aufzufinden, deren Kenntnis für den Musiker des 19. Jahrhunderts Voraussetzung war. Nicht nur von Luisa Tetrazzini weiß man, daß sie sich mehrere Bücher angelegt hatte, in welchen sie als junge Sopranistin all die Kadenzen aufzeichnete, die ihr von Gesangslehrern und Dirigenten in Madrid, Warschau, St.Petersburg oder anderswo vermittelt worden waren. (In einem dieser Bücher soll es sogar eine Kadenz für eine Arie der Königin der Nacht gegeben haben!) Michael Aspinall hat in einem Essay über die Tetrazzini festgestellt, daß es heute schwierig sei, Sänger und Dirigenten von der Wichtigkeit zu überzeugen, die Anwendung vokaler Ornamentation zu studieren und sie damit zu korrekter und stilistisch richtiger Auszierung aufzufordern.

Wer die Entwicklung von Edita Gruberova über all die Jahre hinweg genau mitverfolgt hat, dem wird die enorme Steigerung ihrer stimm-darstellerischen Mittel nicht entgangen sein. Als Nachfolgerin Joan Sutherlands obliegt es ihr, der italienischen Musik des ausgehenden 19. Jahrhunderts mit ihren individuellen Mitteln in den nächsten Jahren eine neue Physiognomie zu verleihen. Nachfolgend seien skizzenhaft einige Bemerkungen über ihre wichtigsten Belcanto-Rollen angeführt.

Gaetano Donizetti

Lucia di Lammermoor

... Als nun Lucia auftrat, als Edita Gruberova ihre erste wunderbare Szene und Arie vortrug, da geschah etwas, was derart zwingend, vollendet und kunstvoll auch die glühendsten Fans der Gruberova nicht erwartet hatten. Man hörte gewissermaßen zu atmen auf. Das Premierenpublikum wurde ganz still, ein Raubtier auf der Lauer. Dann aber brachen nicht nur Ovationen los, sondern orkanartiges und endloses Schreien und Klatschen, wie man es im Nationaltheater seit Jahr und Tag nicht gehört hat. Wir bedankten uns für eine Kunstleistung, die ganz außerordentlich, aufregend, intelligent und virtuos zugleich war. Ich habe die Callas und die Sutherland noch in großen Belcanto-Partien erleben dürfen: Die Leistung der Gruberova am 19. Oktober 1991 in München kam dem zumindest gleich – ja, war eigentlich noch zwingender. Diese dramatische Koloratur-Sopranistin versteht es, Donizettis heikelste Virtuositätsanforderungen zu erfüllen, ohne je in Attitüden oder bloß Perfektem steckenzubleiben! Wenn sie beispielsweise im Duett mit Edgar ... die empfindsame Moderato-Cantilene singt, dann trägt sie die gleichen

Noten, die beim Tenor von Sehnsucht und Selbstsicherheit künden, mit jener innigen Bedrängtheit vor, die den künftigen Wahnsinn ahnen läßt. Es gelang der Gruberova, ihre Partie nicht nur makellos und risikobereit (im Liegen manchmal, mit pp-Einsätzen in allerhöchsten Registern) zu meistern, sondern die Entwicklung einer geistigen Umnachtung darzubieten. Da flieht jemand vor den Ungerechtigkeiten und tödlichen Zwängen der Welt in Wahn und Mord.

Joachim Kaiser (*Süddeutsche Zeitung*)

Zum ersten Mal sang Gruberova *Lucia* am 17. Januar 1975 im österreichischen Graz, eine Aufführung, die im Musikmetier relativ unbeachtet blieb. Nur einige Jahre später, am 23. März 1978, gelang ihr dann aber in einer neuen Produktion an der Wiener Staatsoper mit dieser Rolle der internationale Durchbruch. Die damals 31jährige errang einen Erfolg, der dem ihrer vorangegangenen Zerbinetta-Premiere durchaus gleichkam, ja diesen vielleicht sogar noch übertraf. Das öffentliche Echo auf diese Aufführung ließ erkennen, daß Gruberovas Rollendarstellung möglicherweise einmal einen festen Platz in der Interpretationsgeschichte einnehmen könnte. Und nach Callas und Sutherland ist sie auch zweifellos die bedeutendste Lucia der 80er und 90er Jahre geworden. Wie mit ihrer Zerbinetta hat sie sich mit dieser Partie in einem Ausmaß etabliert, daß sie heute unauslöschlich mit ihr assoziiert wird. Tatsächlich erhält die Sängerin für Lucia mehr Anfragen als für irgend eine andere Oper, mit dem Resultat, daß sie sie inzwischen an die zweihundert Male an allen großen Opernhäusern der Welt verkörpert hat: Wien, Berlin, München, Hamburg, London, Verona, Florenz, Rom, Mailand, Barcelona, Zürich, Chicago und New York. Anläßlich ihres ersten Florentiner Auftritts in der Rolle schrieb die Zeitschrift *Opera* kühn:

Es kann ohne Bedenken und Bevorzugung gesagt werden, daß seit der Zeit der Callas (mit welcher Gruberova offensichtlich weder stilistisch noch stimmlich verglichen werden kann) keine andere Sopranistin durch Wiedererweckung reinster Belcanto-Tradition so viel Enthusiasmus hervorgerufen hat.

Auch ein großer Teil der italienischen Medien gab zu verstehen, daß man mit der Slowakin nun endlich wieder eine Sängerin hatte, die die Linie Callas-Sutherland-Caballé würde fortsetzen können.

Im Unterschied zu vielen anderen Sopranistinnen hat Gruberova auch in der Rolle der Lucia nie den Versuch unternommen, irgendeine ihrer Vorgängerinnen zu imitieren. Callas war eine dunkle, dramatische und wortintensive Interpretin der Rolle gewesen, während Sutherland viel leichter sang und mit rein vokalen Mittel operierte. Die Slowakin ist so etwas wie eine Kreuzung zwischen den beiden. Rein vokal könnte sie möglicherweise nahe der Tonqualität von Fanny Persiani, der ersten Interpretin der Rolle, liegen. Die Tatsache, daß Donizetti Lucias Musik auf diese Sopranistin zugeschnitten hat, spricht mehr als für sich selbst: ihre Stimme soll sehr hoch, klar und außergewöhnlich agil gewesen sein. Dennoch gab es über Jahre hinweg auch den Trend, schwerere, dramatischere Stimmen für die Partie einzusetzen. Dies wurde unter der Auflage getan, daß viel von der Musik in der mittleren Stimmlage geschrieben ist. Es gibt jedoch auch hohe und sehr mobile Passagen, etwa die Arie des 1. Aktes, welchen Sängerinnen ohne ausreichende Flexibilität vom Charakter her nicht mehr gerecht werden können. Lucia erliegt so der Gefahr, ihre feinen Zwischentöne zu verlieren. Donizetti schrieb die Extreme der Tessitura aus einfachem Grund: Lucia ist ein psychisch unstabiles Mädchen, leicht erschöpfbar. Sie ist Opfer und dadurch kaum heroisch oder willensstark. Das „Auf und Ab" ihrer Musik reflektiert dies.

Gruberova müßte man eine „moderne" Lucia nennen. Obwohl sie mit ihrer Brillanz und leichten Tongebung an Sutherland erinnern könnte, ist sie doch viel dramatischer in ihrer Wort-Intensität, deren Ursprung eher bei Callas zu suchen ist. Es besteht ein Gleichgewicht zwischen sensibler Beobachtung des Textes und reiner, strahlender Vokalisation. Wenn die Sängerin auch angekündigt hat, sich langsam von ihrer Paraderolle zu verabschieden, um sich auch einmal neuen, unbekannteren Opernpartien zu widmen, so wird ihre Lucia der Nachwelt zumindest akustisch in mehreren Gestaltungsversionen erhalten bleiben, da sie sowohl Aufnahmen der Wahnsinnsszene (EMI) und der Arie des ersten Aktes (Sony) als auch zwei Gesamteinspielungen der Oper (EMI und Teldec) gemacht hat. Ihre Auftritte wurden darüber hinaus auch oft im Rundfunk übertragen (Wien, London, New York, Chicago, Barcelona), in Wien gab es zudem zahlreiche Szenenmitschnitte im Fernsehen.

Ihr Wiener *Lucia*-Debut wurde durch eine Firma verbreitet, die sich auf Piratenaufnahmen spezialisiert hatte, in der Hoffnung, mit diesem offensichtlich historischen Dokument gutes Geld zu machen. Mit ihrer uneingeschränkten vokalen Entfaltung löste Gruberova zwar schon 1978 größte Sympathien beim Publikum aus, die musikalische Zeichnung ist aber natürlich noch viel weniger subtil, als sie es später geworden ist. Die Stimme hatte auch noch nicht dieselbe Schönheit, Klangfülle und Farbpalette. Ihre Ornamente in der Wiederholung von *Quando rapito in estasi* sind etwas übertrieben dynamisiert formuliert und wenig sprechend. Vokalisation scheint noch über die Charakterisierung gestellt. Nicht, daß der Debutantin hier keine glaubhafte Darstellung gelänge. Aufs Ganze gesehen fühlt man aber, daß sich die Rolle erst in ihrer Stimme festsetzen und sie selbst die nötigen Farben finden müsse. Gruberova absolviert noch mehr, als daß sie improvisierte oder riskierte. Gleichwohl: Das Gespenstisch-Hysterische vermag sie teilweise schon sehr eindrucksvoll zu vermitteln, wie man sich überhaupt der Triebkraft ihres Einsatzes dieser Aufführung nicht entziehen kann.

Ähnliches wie für die beiden kommerziellen Einspielungen der Zerbinetta gilt auch für jene der Lucia: Keine dieser Studioaufnahmen kann wirklich die Raffinesse und Spannung des improvisierten Moments einer Aufführung wiedergeben. Der Vorteil an der EMI-Einspielung aus dem Jahre 1983 liegt wohl einzig am Tenor-Partner Alfredo Kraus, dem Belcantisten par excellence. Interpretatorisch ist aber ohne Zweifel der Teldec-Aufnahme des Jahres 1992 der Vorzug zu geben, die im wesentlichen jenes Rollenportrait festhält, das man heute von Gruberovas Bühnenauftritten her kennt. Es soll in einigen Punkten näher betrachtet werden.

Die 1. Arie (*Regnava nel silenzio*) ist zwar kein dramaturgischer, sicherlich aber ein erster musikalischer Höhepunkt der Oper. John Steane hat beanstandet, daß Lucias latenter Wahnsinn in dieser Auftrittsmusik viel zu selten zu hören ist. Weder Tetrazzini noch Sutherland, ja nicht einmal Callas (!) habe seiner Ansicht nach den *spezifischen Einblick* dafür gehabt, welcher *diese Notwendigkeit sieht und deren Bedeutung findet*. Diese Interpretinnen hätten zu einer Arie gemacht, was doch viel eher eine Ballade ist. In der Tat haben wir es mit einer haarsträubenden „Geister-Geschichte“ zu tun:

Quella fonte mai,	*Diesen Brunnen kann ich nicht*
Senza tremar non veggo …	*Ohne Zittern ansehen …*
Ah, tu lo sai.	*Du weißt es.*
Un Ravenswood, ardendo	*Ein Ravenswood, glühend*
Di geloso furor, l'amata donna	*Vor eifersüchtigem Wahnsinn ermordete dort*
Colà trafisse: l'infelice cadde	*Seine geliebte Frau: die Arme fiel*
Nell'onda, ed ivi rimanea sepolta …	*In das Wasser und blieb dort begraben*
M'apparve l'ombra sua …	*Ihr Schatten erschien mir …*
Regnava nel silenzio	*Tiefe, dunkle Nacht*
Alta la notte e bruna …	*Beherrschte die Stille …*
Colpia la fonte un pallido	*Ein blaßer Strahl des schaurigen*
Raggio di tetra luna …	*Mondes beleuchtete den Brunnen …*
Quando un sommesso gemito	*Da hörte ich ein leises*

Fra l'aure udir si fé;	*Stöhnen in der Luft;*
Ed ecco su quel margine	*Und dort, an dessen Rand,*
L'ombra mostrarsi a me!	*Zeigte sich mir der Schatten!*
Qual di chi parla, muoversi	*Ich sah, wie sich ihre Lippen bewegten,*
Il labbro suo vedea,	*Wie bei jemandem, der spricht,*
E con la mano esanime	*Und mit ihrer leblosen Hand*
Chiamarmi a sé parea.	*Schien sie mich zu sich zu rufen.*
Stette un momento immobile,	*Sie verharrte einen Augenblick,*
Poi ratta dileguo	*Dann verschwand sie rasch.*
E l'onda pria si limpida	*Und das vorher so klare Wasser*
Di sangue rosseggio.	*Schimmerte rot von Blut.*

Der Autor hat diese Arie in Edita Gruberovas Interpretation immer am meisten geschätzt, ja sie aufgrund ihrer äußerst variablen Ausdruckspalette sogar noch über die Wahnsinnsszene gestellt. Der erste Textabsatz ist noch in einer Art erzählendem Tonfall gesungen, mit einer dynamischen Steigerung zu *Colà trafisse* hin. Lediglich die letzte Zeile – das Erscheinen des Schattens – schwillt gefährlich-schauerlich an: Wie so oft bei Gruberova ist es auch hier neben der spezifischen Tonfärbung die Verzögerung bestimmter Worte, die die dramatische Spannung miterzeugt: Zwischen *ma* und *parve* setzt sie eine minimale Pause, um sodann den Rest des Satzes beschleunigend „nach vorne" fallen zu lassen. Das ist ungeheuer zwingend. Eine weitere faszinierende Stelle auf dieser Teldec-Einspielung ist der Moment, wenn Lucia erstmals voll brennender Sehnsucht von Edgardo spricht:

Egli è luce a giorni miei	*Er ist das Licht meiner Tage,*
E conforto al mio penar.	*Er ist der Trost meines Leidens.*

Welche Emphase herrscht in diesen Tönen und Worten (*luce*)! Am Ende der Phrase erleben wir dann noch eine schöne Ausdrucksnuance: das letzte Wort, *penar* – das „Leiden" – bringt Gruberova nicht etwa mit einem dunkleren oder gar schmerzlichen Ausdruck, sondern füllt es mit unschuldiger und reinster Glückseligkeit! Die Callas – sie mag Farben und Tongebärden geschaffen haben, die nicht in Gruberovas Mitteln liegen. Klänge dieser Art aber wird man bei der Griechin vergeblich suchen!

Neil Shicoff mag kein Belcanto-Tenor mit allem erdenklichen (*piano*-) Raffinement sein, doch er singt den Edgardo schwärmerisch und mit leidenschaftlicher Hingabe. Die Mischung seines farbig-heldischen Materials mit dem seiner Partnerin überzeugt nicht zuletzt auch im berühmten Duett des 1. Akts. Wann immer Gruberova ihren Tenor-Partnern die Phrase *Verranno a te* vorsetzt, dann tut sie dies mit zartester Stimmgebung. Dem in derselben Tonqualität zu antworten dürfte freilich für keinen Edgardo einfach sein!

Einer der schwierigsten Momente für den Sopran ist der Beginn des Duetts mit Enrico. Er liegt tief und erfordert Emphase:

Il pallor, funesto, orrendo,	*Die unheilvolle, schreckliche Blässe,*
Che ricopre il volto mio	*Die mein Gesicht bedeckt*
Ti rimprovera tacendo	*Wirft dir schweigend*
Il mio strazio … il mio dolore.	*Meine Qual … meinen Schmerz vor.*
Perdonare ti possa Iddio	*Möge dir Gott Deine*
L'inumano tuo rigor.	*Unmenschliche Strenge verzeihen.*

Da, wo nun viele Sängerinnen beginnen, auf die Stimme zu drücken, nimmt Edita Gruberova in erster Linie die Worte zu Hilfe, deren übergenaue Formulierung (Konsonanten!) der Stelle den notwendigen Impetus verleiht. Der Vergleich mit der alten EMI-Aufnahme zeigt aber auch gleichzeitig auf, um wievieles dunkler und substantieller ihre Mittellage in den 10 Jahren geworden ist.

Gruberovas Wahnsinnsszenen sollte man eigentlich nicht nur hören, sondern immer auch gleichzeitig auf der Bühne erleben. Ihr Erscheinungsbild und die Art wie sie sich inzwischen auch physisch auszudrücken vermag, gehört zum Gesamterlebnis dieser Interpretationen. Die Teldec-Einspielung ist ohne Frage die künstlerisch reifste, ambitionierteste und ausdrucksstärkste von allen *Lucia*-Tondokumenten der Slowakin. Es ist, im Unterschied zur Callas, ein eher „passiver" Wahnsinn, der hier zum Ausdruck kommt. Er ist weniger furchterregend als schauerlich, obwohl man gerade *Il fantasma* noch kaum jemals so erschreckend von ihr gehört haben dürfte wie hier. Die große Kadenz mit obligater Flöte ist nicht nur wissenschaftlich umstritten. Donizetti fordert in der Originalhandschrift eine Glasharmonika – ein von Benjamin Franklin weiterentwickeltes Instrument, dessen Klangqualität dieser Szene eine ganz besondere Art von gespenstischer Seelenlosigkeit verlieh. Wer dann die von Ricci besorgte Kadenz (die Donizettis Themen verarbeitet) in die Praxis einführte, ist ungeklärt. Man vermutet, daß es entweder Adelina Patti oder Teresa Brambilla gewesen ist. In der Praxis ist man jedenfalls von der Glasharmonika fast völlig abgekommen. (Lediglich an der

Münchner Staatsoper hat sie der Dirigent Michel Plasson wieder eingeführt.) Der Donizetti-Experte William Ashbrook äußerte die Vermutung, daß das Instrument entweder zu unpraktikabel oder wegen des Mangels an fähigen Spielern in seinem Einsatz zu begrenzt war und deshalb gegen die Flöte ausgetauscht wurde. Wie auch immer, eine Kadenz ist musikalisch gesehen an dieser Partiturstelle in jedem Fall gerechtfertigt. Schade, daß auch Bonynge die Möglichkeit dieser Gesamteinspielung nicht dazu benutzt hat, die Glasharmonika eine Auferstehung feiern zu lassen.

Generell gesehen hat Gruberovas Wahnsinnsszene heute auch viel mehr von wehmütiger Traumhaftigkeit an sich, als dies früher der Fall war. Sie ist eindeutig auf die resignierend-zerbrechliche Seite hin orientiert. In der 2. Strophe von *Spargi d'amaro pianto* an der Textzeile *Io preghero per te* erreichen ihre stimmdarstellerischen Mittel einen singulären Höhepunkt: Auf der Fermate am Wort *te* formt sie im *forte* vorerst den Triller (er setzt langsam ein und acceleriert), diminuiert dann auf diesem Ton, geht von diesem (ohne Atem) in ein sehr langgezogenes Gruppetto (Doppelschlag) über, bis sie mit einem extrem langsamen Anschleifen den ersten Ton der nächsten Phrase *al giunger tuo soltanto* erreicht. Das alles ist mit einer nicht zu beschreibenden Spannung gebracht. In manchen Aufführungen dauert diese Passage über 12 Sekunden lang. Auch auf der Teldec-Aufnahme kommt die Stelle eindrucksvoll heraus, wenngleich der Triller nicht ganz so schön formuliert ist wie üblich. (Man findet diesen Moment auf CD 2 unter Nr. 13 bei 2'31.) Der Autor hat Gruberovas *Lucia*-Darstellungen in mehreren europäischen und amerikanischen Produktionen gesehen. Jedesmal wenn die Diva diese Passage „fertiggezaubert" hatte, konnte man ein erleichtertes Aufatmen durchs Publikum gehen hören.

Vincenzo Bellini

I Capuleti ed i Montecchi

Ich behalte diese Aufführung ... als die beste ihrer Art seit den frühen Jahren von Sutherlands Lucia in Erinnerung. Die Schallplatte erhält sie auf getreue Art, aber es ist relativ leicht zu übersehen, was das Schönste und Speziellste i m T h e a t e r *war, nämlich die perfekte Reinheit dieser zwei Stimmen. Vor allem die Gruberova hatte eine Brillanz und Schönheit des Klanges, auf welche ich von den Schallplatten her nicht vorbereitet gewesen war ... Es war eine dieser immer seltener werdenden Nächte in der Oper ...* John Steane (*Grammophone*)

Als Edita Gruberova am 26. März 1984 in der Londoner Covent Garden Opera mit der Giulietta in der auf Shakespeare basierenden Bellini-Oper *I Capuleti ed i Montecchi* debutierte, schien es klar, daß sie ein Terrain betreten hatte, in welchem sie sich sehr bald als führend erweisen sollte: Belcanto. Die Verleihung des Sir Laurence Olivier Award für die beste weibliche Rollendarstellung in einer Oper war eine von vielen Bestätigungen.

Vieles von Giuliettas Musik ist einfach nicht abwechslungsreich genug, als daß sie nach einer Weile nicht der Gefahr erliegen könnte, monoton zu wirken. Gibt es da nicht die Fähigkeit einer Sängerin, Farbvariationen und dynamisches Espressivo zu transportieren, ist der Sinn der Wiederaufbereitung einer so selten gespielten Musik verfehlt. Auch für eine Entwicklung der Figuren besteht in *Capuleti* nicht viel Raum, weshalb es heute auf dem EMI-Mitschnitt um so faszinierender zu hören ist, daß über keine Phrase, keinen Takt und keine Note uncharakteristisch hinweggesungen würde. Die Gesetzmäßigkeiten und der Sinn des Belcanto scheinen hier verwirklicht.

Der Erfolg dieser heute legendären Produktion lag gewiß auch an Riccardo Muti, der die beiden Protagonistinnen Edita Gruberova und Agnes Baltsa als Bedingung für sein Dirigat gestellt hatte. Historische Aufführungstraditionen wird man in seiner Interpretation vergeblich suchen. Was jedoch die musikalisch-expressive Ausgestaltung betrifft, so strafte der Maestro in minuziöser Probenarbeit am Klavier jene Lügen, die behaupteten, er wäre kein Operndirigent oder nicht „sängerfreundlich" – was immer das heißen mag. Muti, der Neapolitaner, demonstrierte nicht nur überzeugend, welche Affinität und welch untrügliches Gespür er für die Spannung des Bellinischen Melos hatte, sondern zeigte auch auf, wie sehr dieses vom Komponisten aus dem Wort und dessen Farbe heraus geschaffen wurde – Giuliettas *cielo, destino, amore* im Finale des 1. Aktes etwa ist nur eines von unzähligen Beispielen dafür. Muti hatte Gruberova vorgeschlagen, dort jedem Wort eine neue Klanggestalt zu verleihen. *Eccomi in lieta vesta/Oh quante volte*, die Auftrittsarie, singt sie sehr zurückgenommen, läßt eine ferne Wehmut mit der überwältigenden Schönheit seufzender Eloquenz anklingen. Und immer wieder sind es auch die Rezitative, die mit seltener Genauigkeit, ja Akribie ausgestaltet sind. Ein Blick in ihren Klavierauszug dieser Oper enthüllt, daß die Sängerin gerade an dieser Rolle äußerst detailliert gearbeitet hat, so viele Einzeichnungen von eigener Hand sind darin enthalten! Der große Verkaufserfolg der Aufnahme hat übrigens erneut den Beweis erbracht, daß „Raritäten" in hochqualifizierter Wiedergabe beim Publikum immer auf größtes Interesse stoßen. Schade, daß EMI nicht die

Chance ergriffen hat, das Duo Baltsa/Gruberova zu weiteren Projekten heranzuziehen.

Bellini

I Puritani

Die Note kam schwebend über das Auditorium von Covent Garden. Sie verließ Melbas Hals, sie verließ Melbas Körper, sie verließ alles, kam heraus wie ein Stern, kam an unserem Balkon vorbei und ging hinaus ins Unendliche. Diese Note von Melba war wie ein Lichtball. Sie war an nichts mehr gebunden und doch ganz vollständig. Mein Gott, wie schön war das!

Dieser Bericht über eine Aufführung mit Nelly Melba wurde von der legendären Mary Garden verfaßt. Die Worte erinnern einen unweigerlich an so manche Gruberova-Momente; diese besondere Art der Schwerelosigkeit ist ohne Zweifel eines der signifikanten Merkmale ihres Gesangs. In *I Puritani* erlebt der Hörer viele solcher verzaubernder Augenblicke.

Erst im Alter von 38 Jahren (am 23. Juli 1985) sollte Edita Gruberova mit der Rolle der Elvira debutieren, nachdem sie von unzähligen Melomanen längst in dieser Partie erwartet worden war. Natürlich konnten auch hier Vergleiche mit der Callas nicht ausbleiben, deren Wiedergabe der Wahnsinnsarie (*Qui la voce*) sicherlich eine der eindrucksvollsten Momente belcantistischer Gesangskunst darstellt. Aber in keinem Moment ist die Griechin eine glaubwürdige „Vergin vezzosa", auch dann nicht, wenn sie den Klang ihrer Stimme aufzuhellen, und ihm einen jungmädchenhaften Charakter zu verleihen versucht. Sie läßt einen dennoch beharrlich an Lady Macbeth denken. Leider fügte Gruberova bei diesem Debut, das im Rahmen der Bregenzer Festspiele über die Bühne ging und vom Österreichischen Fernsehen live aufgezeichnet wurde, dem musikalischen Text noch fast keine Ornamente hinzu. Inzwischen ist sie in dieser sehr wichtigen Frage viel genauer und selbstbewußter geworden, legt auf das selbständige Auszieren von Strophenrepetitionen oder Fermaten großen Wert.

Schon im ersten Ensemble der Introduktion *La luna, il sol, le stelle* tritt die Stimme mit den kleinen Kadenzen berückend aus dem Gesamtklang heraus, um sodann leise-leuchtend darüber zu schweben. Aus der berühmten Pollacca *Son vergin vezzosa* haben viele Koloratursoprane ein virtuoses Schaustück gemacht. Die überzeugendste Darstellung dieses so anmutigen Stückes ist Gruberova 1988 auf ihrem CBS/Sony-Recital gelungen, wo sie es mit federnder Eleganz vorträgt. John Steane schreibt in seiner *Grammophone*-Rezension darüber:

> *... sie hat eine besonders liebliche Art, solche hoch inspirierten Melodien zu schattieren, und ist auch fähig, das Sentiment hinter der Fröhlichkeit einzufangen ... gleichzeitig hält die Vitalität ihres rhythmischen Sinns den Tanz in Bewegung.*

Von der Aufnahme dieser Pollacca hat sich übrigens auch Carlos Kleiber begeistert gezeigt. Schade nur, daß Gruberova auch hier noch keine Variationen einfügt. Solche hat sie erst bei der konzertanten Aufführung in München im Oktober 1993 angebracht, die bei Nightingale Classics im Rahmen des Belcanto-Zyklus als Live-Aufnahme veröffentlicht worden ist. Das größte Problem bei der Erstellung der Sängerbesetzung stellte ohne Frage auch hier der Tenor, dem in dieser Oper einige Töne über dem hohen „C" abverlangt werden. Der Veranstalter dieser Münchner Aufführung hatte Pech, als der dafür vorgesehene bulgarische Nachwuchstenor Boyko Tsvetanov im letzten Moment krankheitsbedingt absagen mußte und nun in der ganzen Welt kein Ersatz zu finden war. Justin Lavender ist also kein Vorwurf zu machen, wenn er als Retter des Abends mit seinem sehr schlanken Oratorientenor mit einiger Mühe versucht, den Bellinischen Phrasen Espressivo zu verleihen. Die Aufnahme hält dafür einmal mehr eine absolute Sternstunde der Gruberova fest. Wenn sie das Ensemble *Oh vieni al tempio* einleitet, dann muß sie dies Bellinis Instruktion zufolge *mit dem Affekt eines unschuldigen, zufriedenen Herzens* tun. Genau das ist es, was ihr am allerbesten gelingt: Es gibt hier in keinem Takt einen willkürlich nach außen gerichteten Effekt, sondern nur die natürliche und gefühlvolle musikalische Deklamation. Und wenn sie am Beginn der Phrase *Ah! vieni, t'affretta* auf dem ersten g" mit dem weichsten und schönsten Klang innehält, dann scheint die Welt stehenzubleiben. Die letzte Wiederholung des immer wiederkehrenden Verses *O rendetemi la speme* in der Wahnsinnsarie instruiert Bellini mit *con tutta la disperazione del dolore* (mit größter Verzweiflung des Schmerzes). Gruberova hütet sich, bei dieser Phrase in Verismo-Manier zu verfallen, sondern singt sie weich, mit etwas eingedunkeltem Klang, aber doch auch immer mit jener „Unschuld" in der Stimme, die die Voraussetzung für eine glaubwürdige Charakterzeichnung der Rolle ist.

Bellini

Beatrice di Tenda

> *... was am meisten faszinierte, war die Intensität des Ausdrucks, mit der sie jede einzelne Phrase, ja selbst jeden einzelnen Ton erfüllte. Eine einfache melismatische Figur konnte schon Beatrices tiefen Schmerz verraten, eine schlicht vorgetragene Kantilene ihre Erhabenheit und Größe im Angesicht des Todes. Gäbe es so etwas wie einen Oscar auch für Opernsänger, Edita Gruberova müßte ihn für ihre unnachahmliche Gestaltung der Beatrice unbedingt erhalten.*

So urteilte Peter Blaha in der Hamburger Opernzeitschrift *Das Opernglas* nach einer konzertanten Aufführung von Bellinis *Beatrice di Tenda* in Wien vom Januar 1992. Schon wenige Wochen später wurde der Radiomitschnitt dieses Abends in verschiedenen Katalogen auf Musikkassette angeboten. Dubiose Firmen, die sich ihr Geld mit Piratenaufnahmen verdienen, hatten hier nicht zu Unrecht eine gute Einnahmequelle gewittert. Doch nur einige Monate später veröffentlichte dann das damals neue Label Nightingale Classics die Konzertwiedergabe auf Compact Disc und erzielte damit einen unerwartet hohen Verkaufserfolg. In weniger als einem halben Jahr wurden europaweit rund 14.000 Compact Discs umgesetzt. Für eine Rarität wie diese eine absolute Sensation. Die Opernfans schienen nach Gruberovas Belcanto-Künsten buchstäblich gehungert zu haben.

Der Dirigent der Aufführung, Pinchas Steinberg, dem gewissenhafte Detailarbeit, ideale Balance zwischen sängerischer Stützung und individuell-orchestraler Zeichnung zu attestieren ist, bezeichnete die Partie der Beatrice als schlichtweg ideal für Gruberova. Er ging sogar so weit zu behaupten, sie läge ihr noch weit besser als Lucia. Zieht man die Tatsache in Erwägung, daß diese Aufnahme Gruberovas erste künstlerische Auseinandersetzung mit der Rolle dokumentiert, so ist es doch erstaunlich, wie vokal gefestigt und musikalisch spontan sie sie bereits zu vermitteln weiß. Besonderer Wert kommt der Einspielung aber auch dadurch zu, daß bis zu ihrem Erscheinen nur einige wenige Konkurrenz-Aufnahmen auf dem Markt zu finden waren. Die der forcierenden und einer Belcanto-Grammatik kaum mächtigen Mariana Nicolescu ist letztlich aber ohnehin kein wirklich gleichwertiger Vergleichs-Parameter (wenngleich die Aufnahme mit Piero Cappuccilli als Bariton aufwarten kann) ebensowenig wie die von Berlin Classics beigesteuerte Studioproduktion mit Lucia Aliberti in der Titelrolle. Einzig die Interpretation von Joan Sutherland aus dem Jahre 1967, die von

Decca gleich nach Erscheinen der Gruberova-Platte auf CD wiederaufbereitet wurde, kann für einen Vergleich herhalten. Dennoch: Gruberovas Portrait dieser Figur, ihre detaillierte Feinzeichnung von allen nur erdenklichen Gefühlsnuancen übertrifft nach Meinung des Autors hier ganz entschieden auch die Aufnahme der australischen Kollegin. Zudem vermögen auch die übrigen Protagonisten, namentlich Vesselina Kasarova als Agnese und Don Bernardini als Orombello, der Diva belcantistisch-eloquent zur Seite zu stehen.

Es ist geradezu unglaublich, daß *Beatrice di Tenda* bislang nicht öfter aufgeführt, geschweige denn auf Tonträger festgehalten worden ist. Wir haben es hier mit dem vielleicht Schönsten zu tun, was Bellini komponiert hat. Die melodische Inspiration, der elegische Einsatz instrumentaler Soli und die atmosphärische Dichte sind von einer nicht zu beschreibenden Schönheit und Vollendung!

Gruberova trifft schon in ihrem ersten Rezitativ die ambivalente Stimmung Beatrices, kreiert den im Text und der Musik vorgezeichneten Wechsel von Licht und Schatten:

Respiro io qui.	*Hier atme ich frei.*
Fra queste ombrose piante,	*Inmitten der schattigen Pflanzen*
all'ollezzar de' fiori,	*beim Duft der Blumen,*
a me piu dolce sembra	*scheinen süßer mir*
il raggio del di.	*die Strahlen des Tages.*
Quando offeso in suo stelo	*Wenn geknickt auf ihrem Stiel*
il fior vien meno,	*die Blume verblüht,*
piu non puote avvivarlo	*belebt sie auch nicht*
il sol sereno.	*die helle Sonne.*
Quel fior son io:	*Jene Blume bin ich:*
cosi languir m'é forza,	*So muß ich leiden,*
lentamente perir.	*und langsam vergehen.*

Welch instinktive Aufmerksamkeit gegenüber dem Text, wieviele Ausdrucksdetails in nur ein paar Takten Musik bringt die Sängerin hier an den Hörer! Sind die ersten Zeilen noch hell und voll Leben atmend, so wird im zweiten Absatz das „Stimmgesicht" verändert. Der Klang ist eingedunkelt, der Eintritt mancher Vokale leicht verzögert, um die Schwere und Melancholie der Gedanken auch mit sprachlichen Mitteln anzudeuten. Die Rubato-Möglichkeiten der darauffolgenden Auftrittsarie (*Ma la sola*) sind ins schier Unermeßliche ausgeweitet, man wird das Gefühl einer einzigen großen Improvisation nicht los. Es wirkt, als würde das, was sie hier singend sagt, im Moment von ihr erfunden. Auch wenn man das Stück bis ins Detail hinein kennt – man weiß nicht, wohin sie den Hörer im nächsten Augenblick führt. Ganz so wie Arthur Rubinsteins Chopin-Rubato.

Die Bellinische Elegie ist das Charakteristikum der Musik Beatrices, doch verfallen Traurigkeit und Schwermut bei Gruberova niemals ins Larmoyante. Dieser Vortrag bewahrt Haltung und Würde. Die Aufnahme entstand genau zur richtigen Zeit: Ihre Stimme hatte inzwischen dunklere Zwischentöne angenommen und war auch mehr denn je zur Expansion großer Linien geeignet. Wiederholt nutzt die Sängerin die Möglichkeit, auch ihre unzähligen Facetten im *piano*-Register mit intensivem Ausdruck zu erfüllen und „à la Caballé" zu zelebrieren, zumal in der Schlußszene, die wieder einmal i h r Moment ist. Der erschütternde Monolog der zum Tode verurteilten Herzogin von Tenda (*Ah, se un urna*) ist mittlerweile nicht ohne Grund auch zu einem mitreißenden Zugabestück ihrer Konzerte geworden. Auch der sehr wählerische André Tubeuf konnte seine Entzückung über diese wirklich hochkarätige Interpretation nicht verhehlen und ließ sich in *Diapason* (3/93) zu enthusiastischen Worten hinreißen:

> *... die sublime Qualität der Linie, das „Handgenähte", das Licht in der Stimme, die Haltung, die aristokratische Sanftheit, die verblüffende Vollkommenheit jedes einzelnen Tones (und wir haben es mit einer live-Aufnahme zu tun!) – das alles zusammen gibt kein dramatisches Portrait, sondern vielmehr etwas so Vollkommenes und Begeisterndes, was uns die Schallplatte seit ihrer Existenz noch nicht gegeben hat ...*

Tubeuf formuliert es sehr schön, wenn er von *Handgenähtem* spricht. Dieser Vortrag ist eben, was seinen Ausdruck anbelangt, wirklich in keinem Moment mechanisch oder im Korsett. Man spürt jene freie Schwingung, den improvisatorischen Umgang mit Metrum und Rhythmus.

Im Feuilleton der *Frankfurter Allgemeinen Zeitung* vom 5. Dezember 1992 hat Joachim Fest unentschlossenen Schallplattenkäufern seine persönlichen Ratschläge erteilt. Unter der Rubrik *Für Sentimentale* empfahl er seinen Lesern diese *Beatrice*-Aufnahme, die heute zweifelsohne in jede bessere Plattensammlung gehört.

Donizetti

La Fille du Régiment

Ihre Darstellung der patzigen Göre, die zwischen engelsgleichen Tönen flucht und flirtet und schmollt, straft all jene Lügen, für die die Slowakin „kalt", „spröde" oder „gefühlsarm" sein soll. Nur nebenbei erwähnt seien auch die sportlichen Qualitäten der Gruberova, etwa wenn Sulpice als Kavalleriepferd herhalten muß oder wenn sie im Hechtsprung auf dem Klavier landet. Überhaupt ist die Klavierstunde im 2. Akt ein Höhepunkt der Aufführung, wenn sie sich der Nervensäge Hortensius mit ihren ureigenen Mitteln, atemberaubenden Koloraturen nämlich, entledigt.

P. König (*Das Opernglas*, 2/94)

Es gibt nicht wenige Gruberova-Verehrer, die die komischen Qualitäten der Sängerin für ihre überhaupt größte Begabung halten. Daß sie es war, die die *Fledermaus*-Adele als erste aus dem putzigen Soubretten-Klischee herausgeholt hat, ist oft gesagt und geschrieben worden. Schade, daß sie mit komischen Opern wie der *Regimentstochter* viel zu wenig in Erscheinung tritt. Es muß Zürichs einstigem Operndirektor Christoph Groszer zugute gehalten werden, eine Neuproduktion dieses Stückes für das damals neue Ensemblemitglied eingeplant zu haben. Auch mit der Wahl des Regisseurs Giancarlo del Monaco hatte er gute Hand bewiesen. Der Italiener erzählte die Geschichte nicht nur mit Humor, sondern versuchte auch, die heitere Ernsthaftigkeit der Musik ironisch zu brechen. Gruberova als gewitzt-verspielter Mini-Napoleon – das gab zudem ein neues und originelles Bild. Der dramaturgische Höhepunkt der Oper ist natürlich die berühmte Szene des 2. Akts, in welcher Marie wider Willen eine Gesangsstunde über sich ergehen lassen muß. Hier erlebt man die darstellerisch vielleicht bestgelaunte, ja frechste Gruberova aller Zeiten. Wie ein überlaunisches Kind zeigt sie sich abwechselnd aufsässig, widerspenstig, agressiv oder blöde. Ihr Piano ist zu leise, ihr Forte zu laut, ihren Triller zelebriert sie mit übertrieben barockem Pathos, Tiefes wird in der Brust genommen, und hohe Töne enden in einem mitleiderregenden Hustenanfall. Gruberova weiß, wie man singt, und zeigt hier aber auch erstmals zur größten Erheiterung des Publikums, wie man es nicht tun sollte. Diese nasebohrende, ungeniert gähnende und auch sonst hemmungslose Marie muß man einfach im Theater erlebt haben, um sich ein wirklich vollständiges Bild von den sing-schauspielerischen Qualitäten der Sängerin zu machen.

Wie in so vielen Abschnitten der Zerbinetta und Stücken wie Bernsteins *Glitter and be gay* oder Aubers Lach-Arie der Manon versteht es die Sängerin vor allem, Koloraturen, Triller und jede andere Art von Verzierung in sinnvollen Ausdruck umzusetzen: Sie kichert, schäkert, schmunzelt und grinst buchstäblich durch die Töne hindurch. Und sie tut das alles auf eine solch ungehemmte Art, die einen die Primadonna der Tudor-Königinnen für zwei Stunden total vergessen läßt.

Es darf hier der Hoffnung Ausdruck verliehen werden, daß diese Produktion auch bald einmal einem breiteren Publikum auf Video zugänglich gemacht wird!

Donizetti

Linda di Chamounix

Aus dem Einsatz ihrer perfekten Gesangstechnik gewinnt sie eine Expressivität, welche die Titelpartie in jedem Moment als erfüllt wahrnehmen läßt. Die dynamischen Nuancen erscheinen unerschöpflich, die Koloraturen gelingen mit traumwandlerischer Sicherheit, und selbst bei schnellstem Tempo vermag die Sopranistin mit der breiten Palette ihrer vokalen Farben zu malen.

Neue Zürcher Zeitung (3/94)

Als mir im Jahre 1991 in einer Stockholmer Musikbibliothek per Zufall eine alte, handgeschriebene Partitur von Donizettis „Linda di Chamounix" in die Hände fiel, erkannte ich schon beim bloßen Durchblättern das Exzeptionelle dieser Musik. Friedrich Haider erinnert sich, schon beim ersten flüchtigen Kontakt derart von dieser Donizetti-Musik eingenommen gewesen zu sein, daß er in verschiedenen Opernhäusern sogleich eine Aufführung des so gut wie nie gespielten Werkes vorschlug.

Leider wollte aber keiner der Intendanten das „Risiko" auf sich nehmen. Das Stück wäre vom Sujet her zu schwach, hieß es, um auch eine Inszenierung zu rechtfertigen. Haider erzählte seine Idee schließlich seinem Freund, dem schwedischen Konzertagenten Johan Englund, der ihm spontan anbot, die Oper in Eigenorganisation und mit eigenem finanziellen Risiko konzertant in Stockholm aufzuführen. Diesem jungen und dynamischen Impresario verdanken wir also somit heute auch die bei Nightingale Classics veröffentlichte Live-Aufnahme des Werkes.

Die 1842 für das Wiener Kärntnertortheater komponierte Semiseria *Linda di Chamounix* ist bis heute eine praktisch völlig vergessene Oper geblieben. Auch der Schallplattenmarkt konnte bislang lediglich mit einer einzigen Studioproduktion aufwarten, die 1954 unter Tullio Serafin entstanden ist. Angesichts unzähliger Schönheiten dieser Partitur ein nicht zu erklärendes Faktum.

Es lohnt sich, das Gespräch zu lesen, das Friedrich Haider mit dem Produzenten Human Salemi geführt hat und das im Booklet zur CD abgedruckt wurde. Der Dirigent gibt dort seine Sicht auf Belcanto-Partituren wieder:

Die Faszination, die generell von diesem Œuvre ausgeht, liegt für viele in erster Linie an der Vollkommenheit seiner melodischen Inspiration, – das was Richard Strauss den „primären Einfall" genannt hat, – die Urkraft des Melos sozusagen … Dennoch sind die Singstimmen nicht die alleinigen Träger des Geschehens, denn das würde bedeuten, daß dem Orchester bloße Begleitfunktion zukäme, was natürlich nicht der Fall ist. Es ist ein Wechselspiel zwischen selbständiger und unselbständiger Orchestersprache, eine Verbindung von rhetorischen, klangsprachlichen Elementen und einer harmonikal-farblichen Stützung. In „Linda di Chamounix" beschreitet Donizetti überdies in vielerlei Hinsicht kompositorisches Neuland. Die geschlossene Nummer wird mehrfach aufgebrochen, ihr traditionelles Schema gesprengt und in den Dienst des dramatischen Ausdrucks gestellt.

Haider erhält vom Schwedischen Rundfunkorchester einen kompakten, gleichzeitig aber immer durchsichtigen Orchesterklang. Um die vielen filigranen Strukturen des Satzes hörbar zu machen, setzte er sogar alte Posaunen und Pauken ein, da diese Instrumente in der modernen Bauweise oft ein diffuses Klangbild erzeugen. Wir lernen auch erstmals die von Donizetti in der Partitur geforderte „Ghironda", eine savoyardische Drehleier, kennen.

Linda-Edita begeistert natürlich vorerst einmal in ihrer Auftrittsarie *O luce di quest'anima*, dem vermutlich einzig wirklich berühmten Stück der Oper. Sie berührt mit zart gezeichneten Details des Rezitativs und überwältigt mit der Brillanz der Arie.

O luce di quest anima	*Oh Licht meiner Seele,*
Delizia, amore e vita,	*Wonne, Liebe und Leben,*
La nostra sorte unita,	*Unser Schicksal wird auf*
In terra, in ciel sarà.	*Erden und im Himmel vereint sein.*

Deh, vieni a me, riposati	*Ach, komm zu mir,*
Su questo cor che t'ama,	*Gib dich diesem liebenden Herzen hin,*
Che te sospira e brama,	*Das sich nach dir sehnt,*
Che per te sol vivrà.	*und nur für dich leben will.*

Die Musik ist hier ein wenig leichtfüßig, was durch das nach vorne gerichtete Tempo der Gruberova noch unterstrichen wird. Dennoch vermag sie sanfte Leidenschaft in die Stimme zu transportieren, wenn sie sich etwa mit dem Wort *vivrà* in einer kleinen Kadenz nach oben schwingt. Und immer wieder ist es die „unverschämte" Leichtigkeit, die federnde rhythmische Eleganz und Schmiegsamkeit der Stimme, mit der dieses Koloraturwunder Fiorituren und Sprünge bewältigt. Das eigentlich Interessante der Oper liegt freilich in allem Weiteren. Sowohl das zänkische Buffo-Duett mit dem Marchese in nervigem Rossini-Stil wie auch die beiden empfindsamen, melodienseligen Liebesduette mit dem Tenor (Don Bernardini) sind hinreißend dargeboten. Höhepunkt ist ohne Frage wieder einmal die Wahnsinnsszene, die sich in formalen und expressiven Mitteln von jener der Lucia aber grundsätzlich unterscheidet. Friedrich Haider hält sie für einen *Blick in tiefe seelische Abgründe.* Tatsächlich birgt sie einen der stärksten Momente dieser Donizetti-Musik. Schon die Einleitung läßt in Edita Gruberovas Interpretation aufhorchen: Die Reminiszenz an das vorangegangene Liebesduett mit Carlo (*Ah, consolarmi affrettisi*) ist fast ohne Vibrato gesungen, weiß, kraftlos, beinahe mechanisch. Die Sängerin verschafft den Eindruck, daß nicht sie es ist, die singt, sondern daß es „durch sie singt". Die ersten vier Takte der Arie selbst demonstrieren dann erneut die große Flexibilität ihrer Stimme, deren immense Wandelbarkeit:

No, non é ver ... mentirono!	*Nein, es ist nicht wahr ... sie lügen.*
Tradir tu non mi puoi:	*Du könntest mich nicht verraten!*
E solo per me palpita	*Nur für mich schlägt dein*
Fedele il tuo bel cor.	*Treues, gutes Herz.*

Die Musik ist hier hin- und hergerissen. Vom verzweifelten Aufschrei kann Gruberova unmittelbar in geschmeidiges, weich gezeichnetes Singen übergehen.

Linda di Chamounix ist eben gerade deshalb so interessant, weil sie die Sängerin in allen nur erdenklichen Facetten präsentiert: Zart-Schwärmerisches, anmutige Koloratur, emphatische Konfrontation und Wahnsinn stehen hier unmittelbar nebeneinander. Gruberova verfügt noch immer über die Stimm-Leichtigkeit ihrer frühen Jahre, hat aber auch die nötige Kraft und metallische Farbe für dramatischere Zugriffe. Der Zeitpunkt, zu dem diese CD entstanden ist, hätte nicht besser liegen können.

Wir lernen auf dieser Aufnahme übrigens auch drei für die Schallplattenbranche neue Sänger kennen, die besondere Erwähnung verdienen: Die finnische Mezzosopranistin Monika Groop verfügt über ein wunderschön timbriertes und abgerundetes Material mit schönem Registerausgleich. Die Partie des Pierotto gestaltet sie klangschön und nuancenreich. Ettore Kim, der koreanische, in Italien ausgebildete Bariton steuert einen charaktervollen und wortgewaltigen Vater Antonio bei. Anders Melander hat die Bufforolle des Marchese innerhalb von nur drei Tagen übernommen, nachdem der dafür vorgesehene Baß-Bariton erkrankt war. Er verzichtet auf italienische Klischees und singt mit Eleganz und bemerkenswertem Textbewußtsein. Auch die Nebenrollen sind mit jungen schwedischen Stimmen besetzt, die schon in der ersten Szene aufhorchen lassen. Sicherlich hätte man bei einer Studioaufnahme noch die eine oder andere Stelle in Fragen der Intonation oder Präzision korrigiert, was aber Lebendigkeit und Spontaneität anbelangt, so ist das Musizieren auf dieser rundum gelungenen Aufnahme nicht so leicht zu übertreffen.

Donizetti

Die Tudor-Königinnen: *Maria Stuarda*

Ein Jahr nach dem überwältigenden Erfolg von *I Capuleti ed i Montecchi* an der Londoner Covent Garden Opera (1984) setzte das Duo Gruberova/Baltsa seine Zusammenarbeit in einer Aufführungsserie von Donizettis *Maria Stuarda* an der Wiener Staatsoper fort, an welcher dieses Werk noch nie zuvor gegeben worden war.

Maria ist eine eher tiefere, lyrisch-dramatische Sopran-Partie ohne wirklichen Einsatz von Koloraturen. Dies mag ein Indiz dafür sein, daß sich Edita Gruberova seit diesem Debut nicht mehr dazu bewegen ließ, die Rolle auf der Opernbühne zu verkörpern. (Lediglich zwei konzertante Aufführungen in Bonn folgten auf die in Wien.) Sie hat ehrlich bekannt, sich in vielen Abschnitten dieser Rolle nicht wohl zu fühlen, die Farben und Nuancen nicht ihrer Vorstellung entsprechend umsetzen zu können. Wenn man sich überlegt, wie groß der Publikumserfolg für sie in den Wiener Aufführungen gewesen war (und auch, wie unerwartet positiv die Wiener Presse auf ihre Darstellung reagiert hatte), so zeigt sich, wie unbeeindruckt die Sängerin letztlich doch immer von öffentlichen Reaktionen geblieben ist. Immerhin können wir heute auf eine von Giuseppe Patanè dirigierte und bei Philips Classics veröffentlichte Aufnahme zurückgreifen, in der, wie auch schon an der Wiener Oper, Agnes Baltsa und Francisco Araiza die überzeugenden Partner der Gruberova sind.

Der vielleicht größte Moment der Oper ist die Konfrontation zwischen Elisabetta und Maria im 2. Akt. Das Wiener Publikum hatte seine hörbare Freude daran, seine beiden Lieblinge Gruberova und Baltsa in einer Szene zu erleben, die wirklich nur von zwei echten Primadonnen ausgetragen werden kann. Schon in Marias Worten allein steckt hochdramatisches Potential, das die Protagonistin mit gutem musikalischen Instinkt stilvoll in Töne umsetzen muß:

Figlia impura di Bolena,	*Unreine Tochter der Bolena,*
parli tu di disonore?	*sprichst du von Entehrung?*
Meretrice indegna oscena,	*Unwürdige, ehrlose Dirne,*
in te cada il mio rossore.	*dich treffe mein Zorn.*
Profanato e il soglio inglese,	*Entweiht ist der englische Thron,*
vil bastarda, dal tuo pie!	*feiger Bastard, durch dich!*

Nach Meinung des Autors ist Janet Baker die überzeugendste Schallplatten-Interpretin dieser Schlüsselszene, die vor allem durch ostentativen dramatischen Willen leicht vertan werden kann. Leyla Gencer, Montserrat Caballé und vor allem Beverly Sills schreien diese Phrasen mit teilweise äußerst abrupten Registerwechseln ihrem Gegenüber entgegen, ohne eine Struktur zu entwickeln und die einzelnen Sätze voneinander ausdrucksmäßig abzusetzen. Dadurch wird nicht zuletzt auch die Existenz königlicher Integrität unglaubwürdig, denn es sollte zur Kenntnis historischen Stils gehören, daß eine Königin in Anwesenheit des versammelten Hofes ungeachtet aller Emotionen stets Haltung bewahrt. Es lohnt sich aber auch zu analysieren, mit wieviel unterschiedlichen Ausdrucksnuancen Gruberova in diesen sechs Textzeilen operiert: Von leiser, ohnmächtiger Wut bis zu heftiger, aber immer kontrollierter Empörung, von königlichem Stolz bis zum verzweifelten Aufbegehren der Gedemütigten ist hier wohl alles vorhanden, was aus diesen Worten zu holen ist.

So sehr Gruberova in dieser Szene überzeugt, so wenig tut sie es im Schlußgesang. Obwohl sie warme und innige Töne hervorkehrt, fehlen hier doch auch in der Komposition selbst jene für sie notwendigen musikalischen Mittel, die sonst ihre Domäne sind. Es sind zwar längst nicht mehr allein Koloraturen oder Spitzentöne, mit denen sie identifiziert wird; aber sie hat hier auch wenig Spielraum, um Worte und Töne zu schattieren und färben. Die letzte h-Moll-Arie (*Ah, se un giorno*) ist zu geradlinig, verlangt einen wirklich lyrischen und etwas tiefer gelegenen Sopran. Maria Stuarda ist von einigen Momenten abgesehen die vielleicht am wenigsten profilierte Belcanto-Rolle der Sängerin.

Roberto Devereux

Es ist unglaublich! Sie war La Callas, La Caballé und Bette Davis zusammen. Bitte komme nach Barcelona. Du hast in Deinem Leben so etwas noch nicht gesehen!

Dieses Telegramm erhielt der Autor vom spanischen Agenten Edita Gruberovas am Tag nach der Premiere von *Roberto Devereux* im Teatro Liceu von Barcelona. Der Weg über den Ozean sollte sich lohnen, denn es handelte sich in der Tat um einen der stärksten dramatischen Eindrücke, den man von der Sängerin bis dahin gewinnen konnte. Debutiert hatte Gruberova mit der Elisabetta unmittelbar zuvor im Wiener Konzerthaus, wo sie unter Gabriele Ferro zwei konzertante Aufführungen der Oper sang. In Barcelona war es nun die erste szenische Umsetzung dieses genialen Donizetti-Werkes.

Die Einstudierung bedeutete die erste Zusammenarbeit der Diva mit Richard Bonynge. Der Gatte von Joan Sutherland gehört zu einer Klasse von Dirigenten, die man heute kaum noch findet. Seine Arbeit fördert die Sänger zwar wenig in ihren gesangs-darstellerischen Ambitionen, berücksichtigt aber die vielen historischen Aspekte, deren Kenntnis im 20. Jahrhundert leider fast ganz verlorengegangen ist. Speziell für Gruberova schrieb Bonynge Kadenzen und Strophen-Variationen im Stil der Donizetti-Epoche.

Gruberova demonstrierte unbändigen vokalen Zugriff und höchste darstellerische Ausdrucks-Energie. Mit ihrem üblichen Total-Einsatz stellte sie sich wohl einer der größten Herausforderungen ihrer Karriere. Elisabetta ist bei ihr nicht die statische Figur einer historischen Legende, sondern ganz

Frau und Mensch. Ihrer eigenen Aussage nach ist die Rolle für sie neben der Zerbinetta die vielleicht dankbarste überhaupt. *An keiner anderen Belcanto-Partie habe ich so lange studiert und gefeilt wie an der Elisabetta.* Immerhin hatte sie sogar Montserrat Caballé persönlich vor den Tücken des wirklich schwierigen Stückes gewarnt. Mit unglaublichem Mut zur Häßlichkeit präsentierte sie sich nun auf der Bühne des Teatro Liceu, das erschütternde Psychogramm dieser physisch wie psychisch zerbrochenen Monarchin zeichnend. Erbärmlich im Anblick, furchterregend in der herrischen Attitüde und ergreifend im Gesang um den Schmerz einer unglücklichen Liebe bot sie belcantistische Kunst, die von Insidern als Jahrhundertereignis bezeichnet wurde.

Das Schwierige an der Partie ist, daß sie beides, hoch und tief, liegt, und das Leise, ja Zerbrechliche ebenso gefordert ist wie die dramatische Wucht. *Va, la morte* – der Stretta-Abschluß des 2. Aktes ist eine höllische Berg- und Talfahrt, die melodische Amplitude ungewöhnlich groß. Die in Straßburg entstandene und bei Nightingale Classics veröffentlichte erste Digital-Einspielung der Oper hält Gruberova auf einem Höhepunkt ihrer stimmlichen und ausdrucksmäßigen Fähigkeiten als dramatischer Koloratursopran fest.

Schon im einleitenden Rezitativ der 1. Arie stößt man auf die verschiedensten „Gefühlstemperaturen". Elisabetta, die Roberto der Untreue verdächtigt, ist hier im Gespräch mit Sara (dessen heimlicher Geliebten):

Elisabetta:	
Dio conceda che per l'ultima	*Gott gebe, daß ich ihn*
volta io nol riveda,	
Ch'io non gli scerna in core	*zum letzten Mal mit*
Macchia di tradimento!	*Verrat im Herzen sehe!*
Sara:	
Egli era sempre	*War er seiner Königin*
fido alla sua regina?	*nicht immer treu ergeben?*
Elisabetta:	
Fido alla sua regina?	*Seiner Königin treu ergeben?*
E basta, o Sara?	*Ist das genug, o Sara?*
Uopo é che fido il trovi Elisabetta.	*Er muß auch Elisabetta die*
	Treue halten.

Weder Sills noch Caballé konnten für das *Fido alla sua regina?* diesen leisedrohenden, furchterregenden Ausdruck schaffen wie Gruberova. In diesen sieben Noten scheinen alle Gefühlsnuancen miteinander verschmolzen: Verdacht, Wut, Haß und Ohnmacht. Das Rezitativ schließt sodann mit einem Aufschrei der Eifersucht gegen eine vermeintliche Rivalin:

Una rivale s'io discoprissi,	*Wenn ich eine Rivalin entdecken würde,*
Oh! quale, oh! quanta	*meine Rache,*
Non sarebbe la mia vendetta!	*sie wäre unermeßlich!*

Das Wort *discoprissi* („entdecken") erhält dabei noch einmal einen anderen, lauernd-drohenden Ausdruck. Es folgen Klänge der Resignation und innigster Gefühle für Roberto:

Il core togliermi di Roberto!	*Es wäre ein geringeres Verbrechen*
Men delitto saria	*mir die Krone zu nehmen*
Togliermi il serto.	*als mir das Herz Robertos zu stehlen.*

Gab es in diesem Rezitativ die punktuelle Färbung von Sätzen und Worten, so ist es in der folgenden großen Arie vor allem wiederum das „Stimmgesicht", das signifikant variiert wird: Die Cavatina ist ganz aus dem Gefühl der Frau heraus erfühlt; Elisabetta besingt mit einer wunderschönen B-Dur-Melodie das Bangen um ihre Liebe:

L'amor suo mi fe' beata,	*Seine Liebe machte mich glücklich,*
Mi sembro` del cielo un dono,	*sie schien mir wie ein Geschenk des Himmels*
Per quest'alma innamorata	*für diese verliebte Seele*
Era un ben maggior del trono.	*war sie ein größeres Glück als der Thron.*
Ah! Se fui tradita,	*Ach! Wenn ich verraten wurde,*
Se quel cor piu mio non é,	*wenn dieses Herz nicht mehr mein ist,*
Le delizie della vita	*sind die Freuden des Lebens*
Lutto e pianto son per me.	*Trauer und Tränen für mich.*

Ein Gesandter des Parlaments berichtet vom Landesverrat Robertos und kündigt sodann dessen Erscheinen an. Nur durch die besondere Gnade Elisabettas könne ein sofortiges Urteil verzögert werden. Aus Gruberovas herrischen Klanggesten ist nun plötzlich der Stolz der Königin zu vernehmen:

Il mio regno, il mondo intero,	*Mein Königreich und die ganze Welt*
reo di morte invan ti grida.	*werden vergebens deinen Tod fordern.*

In dieser Oper wird der Hörer von einem musikalischen Höhepunkt zum anderen geführt. Das Finale des 2. Akts bringt ein extrem spannungsgeladenes Verhör Robertos durch Elisabetta, die jetzt von seinem Treuebruch überzeugt ist und ihm das corpus delicti, eine von Sara gestickte Schärpe, vorführt. In Anwesenheit des versammelten Hofes unterzeichnet sie dann schließlich auch sein Todesurteil. Wie von Wahnsinn ergriffen schreit Gruberova das *Va!* hinaus, das der großen Final-Stretta unmittelbar vorangeht. Die letzte Szene der Elisabetta ist wohl in die Reihe der Wahnsinnsarien einzuordnen, Text und Musik zeichnen ein erschütterndes Psychogramm der gedemütigten Königin und Frau. Der Kanonenschuß – er ist das Zeichen für Robertos Hinrichtung – und Elisabettas schauerlicher Aufschrei gehören mit zu den dramatischsten Augenblicken der gesamten Belcanto-Litertaur. Gruberova läßt in dieser Szene Metrum, Taktstriche und Rhythmus hinter sich und bringt den vielleicht größten und intensivsten Ausdruck, der ihr jemals in einer Donizetti-Oper gelungen ist. Man sollte beobachten, wie die Sängerin in den nächsten Jahren diese Partie vokal festigen und künstlerisch weiterentwickeln wird. Elisabetta könnte zu einer ihrer neuen Paraderollen werden.

Anna Bolena

Mit dem Debut von *Anna Bolena* komplettierte Gruberova am 9. November 1992 ihren Zyklus von Donizettis „Tudor-Königinnen". Wieder war es das Gran Teatro del Liceu in Barcelona gewesen, das sie für diese wichtige Premiere gewählt hatte. Prominente Vorgängerinnen der Anna Bolena waren Maria Callas, Elena Suliotis und Joan Sutherland. Mit der Darstellung der gesamten Trilogie folgte sie unter anderem Leyla Gencer, Montserrat Caballé und Beverly Sills.

Ohne Zweifel ist Anna Bolena die für sie schwierigste der Königinnen-Rollen gewesen. Von der großen Wahnsinnsarie am Schluß einmal abgesehen, liegt die Partie für einen Koloratursopran so tief, daß selbst Joan Sutherland sie mit Unterstützung Richard Bonynges streckenweise veränderte oder transponierte. Die Oper braucht eine Sängerbesetzung der allerersten Klasse. Was mag wohl der Grund dafür gewesen sein, daß Gianandrea Gavazzeni sie 1957 an der Mailänder Scala so drastisch gekürzt hatte? Auch in dieser Aufführung waren Maria Callas und Giulietta Simionato die einzig wirklich überzeugenden Sängerdarsteller gewesen.

Anna benötigt eine Interpretin mit großer stimmlicher und darstellerischer Charakteristik. Giuditta Pasta, die erste Interpretin der Rolle, soll zwar zeitgenössischen Aussagen zufolge eine hervorragende Bühnenerscheinung gewesen sein, jedoch in mancher Hinsicht an den vokalen Klippen gescheitert sein. Giulia Grisi wiederum wird größere stimmliche Souveränität nachgesagt, während sie nicht die Bühnen-Kraft der Pasta erreichen konnte. Montserrat Caballés Stimme hatte ideales Timbre und Gewicht für die Rolle, konnte so auch den tieferen Abschnitten Charakter verleihen, die Spanierin kämpfte aber deutlich damit, die „beweglicheren" Teile der Partitur mit Leichtigkeit auszuführen. Bedauerlich ist, daß Joan Sutherland die Partie erst kurz vor Ende ihrer aktiven Bühnentätigkeit gesungen hat. Ihre Stimme war zu dieser Zeit einfach schon zu sehr angeschlagen.

Gruberova versuchte nicht, irgendeine ihrer Vorgängerinnen zu imitieren, sondern ging auch hier wiederum eigene Wege. Callas war die Königin schlechthin: souverän, dramatisch, dominant. Sie suggerierte mit Unbedingtheit, absolute Herrscherin des Thrones zu sein. Man könnte sagen: Callas war möglicherweise in gewisser Hinsicht zu mächtig in ihrer Präsenz – keiner der Darsteller des Enrico dürfte in der Lage gewesen sein, sie auf der Bühne zu dominieren! Hier hat Gruberova in ihrer Konzeption angesetzt und die Partie damit sozusagen auf ihre Mittel hin konzentriert. Ihre Anna ist eine junge und unschuldige Frau mit dem Mißgeschick, einen Despoten zum Mann zu haben, der schließlich auch noch ihr Ende herbeiführt. Der Weg von der in Fallstricke geratenen Königin bis hin zur geistigen Verwirrtheit erhält in der eher „passiven" Haltung Gruberovas eine sehr logische Balance zum übrigen Geschehen. Enrico ist so tatsächlich der Beherrscher der Szene, Anna bleibt die ihm Untergebene – schließlich hatte sie den Thron nicht aufgrund der Erbfolge, sondern infolge ihrer Einheiratung bestiegen. Konsequenterweise resultiert aus dieser Art, sich an die Partie anzunähern, eine Unterbetonung der „gebieterischen" Töne, dies vor allem in den beiden Duetten mit Enrico und Seymour. Doch Gruberova singt diese Teile mit nicht weniger dramatischer Kraft, als sie dies etwa auch in den tiefen Passagen der Lucia tut. Das Gewicht legt sie auch hier wiederum in das Wort und nicht in die Stimme. Wer das Vergleichen mit Callas nicht lassen kann, der wird in diesen Abschnitten freilich das Gefühl eines unerfüllten Rests haben. Der absolute Höhepunkt kommt für Gruberova (und das Publikum) natürlich am Schluß, wenn sie eine weitere ihrer ungeheuer magischen, von tausend Zwischentönen durchsetzten Wahnsinnsszenen zelebriert. Mit Anna Bolena wird die Künstlerin freilich immer vorsichtig haushalten müssen. Die Rolle zehrt an ihrem Kapital. Andererseits gibt es hier noch viel Potential, das sie in den nächsten Jahren für sich wird entdecken und entwickeln können.

Die Mozart-Sängerin und Nikolaus Harnoncourt

Wenn es gilt, den künstlerischen Geschmack eines Sängers zu beurteilen, so ist es instruktiv zu hören, wie er Mozart singt. John Steane

Edita Gruberovas Repertoire hat in den ersten 25 Jahren ihrer Laufbahn ein eindrucksvolles Profil gewonnen. Mozart ist der Komponist, von dem sie vielleicht mehr gesungen hat als irgendeine andere Sopranistin dieses Jahrhunderts. *Mozart ist wie Balsam für Stimme und Seele*, sagt sie, *und er ist gleichzeitig das Schwierigste im Gesang überhaupt – technisch wie musikalisch. Wer sich um ihn herumdrückt, der ist mir verdächtig, denn Mozart hat für jede Stimme etwas geschrieben. Da gibt es kein „sich Durchmogeln" und Kaschieren, wie das bei anderen Komponisten gelegentlich der Fall ist – ich denke da vor allem an die Veristen –, bei Mozart muß man Farbe bekennen, und das mit jedem Ton.*

In den unzähligen Aufführungen oder Film- und Schallplattenaufnahmen, die Gruberova von Werken des Salzburger Meisters gemacht hat, ist praktisch jedes Genre vertreten: 17 Konzertarien, das *Requiem* und die c-Moll-Messe sowie verschiedene kleinere Kirchenwerke, *Bastien und Bastienne*; *Mitridate, Rè di Ponto*; *Il sogno di Scipione*, *Lucio Silla* (Giunia), *La Finta Giardiniera*, *Idomeneo* (Elettra), *Die Entführung aus dem Serail* (Konstanze), *Der Schauspieldirektor* (Madame Herz), *Le nozze di Figaro* (Barbarina), *Don Giovanni* (Donna Anna), *Così fan tutte* (Fiordiligi), *Die Zauberflöte* (Königin der Nacht) und Klavier-Lieder. Mit zu den herausragendsten ihrer Mozart-Interpretationen gehört zweifellos die Konstanze in der *Entführung aus dem Serail*. Läßt man die unzähligen musikalischen Probleme vorerst außer acht, so ist die Rolle rein technisch schon einmal eine der schwierigsten überhaupt. Dabei sind es nicht nur die rasenden Koloraturen der hochdramatischen „Marternarie" – vor allem die Auftrittsarie des 1. Akts ist seit eh und je ein harter Prüfstein für Sopranistinnen gewesen: Höchstes Maß an Agilität, perfekte Atemökonomie und eine sichere Höhe gehören hier zur technisch unabdingbaren Voraussetzung. (*Ach, ich liebte* verlangt unzählige Male das hohe C und D.) Für die „Traurigkeitsarie" müssen wiederum innige und warme Töne gefunden werden, gleich im Anschluß hat die Sängerin dann ohne größere Pause die Dramatik der „Marternarie" zu bewältigen. Beide Stücke dauern zusammen über 17 Minuten! Eine lyrische Stimme kann dies kaum bewältigen, eine zu dramatische wiederum würde die nötige Flexibilität vermissen lassen und auch das Gleichgewicht der Ensembles zerstören. Es ist also leicht zu verstehen, warum Maria Callas die Konstanze als eine „frustrierende" Partie bezeichnete. 1971 sprach sie bei ihren Master Classes in der Juilliard High School die Problematik der Mozart-Interpretation an:

> *Mozart wird oft wie auf „Schuhspitzen" gesungen, mit zuviel Fragilität. Tatsächlich sollte er aber mit der gleichen Ehrlichkeit gesungen werden mit der man etwa Trovatore singt, nur eben im Mozart-Stil.*

Tatsächlich hat uns Callas eine der mitreißendsten Wiedergaben der „Marternarie" auf Schallplatte hinterlassen. Gruberova stellt sie sogar noch über manche italienische Rollenverkörperung der großen Griechin: *Es ist der „idiomatische Ton", den sie trifft, eine bestimmte Art von heroischem Duktus, den nur sie erzeugen konnte. Schade ist, daß wir nicht auch eine Aufnahme der beiden anderen Arien haben, das würde mich wahnsinnig interessieren.*

Die schönste Dokumentation der Rolle durch Gruberova ist sicherlich der Video-Mitschnitt von 1980 – einer von Karl Böhm dirigierten Aufführung an der Bayerischen Staatsoper (veröffentlicht bei DGG). Neben ihr sangen damals Francisco Araiza, Reri Grist, Norbert Orth und Martti Talvela. Gruberova gab hier eine ebenso dramatisch-passionierte wie auch empfindsam-resignative Konstanze. Wenn sie in späteren Jahren mehr und mehr die „Traurigkeitsarie" zum tief ergreifenden Ereignis des Abends machen konnte, so liegt der Höhepunkt hier noch eher bei der „Marternarie", die wie die Eruption eines Vulkans hereinbricht. Kaum sonstwo kann man die Sängerin derart stimmintensiv und wortgewaltig singen hören. Das eigentliche Wunder ist aber der Klang der Stimme: Trotz größter dramatischer Attacke behalten die Töne stets ihre Klarheit und Schönheit. Gruberova dürfte wohl eine der ganz wenigen sein, die auch eine Mozart-Arie zu einem „show-stopper" machen kann, denn nach diesem Stück darf sie jedesmal Ovationen entgegennehmen, die jenen einer Belcanto-Wahnsinnsszene um nichts nachstehen.

Wolfgang Hildesheimer schreibt in seiner Mozart-Monographie, daß bei näherem Betrachten aller uns überlieferten Mozart-Gemälde eigentlich keines dem anderen wirklich gleiche. Es schiene, als hätte sich das physiognomische Bild dieses Genies der Nachwelt entziehen wollen. Vielleicht könnte das auch für seine Musik gelten, die für uns seit jeher un(be)greifbar ist. Es war Nikolaus Harnoncourt, der in den 80er Jahren eine Mozart-Revolution einleitete, die einerseits unbeschreibliche Kontroversen hervorrief, gleichzeitig aber auch eine große Schar von Enthusiasten und Anhänger um ihn versammelte. Kaum ein Musiker, der in den vergangenen Jahrzehnten derart viele Denkanstöße gegeben und Innovationsprozesse eingeleitet hat wie er. Was Interpreten der letzten Jahrzehnte zur Idee gemacht haben, ist für Harnoncourt oft gar nicht relevant. Sein Verständnis für den musikalischen Text ist dem seiner Vorgänger mitunter diametral entgegengesetzt. Kein Interpret, der deshalb so oft mißverstanden und mißinterpretiert wurde wie er. Seine vielfach ausgezeichneten und weltweit als Bestseller verkauften Schallplatteneinspielungen gehören nicht nur zum festen Bestand jeder besseren Schallplatten-Kollektion, sie sind auch schon heute ein wichtiges Stück Interpretationsgeschichte. Harnoncourt hat einen Stein ins Rollen gebracht, der auch die Lager der Musikprofis in enthusiastische Anhänger und unerbittliche Kontrahenten gespalten hat. Dazwischen gibt es nichts. Harnoncourt liebt und bewundert man, oder man lehnt ihn kategorisch ab. Aber es ist schwierig, ihn zu kritisieren. Nur die wenigsten Rezensionen enthalten auch tatsächlich fachmännisch-musikologische Substanz. Seine Kritiker (egal ob Musikerkollegen, Journalisten oder Stimmen aus dem Publikum) haben für ihre oft verwerfende Haltung im Grunde keine wirklich fachliche Begründung. Wenn Joseph Haydn etwa im Vorwort zu seiner *Applausus*-Kantate schreibt, daß es nur die schlechten Kapellmeister wären, die in Rezitativen dem geschriebenen Notentext folgen, und mit dem Orchester einsetzen, noch ehe der Sänger seinen Satz ausgesungen hat, so ist es doch verwunderlich, daß Dirigenten von Mozart-Opern jenen „schlechten Kapellmeistern" weiterhin alle Ehre machen und es verwerflich finden, daß Harnoncourt Mozarts geheiligten Notentext „eigenmächtig" (!) verändere.

Es heißt, wenn ein Interpret einer verbalen Erklärung dessen bedürfe, was er praktisch vorführt, so sei er nicht glaubwürdig. Er müsse durch die Aufführung selbst sprechen, und das auf eine Weise, die zu verstehen gebe, was er meint. Gleichwohl: Wenn man sich mit Harnoncourts Interpretationen eingehender befassen will, so wird man nicht umhin kommen, sich auch mit seinen Schriften und Vorträgen über Barock und Klassik auseinanderzusetzen. Was er nämlich dort auch an neuen theoretischen Erkenntnissen vorgelegt hat, sind vor allem jene Gesetzmäßigkeiten, die von den Komponisten nicht notiert wurden. Ihre Kenntnis war für den praktizierenden Musiker der damaligen Zeit freilich eine Selbstverständlichkeit. Durch das völlig neue Musikgefühl von Romantik und Spätromantik gingen und blieben diese Werte bis vor wenigen Jahren verloren. Harnoncourt war es, der am wesentlichsten dazu beigetragen hat, diese historischen Aufführungspraktiken wieder ans musikalische Tageslicht zu befördern. Doch all diese theoretischen Erwägungen dienen ihm letztlich nur als Vehikel zur Verdeutlichung und Intensivierung der Aussage, des musik-rhetorischen Sinns. Harnoncourt selbst sagte in einem Interview, daß über allen Dogmen das Gewissen des Interpreten stehen müsse. Und er selbst hat immer jenen kritischen Stimmen entgegengewirkt, die ihm unterstellten, alleinigen Anspruch auf Originalklang oder Authentizität erhoben zu haben. Dabei verwies der Dirigent auf die Tatsache, daß etwa die Benutzung eines historischen Instrumentes noch keineswegs einen authentischen Klang garantiere, solange er von Musikern der Gegenwart ausgeführt würde.

Das Wesentliche für Gruberova ist immer gewesen, daß Harnoncourt in der Praxis nichts als ein Musiker ist, für den aufführungshistorische Fakten mitnichten die Kernfrage seiner Interpretationen bilden. *Ich glaube, man macht viel zu viel Aufsehens wegen seiner philologischen Arbeit. Es ist vor allem seine immense Phantasie während der Probenarbeit und einzigartige Spontaneität bei den Aufführungen. Und es ist ein faszinierender Stilinstinkt, von dem sein Musizieren geleitet ist. Es ist alles so selbstverständlich und natürlich bei ihm, man hat immer das Gefühl, anders könnte das gar nicht sein. Obwohl es die dumme Schwarz-Weiß-Malerei von „richtig" und „falsch" in der Musik ohnehin nicht gibt, habe ich in der Arbeit mit ihm immer den Eindruck, Mozart irgendwie viel „näher" zu sein als mit anderen Dirigenten.*

Es genügt das Studium einiger weniger Schriften, um schnell zu erkennen, was Harnoncourt im wesentlichen meint. Für den Mozart-Interessenten liegt es nahe, sich vorerst mit Leopold Mozarts *Versuch einer gründlichen Violinschule* aus dem Jahr 1756 zu beschäftigen. Hier sind grundsätzliche Aussagen über Temporelationen, Phrasierung oder Artikulation klar festgehalten, und sie waren für den zeitgenössischen Musiker von damals genauso verbindlich wie für Wolfgang Amadeus Mozart selbst, der von seinem Vater ohne Zweifel im Geiste dieser Schule erzogen wurde. Ein paar Details verdeutlichen dies: Ein notierter Bindebogen bedeutet etwa nicht (nur) die Bindung mehrerer Noten, sondern ist gleichzeitig ein Zeichen für dynamische Betonungen der Phrase. Konkret fordert Leopold Mozart, daß die erste Note unter dem Bogen dynamisch stärker betont sein und auch noch etwas länger gehalten werden müsse. Die restlichen Noten sollten dann „gelinde nachgeschleift werden". Aber auch der Höhepunkt einer melodischen Phrase ist von Gewicht und sollte immer ein wenig verlängert werden. Das, was etwa bei Koloraturen für viele Interpreten heute als rhythmische Präzision gilt, ist für Harnoncourt Nivellierung:

Die Qualität beginnt eigentlich erst dort, wo die Präzision aufhört. Wirklich schön ist eine Kette von Sechzehnteln erst dann, wenn sie nicht gleichmäßig klingt, son-

dern schillert in Phantasie. Wobei diese Ungleichmäßigkeit eine Komponente der Weiterentwicklung und nicht des Unvermögens haben muß.

Gerade diese atmende und sprechende Phrasierung, das An- und Abschwellen, die natürlichen dynamischen Kurven der Horizontale sind ein Markenzeichen der praktischen Ausführungen Harnoncourts. Man identifiziert sie aber auch als Grundelement der typischen Gesangsmanier Gruberovas! Unschwer zu erkennen, daß ihr spezifisches Potential Harnoncourts Ideen in jeder Hinsicht entgegenkommt. Der österreichische Dirigent dürfte in ihr wohl auch so etwas wie ein perfektes Ventil für seine persönlichen Vorstellungen gefunden haben, so sehr gehen oben angeführte Ideen hier ineinander auf. Die Sängerin geht heute so weit zu behaupten, daß Harnoncourt überhaupt der erste gewesen sei, der mit ihr über Phrasierung diskutiert habe: *Wenn ich daran denke, daß „phrasieren" bei vielen Dirigenten immer geheißen hat, alle Töne einer Phrase dynamisch anzugleichen, so hat das mit einer natürlichen Klangsprache eigentlich nicht viel zu tun. Wir sind auch so unglaublich Taktstrich-fixiert, so als ob die Noten eingemeißelt wären. Und die Phrasierungsbögen – es ist unglaublich, wie oft man darüber hinwegsingt. Es war für mich faszinierend, durch Harnoncourt zu erfahren, wie radikal sich eine Musiksprache verändern kann, die man gut zu kennen glaubt. Man muß nur einmal versuchen, mit den Bögen und gegen die Taktstriche zu musizieren.* Für Gruberova sind es *die Chiffren, die Harnoncourt erkennt und umsetzt: Durch ihn habe ich gerade dafür ein Gefühl entwickeln können, was mit einer bestimmten musikalischen Figur oder einem Rhythmus gemeint ist.* Einige Beispiele sollen diesen Musizierstil ein wenig näher beschreiben:

Vom Gesamtfluß sich abhebende und durch Pausen getrennte Akkorde sind in Harnoncourts Ausführung immer ein Hinweis für „Recitativo". Wenn die Königin der Nacht in ihrer 2. Arie zu Tamino sagt: *Wenn nicht durch dich Sarastro wird erblassen*, verlangsamen Sängerin und Orchester daher auf drastische Weise. Dies gibt der Stelle ungeheure Emphase und drohende Wucht, wie sie in den vorangegangenen Aufnahmen Gruberovas (etwa unter Haitink) nicht annähernd zu hören ist. Es ist auch ein weiterer Beweis dafür, daß Lautstärke keineswegs die Voraussetzung für Dramatik ist!

Mitunter könnte der Hörer das Gefühl haben, Harnoncourt gehe an „Institutionellem" bewußt vorbei, um sich Dingen zuzuwenden, die in bisherigen Partiturauslegungen anscheinend so wichtig nicht waren. Da sind zum Beispiel die bedeutungsvoll gedehnten Auftakte, die bei ihm buchstäblich zum Erlebnis werden können. Dabei ist es aber eben nicht nur die bloße Abkehr vom präzisen Tempo, sondern der völlig neue Sinn, der dadurch entsteht. Gruberova erzählt hingerissen: *Seit Harnoncourt bei der „Zauberflöte"-Aufnahme uns physisch vorgespielt hat, wie Schikaneder alias Papageno im Theater an der Wien zum erstenmal seinen Fuß in die Szene setzt und dabei singt: „D e e e r Vogelfänger bin ich ja ...", kann ich es nicht mehr anders hören, so „urecht-wichtig" war das!*

Harnoncourt folgt in seiner Tempowahl einem von Leopold Mozart aufgestellten Temporelationsplan, nach welchem etwa ein *Andantino* in die Nähe des *Larghetto* rückt und damit von ihm meist untraditionell langsam dirigiert wird. Auch in einer Gruberova-Aufnahme findet sich eine solche wunderschöne *Andantino*-Stelle: in der Konzertarie *Voi avete un cor fedele* KV 217, die 1991 unter seiner Leitung in Graz aufgenommen wurde. Wie im CD-Booklet formuliert wird, geht es in dieser Arie um das Kammermädchen Dorina, das vor seiner Hochzeit den Geliebten mit spitzen Bemerkungen zur Rede stellt. *Sie hat ihre Zweifel, ob aus dem glühenden Liebhaber auch ein treuer Gatte wird.* Die Art der Langsamkeit dieses 3/4-Taktes unterstützt auf eindringliche Weise die Ironie des Textes, den Gruberova mit scheinbarer Naivität vorträgt. Wie weit läßt sie hier ihre alte Aufnahme unter György Fischer bei Decca hinter sich! Überhaupt ist dieser Teldec-Mitschnitt ein frappierendes Dokument für die einmalige Verfassung der damals 44jährigen gewesen. Sie singt diese ungemein schwierigen Stücke mit einer klanglichen Schönheit und technischen Sicherheit, als wären die 25 Jahre ihrer Laufbahn völlig spurlos an ihrem Stimm-Material vorübergegangen. In einem Alter, in welchem viele ihrer Vorgängerinnen im besten Falle heruntertransponieren oder Herausforderungen dieser Art überhaupt ganz aus dem Wege gehen mußten, scheint bei ihr die eigentliche Stimmblüte erst eingesetzt zu haben.

Mindestens ebenso bedeutend wie philologische Aufarbeitungen sind also die rein musikalischen Erwägungen, die Harnoncourt in Gruberovas Rollenportraits eingebracht hat. Schon mit Ponnelle in Salzburg hatte die Sängerin etwa an der Frage gearbeitet, ob die Königin der Nacht im Rezitativ ihrer 1. Arie wirklich ehrlich zu Tamino spricht. Harnoncourt wollte das gleiche Ergebnis erreicht haben wie sein langjähriger Regisseurkollege: man sollte es nicht ganz erkennen können, ob sie wahrhaftig oder falsch sei. Es kommt in der Teldec-Aufnahme kommt dies überzeugend zum Ausdruck: Man vergleiche die Phrase *Ein Jüngling so wie du vermag am besten* mit dem folgenden *dies tiefbetrübte Mutterherz zu trösten*, und man wird hören, was die Ausführenden hier meinen. Für Gruberova war schon immer wichtig gewesen, im langsamen g-Moll-Teil schmerzlich-tiefe und keinesfalls gespielte Gefühle zu zeigen. *Die Königin ist vor allem auch Mutter, das darf man in dieser*

Arie nie vergessen. Hier gibt es auch noch eine Nebennote: Gruberova macht auf eine Ähnlichkeit zwischen der Zeile *Noch seh' ich ihr Zittern mit bangem Erschüttern* der Königin und Donna Annas *Rammenta la piaga del misero seno* aufmerksam. Die Violinen haben denselben rhythmischen Gestus, die Bratschen eine expressive, trauernde Linie. Ein wesentliches Indiz dafür, daß die Königin keineswegs eine „Unperson" ist, sondern auch eine sehr humane Seite in ihrer Musik hat. Gruberovas fast vorsichtige Betonung und intelligent-dezentes Schattieren der Worte in der extravaganten Koloratur der 1. Arie (*so sei sie dann auf ewig dein …*) ist wiederum auf eine Weise vorgetragen, als würde sie Tamino ködern und ihn umschmeicheln. Es ist ihre Fähigkeit des Differenzierens, die dieses vieldimensionale Portrait der Rolle schafft.

Es war Harnoncourt, der Gruberova immer wieder aufgefordert hatte, doch öfters die Donna Anna zu singen. Nach seinem Dafürhalten ist diese Rolle keineswegs für eine wirklich schwere Stimme geschrieben. Auch Robert Lawrence kommentierte im Schirmer-Klavierauszug der Oper:

> *Wegen Donna Annas beiden großen Arien ist es in letzter Zeit Tradition geworden, daß die erste dramatische Sopranistin des Hauses die Rolle singt. Als Konsequenz wird die erste Arie, das gebieterische „Or sai chi l'onore" im allgemeinen von einer alles erschütternden Stimme mit großartiger Wirkung gesungen, während die 2. Arie „Non mi dir" mit ihrer hohen Schnellfeuer-Fioritur den Brünnhilde-Turandot-Donna Annas meistens mißlingt. Die Sängerin für diesen Part sollte in aller Angemessenheit nicht ein voller dramatischer, sondern ein lyrisch-dramatischer Sopran sein, so wie es durch Mozarts stimmliche Verteilung im Ensemble angegeben ist.*

Eine Ansicht, die übrigens auch Elisabeth Grümmer geteilt hat:

> *Es ist meiner Meinung nach grundsätzlich eine lyrische Rolle, trotz der Tatsache, daß sie während vieler Jahre von dramatischen Sopranen übernommen wurde.*

Gerade in der Zusammenarbeit mit Harnoncourt konnte Gruberova diesen Aspekt noch verdeutlichen. Als sie im Züricher Opernhaus eine Bühnen-Orchesterprobe für die Oper absolvierte, konnte sie, vom Wetter stimmlich leicht angeschlagen, lediglich markieren. Sie sang *Or sai chi l'onore* im *mezza voce*, behielt aber intensiven Ausdruck bei. Am Ende rief Harnoncourt begeistert aus: *Das genau ist der Ausdruck und der Klang, den wir brauchen! Bitte behalte den!* Auch im Orchester, das meist mit *piano* markiert ist, ist alle Kraft unterschwellig komponiert. Es ist weder der siedende Zorn der Königin der Nacht noch der explosiv-akzentuierte Gestus von Konstanzes „Marternarie", was nicht zuletzt auch durch die Instrumentation untermauert ist: keine Trompeten, keine Pauken, lediglich je zwei Oboen und Fagotte, dazu aus der Tiefe seelischen Abgrunds bebende Streicher. Auch der plötzlich innehaltende *piano*-Schluß dieses Stückes ist gänzlich unkonventionell und weist nicht auf einen ausschließlich dramatischen Duktus.

Mit Harnoncourt hätte es ein weiteres interessantes Projekt geben sollen, von dem sich Gruberova aber im letzten Augenblick wieder zurückzog. Der Maestro hatte sie eingeladen, mit ihm die Contessa aus *Le nozze di Figaro* auf Platte einzuspielen – ein Angebot, auf das sie vorerst ablehnend reagierte. Harnoncourt konnte sie bei einem gemeinsamen Abendessen in ihrem Züricher Heim aber davon überzeugen, für ihn eine Ausnahme zu machen. Es war ihm wichtig, die Susanna mit einer eher kindlichen Sopranstimme zu besetzen (sie wurde von Barbara Bonney übernommen), während er sich für die Contessa eine etwas reifere, keineswegs aber alternde Frau vorstellte. Gruberova unterschrieb denn auch einen Vertrag, der die Mozart-Linie bei Teldec schön weitergeführt hätte. Als sie das Studium begann, befand sie die Partie dann aber sehr schnell als *höchst unbequem. Die Rolle ist praktisch durchgehend in einer Lage geschrieben, in der ich Klangvariationen und Ausdruck am schlechtesten bringen kann.* Auf ihr Schreiben, in welchem sie Harnoncourt um Verständnis dafür bat, daß sie sich von dem Projekt zurückziehen wolle, antwortete der Dirigent postwendend:

Liebe Edita,

Vielen Dank für Deinen sehr lieben Absagebrief, der mich schon sehr traurig gemacht hat. Ich weiß, daß Du Dein Können und Deine Möglichkeiten sehr genau analysierst und Deine Wahl sehr klug triffst – in diesem Fall war es wohl sicher ein Fehler, oder ein Irrtum? Hast Du vielleicht einen der vielen Auszüge benützt, wo die Gräfin in den Ensembles die 2. Stimme singt?? Das ist ja nur bei der neuen Bärenreiter richtig. Ich blicke in eine traurige Zukunft, weil ich ja keine Belcanto-Opern mache und Du Dich anscheinend, leider, leider, und zum Schaden der Musik, aus Barock, Klassik und Romantik zurückziehst. Sag mir, daß es nicht wahr ist. – Trotzdem, in alter Freundschaft und Liebe

Dein Nikolaus

Auch nach Meinung des Autors ist es ein Fehler gewesen, sich von dieser interessanten Herausforderung zurückzuziehen, da Gruberova gerade unter Harnoncourts Impulsen sicherlich ein Ergebnis erreicht hätte, das sie sich selbst so nicht zutrauen wollte. Andererseits muß die künstlerische Entscheidungsfreiheit der Sängerin natürlich akzeptiert werden.

Harnoncourt braucht Sänger, Instrumentalisten und Orchester mit enormer Flexibilität, wollen sie seinen Vorstellungen gerecht werden. Ein Musiker, der die spezifische Musikgrammatik dieses Dirigenten mit ähnlichem Engagement umgesetzt hat wie Gruberova, ist Gidon Kremer. In der Aufnahme der Mozart-Violinkonzerte findet man an Klangsprache genau das wieder, was bei Gruberovas Teldec-Einspielungen der Königin der Nacht, Donna Anna oder der großen Mozart-Konzertarien unter demselben Dirigenten zu registrieren ist. In der Tat: Es ist heute selten geworden, daß zwei individuelle und unverwechselbare Musikerpersönlichkeiten derart überzeugend zu einer gemeinsamen musikalischen Sprache finden. Gruberovas künstlerische Partnerschaft mit Nikolaus Harnoncourt ist zweifelsohne schon heute von historischer Einmaligkeit.

Zur Schallplattendokumentation von Edita Gruberova

Die Schallplattenaufnahme gehört heute wohl zum unabdinglichen Bestandteil jeder künstlerischen Laufbahn. Kaum vorzustellen, daß ein Sänger, Dirigent oder Instrumentalist ohne sie zu internationalem Ansehen gelangen könnte.

Die Entwicklung des Mediums Schallplatte vom Tondokument zur kalkulierten Geschäftemacherei ist mehr als tragisch, zumal sie auch oft Amateuren, die in die Führungsetagen diverser Schallplattenfirmen gehievt werden, völlig ungerechtfertigte Macht und ungeahnte Möglichkeiten zur Manipulation verschaffen. Und in mancherlei Hinsicht wird die Plattenaufnahme heute von manchem Künstler und seinem Exklusiv-Label dazu genutzt, durch Omnipräsenz in den Schallplattenläden das Image künstlich aufzupolieren. Gewiß, auch Edita Gruberova hat das Medium Schallplatte genutzt, aber keineswegs übertrieben. In den USA, wo Auftritte der Sängerin zwischen 1978 und 1986 etwa ganz ausgeblieben sind, konnten sich Opernliebhaber, wenn sie nicht gerade eine Reise nach Europa antreten wollten, eben einzig durch die Schallplatte einen Eindruck von ihrer Künstlerschaft verschaffen. Ihre Discographie enthält nur wenig Überflüssiges, weist dafür aber um so mehr Lücken in ihrem Repertoire auf, die hoffentlich in den nächsten Jahren noch geschlossen werden.

Angebote von großen Schallplattenfirmen, sich exklusiv zu binden, hat Gruberova immer abgelehnt. Der Vorteil davon war, daß sie inzwischen bei neun verschiedenen Labels aufnehmen konnte (DGG, EMI, CBS/Sony Classical, Decca, Teldec, RCA, Philips, Orfeo, Nightingale) und auch keinen Zwängen ausgesetzt war: Als Exklusiv-Künstler ist man verpflichtet, auch solche Werke einzuspielen, die gar nicht zum eigenen Repertoire zählen, und das wollte sie vermeiden (was für ihre Künstlerschaft spricht!). Die Angelegenheit hatte freilich auch einen Nachteil: Die Aufnahmen waren auf so viele Labels verteilt, daß es für die einzelnen Firmen zu wenige Titel gab, um auch den finanziellen Aufwand größerer Werbeaktionen zu riskieren. Gruberova ist, trotz hervorragender Qualität und beachtlichen Verkaufserfolgs ihrer Aufnahmen, deshalb eine Randfigur bei den Schallplattenfirmen geblieben. Ein weiterer Grund dafür war mit Sicherheit ihre große

Zurückgezogenheit von der Öffentlichkeit. Ein Plattenproduzent hat es ihr einmal anhand des Beispiels von Kiri Te Kanawa erklärt, indem er darauf hinwies, daß diese Sängerin in unzähligen Fernsehshows und in den Printmedien permanent in Erscheinung trete und so ein breiteres Publikum ansprechen könne, was wiederum den Plattenverkauf fördere. Wahrlich ein Armutszeugnis für den Produzenten und diejenigen, die ihm in dieser Meinung folgen. Ein weiterer Aspekt ist, daß man in einer Mischung aus grenzenloser Phantasielosigkeit und kommerziellem Zwang bevorzugte, schon Dutzende Male aufgenommenene Titel wie *Les Contes d'Hoffmann* oder *La Traviata* wieder und wieder einzuspielen, anstatt einmal auch künstlerische Pionierarbeit zu leisten. Das Risiko, unbekanntere Werke in den Katalog aufzunehmen, wollte man nicht eingehen, obwohl EMI mit *I Capuleti ed i Montecchi* und Philips mit *Maria Stuarda* hervorragende Verkaufserfolge erzielen konnten. Dies sind für die heutige Situation des Musikmarktes signifikante Merkmale. Und so mag es auch nicht verwundern, daß etwa Alfredo Kraus bei den großen Plattenfirmen kaum mit wichtigen Solo-Recitals vertreten ist oder Brigitte Fassbaender nie ihren Octavian aufgenommen hat.

Es gibt wohl kaum eine Tonaufnahme, welche die Stimme Gruberovas in all ihren charakteristischen Facetten wiedergibt. Dies bezieht sich auch auf den emotionalen Aspekt. Die Sängerin selbst hat immer wieder betont, wie schwierig es sei, in der sterilen Atmosphäre eines Studios Ausdruck zu erzeugen. Ist das der Grund, weshalb sie sich fast nie ihre eigenen Schallplatteneinspielungen anhört? (*Ich habe schon nach wenigen Minuten genug!*) Ein Vergleich demonstriert vor allem eines: Am spontansten und freiesten ist Gruberova in Live-Mitschnitten. Die im gleichen Zeitraum eingespielten Opern *Lucia di Lammermoor* und *Beatrice di Tenda* (beide veröffentlicht im Sommer 1992) lassen es klar erkennen: So ausdrucksvoll sie in ihrer Paraderolle der Lucia auch singt, in *Beatrice* erlebt man ein Ausschwingen der Phrasen, eine Tendenz zur Improvisation, die im Studio vermutlich gar nicht zu erzeugen ist. Und wenn auch in der Aufnahme dieser *Beatrice* die eine oder andere „kosmetische" Korrektur angebracht werden müßte (sie wurde aus nur zwei Aufführungen zusammengeschnitten), so ist sie doch die wesentlich spontanere und lebendigere. Die Sängerin braucht die Aufführung, das Publikum, die Hingabe an den Augenblick.

Mit EMI, jener Schallplattenfirma, für die Gruberova bis Mitte der 80er Jahre ihre ersten wichtigen Projekte wie *Zauberflöte*, *I Capuleti ed i Montecchi*, *Lucia di Lammermoor* und zwei Solo-Recitals aufgenommen hatte, war es 1985 zu einem Streit gekommen, der zuletzt in einem Zerwürfnis endete. Peter

Alward, verantwortlich für die künstlerische Planung des britischen Labels, hatte bei Gruberova für eine Aufnahme der *Fledermaus* unter der musikalischen Leitung von Plácido Domingo angefragt. Gruberova akzeptierte, und der Vertrag wurde abgeschlossen. Telefonisch hatte sie jedoch noch darauf hingewiesen, daß sie an einem der für die Aufnahmen vorgesehenen Tage eine Vorstellung von *Maria Stuarda* in Wien zu singen hätte. Alward ging darauf ein, den Termin für sie freizulassen. Zwei Wochen vor Beginn der Aufnahmesitzungen erhält Gruberova einen Plan, aus welchem hervorgeht, daß ihre Arien ausgerechnet für genau jenen Tag vorgesehen sind, an dem sie in Wien ihren Auftritt hat. Ein sofortiger Anruf bei Alward in London bestätigt nur, daß eine Änderung dieser Einteilung nicht mehr möglich ist. Eine Absage in Wien wäre Vertragsbruch gewesen, also muß sie die Plattenaufnahme absagen. Alward protestiert heftig und behauptet, es habe nie eine Wien betreffende Abmachung gegeben. Auf ein Schreiben, das sie auch gleichzeitig an den Generalmanager der EMI richtet und in welchem sie die Fakten noch einmal klar darlegt, antwortet man ihr nicht einmal. Alward beginnt ihr vielmehr den Krieg zu erklären. Nicht nur, daß er Verleumdungen übelster Art in die Welt setzt, die es unwürdig sind, festgehalten zu werden – innerhalb eines halben Jahres verschwinden auch obendrein alle Gruberova-Platten aus dem EMI-Katalog! Die Schallplattenhändler, von dieser Affaire nicht informiert, verstehen die Welt nicht mehr. In unzähligen marketing-meetings wird stundenlang darüber diskutiert, wie ein Verkaufserfolg zu erzielen sei, und dann werden gut verkäufliche Platten aus Eitelkeit und als Machtdemonstration einfach zurückgezogen. Und die heißbegehrte *Lucia*-Einspielung, damals nur auf Schallplatte erhältlich, erscheint trotz aller Nachfragen auch nicht auf Compact Disc. Als Teldec im Jahre 1991 mit Gruberova erneut eine *Lucia*-Gesamtaufnahme produziert, kündigt EMI (nach beinahe zehn Jahren!) eine „half-price"-Version ihrer *Lucia* auf Compact Disc an! Die Ironie der Geschichte ist, daß die Deutsche Grammophon Gesellschaft Anfang der 80er Jahre Gruberova bereits eine *Lucia*-Produktion mit Plácido Domingo und den Wiener Philharmonikern unter Lorin Maazel angeboten hatte. Die Überkorrekte mußte dieser Verlockung damals mit dem Hinweis wiederstehen, dieses Projekt schon EMI zugesagt zu haben, was zur Folge hatte, daß von Deutschlands renommiertem Gelbetikett für Jahre hindurch keine Angebote mehr an sie ergingen. Immerhin: EMI war es 1982 gewesen, die Gruberova die Gelegenheit zu ihrem ersten Solo-Recital gegeben hatte, und auch deshalb fühlte sie sich moralisch verpflichtet, ihre *Lucia*-Zusage für das Label einzuhalten. Dies alles hat dazu geführt, daß sie Schallplattenfirmen gegenüber sehr mißtrauisch geworden ist. *Es wäre an der*

Zeit, daß die Herren der Schallplattenindustrie, die zu guter Letzt von u n s e r e n Leistungen leben, endlich von ihren hohen Rössern herunterstiegen. Ich werde vor solchen Leuten jedenfalls bestimmt nie zur Opportunistin.

Gewiß, auch mit ihr ist nicht immer einfach zu verhandeln gewesen. Wenn ihr die Besetzung der weiteren Partien (vor allem hinsichtlich der Tenöre) mißfiel, war die prompte Absage des ganzen Projekts gewiß. Ein Grund, weshalb sie etwa *La Traviata* erst 1992 zum ersten Mal eingespielt hat, obwohl zweimal zuvor Angebote für diese Rolle an sie ergangen waren. Das hat ihr den Ruf eingebracht, schwierig und wenig kooperativ zu sein. Aber ist es nicht ausdrücklich zu begrüßen, daß sie ihre Karriere zugunsten künstlerischer Überlegungen zurückstellt? Gruberova weiß, wovon sie spricht, wenn sie *mit schlechtem Gewissen* an ihre Gesamtaufnahme von *Les Contes d'Hoffmann* denkt. *Ich hätte diese Aufnahme unter diesen Umständen nie machen dürfen.* Die *Umstände*, die sie meint, dürften dem Käufer dieser CD kaum bekannt sein: Die Deutsche Grammophon Gesellschaft hatte aus nicht bekannten Gründen die gesamte Oper ohne die drei Sopranrollen aufgenommen und Gruberova angeboten, diese nachträglich auf das fertige Band zu synchronisieren. Partner Plácido Domingo hat sie dabei ebensowenig getroffen wie den Dirigenten Seiji Ozawa. Auch so entstehen heutzutage Opernaufnahmen, die vor allem auch Zeugnis künstlerischer Erkenntnisse und Ansichten sein sollten und das Ergebnis intensiver Ensemblearbeit demonstrieren müßten! Gruberova sagt, es wäre ihr wichtig gewesen, die drei Rollen, die sie zu Beginn ihrer Karriere gesungen hatte, auch einmal auf Platte einzuspielen. Dabei sei sie sich und ihren künstlerischen Grundsätzen aber *in höchstem Maße untreu* geworden. Aber auch unter „normalen" Bedingungen werden Opernaufnahmen heute in einer zeitlich immer mehr eingeschränkten Art produziert. Andrew Porter schuf dafür den Ausdruck „assembly-line opera". Wen mag es verwundern, daß sich vielleicht gerade aus diesem Grund das „live-recording" größerer Beliebtheit erfreut als je zuvor – das, was früher hauptsächlich auf dem Schwarzmarkt angeboten wurde, wird heute von manchen Firmen zum Programm erhoben.

Nach dem Bruch mit EMI war durch die Vermittlung von Gruberovas Landsmann Jaroslav Ševčík, dem österreichischen Generalmanager von CBS, ein recht interessanter Vertrag unterzeichnet worden. Darin wurden unter anderem auch drei Solo-Alben für das amerikanische Label vereinbart, von denen das erste schon wenige Monate später verwirklicht wurde: italienische Opernarien von Bellini, Donizetti und Verdi, begleitet von der Tschechischen Philharmonie Prag. Kurz darauf kaufte Sony die Plattenfirma, was einen Wechsel der Führungspositionen nach sich zog. Im Café des Wiener

Hotels Sacher kam es wenig später zu einem Treffen zwischen Gruberova und dem neuen Sony-Manager Günther Brest (er hatte zuvor für die DGG gearbeitet), bei dem als erstes das Projekt einer *Puritani*-Gesamtaufnahme unter der Leitung von Zubin Mehta angesprochen wurde. Gruberova zeigte sich daran interessiert, bestand aber zugleich auf einer terminlichen Fixierung der beiden verbliebenen Arienrecitals, für die sie ja bereits einen Vertrag unterschrieben hatte. Von denen wollte Brest aber nun nichts mehr wissen. Und damit war leider auch das Kapitel Sony-Classical für immer abgeschlossen.

Anfang der 90er Jahre hatte es so ausgesehen, als ob sich aus der neuen Zusammenarbeit mit der Plattenfirma Teldec eine längerfristige Bindung ergeben könnte. Nach der ersten erfolgreichen Zusammenarbeit im Rahmen des Mozart-Zyklus unter Nikolaus Harnoncourt hatte Teldec ein äußerst erfolgreiches und vieldiskutiertes Richard-Strauss-Liederalbum auf den Markt gebracht und 1991 schließlich die lange erwartete zweite *Lucia* produziert, auf die kurz danach Gruberovas erste *Traviata* folgte. Nicht nur General-Manager Germinal Hilbert, sondern auch die Sängerin selbst hatten nun ausdrücklich dafür plädiert, auf den großen Verkaufserfolg der Gruberova-Aufnahmen mit der Planung eines Belcanto-Zyklus zu reagieren. Doch wieder einmal herrschte Funkstille in den Führungsetagen des Schallplattenkonzerns. Gruberova war aber entschlossen, mit diesem Projekt einfach nicht mehr länger zu warten. Sie schien ein wenig verletzt, daß gerade bei ihren Aufnahmen immer derart viel Druck von außen nötig gewesen war. Vielleicht ist dies der Grund, daß sie 1992 – zum größten Erstaunen vieler – einem völlig neuen Unternehmen ihre Mitarbeit zusagte. Nightingale Classics, so der Name eines schweizer Schallplattenlabels, das sich ausschließlich auf Vokal-Aufnahmen konzentriert, brachte noch im selben Jahr als erstes einen Live-Mitschnitt von Bellinis *Beatrice di Tenda* auf den Markt. Womit niemand gerechnet hatte: Die von privaten Geldgebern der Schweiz, Liechtensteins und Deutschlands finanzierte Firma konnte damit auch gleich einen wahren Verkaufshit erzielen. Schallplattenhändler von Zürich, Wien oder München bis hin nach New York und Tokyo wollten es anfangs selber nicht glauben: Diese Aufnahme stellte in Windeseile einen neuen Rekord an Verkaufszahlen auf. NC-Präsident Dr. Andreas Maag beeilte sich daraufhin, Gruberova für einen umfassenden Vierjahresplan unter Vertrag zu nehmen. Schon nach einem Jahr konnte man mit weiteren Gesamtaufnahmen von *Linda di Chamounix*, *I Puritani* und *Roberto Devereux* sowie mehreren Lieder- und Arienrecitals aufwarten und den sensationellen Erfolg fortsetzen. Für die nächsten Jahre sind erneut Werke von Bellini und Donizetti angekündigt, und hoffentlich vergißt Gruberova auch die französische Oper nicht ganz und bannt so vielleicht neben Massenets *Manon* auch noch andere, unbekanntere Werke wie *Esclarmonde* oder *Lakmé* auf die Silberscheibe. Tatsächlich hat in den letzten Jahren die Nachfrage nach Raritäten der Opern- und Konzertliteratur beträchtlich zugenommen. Unzählige Plattenfirmen sind, vor allem seit Existenz der inzwischen alles beherrschenden Compact Disc, aus dem Boden geschossen. Um so erstaunlicher, daß die großen Plattenkonzerne trotz aller Marktforschung nach wie vor mit risikolosen und langweiligen Repertoire-Katalogen aufwarten. Bleibt abzuwarten, ob Nightingale Classics sein Vorhaben, ein Label für „Spezialisten" zu werden, in die Realität wird umsetzen können.

Generell muß konstatiert werden, daß man Edita Gruberovas stimmliche und künstlerische Potenz nur bedingt durch die von ihr produzierten Tonaufnahmen wird ermessen können. Wie Rodney Milnes im englischen *Opera*-Journal sehr richtig bemerkt hat, braucht ihre Stimme vor allem den Raum, um sich richtig zu entfalten. Darüber hinaus hat es jahrelang gedauert, bis zwei, drei hervorragende Tontechniker erkannt hatten, daß in bezug auf die Mikrophonjustierung mit diesem spezifischen Material auf ganz besondere Weise umgegangen werden muß. Da ihre Stimme sehr gut fokussiert ist, können sich durch zu nahes Postieren des Mikrophons schnell unangenehme Schärfen in der Tonqualität einstellen. (Vor allem in ihrer 2. Einspielung der *Entführung* hatte dies der Produzent Christopher Reburn zuwege gebracht.) Den Technikern des japanischen Radiosenders NHK ist in dieser Hinsicht wohl das größte Kompliment zu machen: Die Aufnahme des Anniversary-Konzerts aus der Tokyoter Suntory Hall gibt Gruberovas Stimme in all der Farbigkeit und Präsenz wieder, die man von der Opernbühne oder vom Konzertsaal her kennt. Immerhin: Es gibt eine größere Anzahl wertvoller Tondokumente Gruberovas, die von der Fähigkeit abwechslungsreicher Portraitgestaltung zeugen und vor allem ihr künstlerisches Wachstum im Verlauf der Jahre anschaulich demonstrieren.

Die Titel der Dokumentations-CD

Edita Gruberova – Querschnitt aus NIGHTINGALE CLASSICS-Aufnahmen

1. Vincenzo BELLINI: *Beatrice di Tenda* (2:32)
Ah! se un'urna è a me concessa (finale secondo)
ORF Symphonieorchester, Dirigent: Pinchas Steinberg
(von NC 070560-2)

2. Vincenzo BELLINI: *I Puritani* (1:30)
Vien diletto (Wahnsinnsarie – cabaletta. 2. Akt, Szene 3)
(mit Ettore Kim und Francesco Ellero-d'Artegna)
Münchner Rundfunkorchester, Dirigent: Fabio Luisi
(von NC 070562-2)

3. Gaetano DONIZETTI: *Roberto Devereux* (1:57)
Questa gemma d'onde avesti? (2. Akt, Szene 8)
(mit Delores Ziegler und Ettore Kim)
Chœurs de L'Opéra du Rhin
Orchestre Philharmonique de Strasbourg, Dirigent: Friedrich Haider
(von NC 070563-2)

4. Gaetano DONIZETTI: *Roberto Devereux* (2:48)
Mirate: quel palco di sangue rosseggia (Scena ultima)
Chœurs de L'Opéra du Rhin
Orchestre Philharmonique de Strasbourg, Dirigent: Friedrich Haider
(von NC 070563)

5. Gaetano DONIZETTI: *La Fille du Regiment* (3:06)
... En avant! (2. Akt, „Gesangsstunde"/Trio)
(mit Rosa Laghezza und Phillippe Fourcade)
Münchner Rundfunkorchester, Dirigent: Marcello Panni
(von NC 070566-2)

6. Daniel François AUBER: *Manon Lescaut* (1:26)
On le disait habile (1. Akt, „Lach-Arie")
Tokyo Philharmonic Orchestra, Dirigent: Friedrich Haider
(von NC 090560-2)

7. Charles GOUNOD: *Mireille* (2:10)
O légère hirondelle – Valse-Ariette (1. Akt)
Tokyo Philhamonic Orchestra, Dirigent: Friedrich Haider
(von NC 090560-2)

8. Carl ZELLER: *Der Vogelhändler* (1:52)
Als geblüht der Kirschenbaum (3. Akt)
Münchner Rundfunkorchester, Dirigent: Rudolf Bibl
(NC 100560-2)

9. Leonard BERNSTEIN: *Candide* (2:20)
Glitter and be Gay (1. Akt)
Tokyo Philharmonic Orchestra, Dirigent: Friedrich Haider
(von NC 090560-2)

Discographie

Abkürzungen:

BMG	BMG-Ariola Classics
CVI	Castle Visions
DEC	Decca
DGG	Deutsche Grammophon Gesellschaft
EA	Estro Armonico
EMI	EMI Records Ltd.
HRE	Historical Recording Enterprises (USA)
LR	Legendary Recordings (USA)
MEL	Melodram (Italien)
MU	Musica (Bratislava)
NC	Nightingale Classics
PAL	Palette
PHIL	Philips Classics
RCA	BMG-Ariola Classics
SONY	Sony Classics
TEL	Teldec Classics International

BACH, Johann Sebastian (1685–1750)

2 Kantaten
Mein Herze schwimmt im Blut BWV 199
Jauchzet Gott in allen Landen BWV 51
Deutsche Bachsolisten
Dir.: Helmut Winschermann
RCA RL 30395 (1979)

BELLINI, Vincenzo (1801–1835)

Beatrice di Tenda
Beatrice
mit Kasarova, Bernardini, Morosow, Robinsak, Sumegi
Wiener Jeunesse Chor/ORF Sinfonieorchester
Dir.: Pinchas Steinberg
live-recording NC 070560-2 (DDD, 1992)

I Capuleti ed i Montecchi
Giulietta
mit Baltsa, Raffanti, Howell, Tomlinson

The Royal Opera Chorus/The Orchestra of the Royal Opera House, Covent Garden
Dir.: Riccardo Muti
live-recording EMI CC33-3477.78 (DDD, 1985)

I Puritani
Elvira
mit Lavender, Kim, d'Artegna, Lytting, Siegle, Tuand
Chor des Bayerischen Rundfunks/Münchner Rundfunkorchester
Dir.: Fabio Luisi
live-recording NC 070562-2 (DDD, 1993)

La sonnambula
Amina
mit Bros, Kavracos, Kotoski
Chor und Orchester der Oper Köln
Dir.: Philippe Auguin
live-recording NC 070566-2 (DDD, Herbst 1996)

CHERUBINI, Luigi (1760–1842)

Medea
Magd
mit Rysanek, Popp, Prevedi, Lilowa, Ghiuselev
Chor und Orchester der Wiener Staatsoper
Dir.: Horst Stein
live-recording MEL 27 087

DONIZETTI, Gaetano (1797–1848)

Lucia di Lammermoor
Lucia
1)
mit Dvorský, Manuguerra, Vogel, Duyk, Moser
Chor und Orchester der Wiener Staatsoper
Dirigent: Giuseppe Patanè
live-recording HRE 297 (33) (1. Sept. 1978)

2)
mit Kraus, Bruson, Lloyd, Kuhlmann, Lazzaretti, Bottone
The Ambrosian Singers/London Symphony Orchestra
Dir.: Nicola Rescigno
EMI 764 622-2 (DDD, 1984)

3)
mit Agache, Shicoff, Lombardo, Miles, Montague

The Ambrosian Singers/London Symphony Orchestra
Dir.: Richard Bonynge
TEL 9031-72306-2 (DDD, 1992)

Maria Stuarda
Maria
mit Baltsa, Vermillion, Araiza, Alaimo, Ellero d'Artegna
Chor des Bayerischen Rundfunks/Münchener Rundfunkorchester
Dir.: Giuseppe Patanè
PHIL 426 233-2 (DDD, 1990)

Linda di Chamounix
Linda
mit Groop, Precht, Bernardini, Kim, Melander, Palatchi, Hedlund
Mikaeli Chamber Choir, Stockholm/Mitglieder des Radio-Symphonieorchesters Stockholm
Dir.: Friedrich Haider
live-recording NC 070561-2 (DDD, 1993)

Roberto Devereux
Elisabetta
mit Ziegler, Bernardini, Kim
Chœurs de l'Opéra du Rhin/Orchestre Philharmonique de Strasbourg
Dir.: Friedrich Haider
live-recording NC 070563 (DDD, 1994)

Anna Bolena
Anna
mit Ziegler, Bros, Palatchi, Schneidermann, Morozow
Chor und Orchester des Ungarischen Rundfunks
Dir.: Elio Boncompagni
Live-recording NC 070564 (DDD, 1995)

La Fille du Régiment
Marie
mit van der Walt, Laghezza, Fourcade, Castel
Chor des Bayerischen Rundfunks/Münchner Rundfunkorchester
Dir.: Marcello Panni
Live-recording NC 070565 (DDD, 1995)

GLUCK, Christoph Willibald (1714–1787)

Orfeo ed Euridice
Amore
mit Baltsa, Marshall
Ambrosian Opera Chorus/Philharmonia Orchestra

Dir.: Riccardo Muti
EMI 763 637-2 (DDD, 1982)

HAYDN, Joseph (1732–1809)

Die Schöpfung
mit Protschka, Holl
Arnold Schönberg Chor/Wiener Symphoniker
Dir.: Nikolaus Harnoncourt
TEL 2292-42482-2 (DDD, live: 10/11. April 1986)

HUMPERDINCK, Engelbert (1854–1921)

Hänsel und Gretel
1)
Taumännchen
mit Popp, Fassbaender, Berry, Hamari, Schlemm, Burrows
Wiener Sängerknaben/Wiener Philharmoniker
Dir.: Sir Georg Solti
DEC 421 111-2 (ADD, 1979)

2)
Gretel
mit Murray, Grundheber, Jones, Ludwig, Bonney, Oelze
Kinderchor der Staatsoper Dresden/Damen des Dresdner Opernchores/
Staatskapelle Dresden
Dir.: Sir Colin Davis
PHIL 438 013-2 (DDD, 1993)

JANÁČEK, Leoš (1854–1928)

Jenufa
Jano
mit Varnay, Jurinac, Rössel-Majdan, Cox, Cochran, Bunger,
Guthrie, H. Konetzni, de Groote, Boesch, Sjöstedt, Nikolova
Chor und Orchester der Wiener Staatsoper
Dir.: Janos Kulka
live-recording EA 061 (16.Okt.1972)

MAHLER, Gustav (1860–1911)

Sinfonie Nr. 4 G-Dur
Philharmonia Orchestra

Dir.: Giuseppe Sinopoli
DGG 437 527-2 (DDD, 1993)

MENDELSSOHN BARTHOLDY, Felix (1809–1847)

Sinfonie Nr. 2 B-Dur op. 52 „Lobgesang"
mit Ghazarian, Krenn
Wiener Staatsopernchor/Wiener Philharmoniker
Dir.: Christoph von Dohnányi
DEC 425 023-2 (ADD, 1978)

MOZART, Wolfgang Amadeus (1756–1791)

Bastien und Bastienne KV 50
Bastienne
mit Cole, Polgar
Franz Liszt Chamber Orchestra
Dir.: Raymond Leppard
SONY SK 45 855 (DDD, 1990)
und *Un moto di gioia* – Arie für Sopran KV 579, *Giunse alfin il momento/ Deh vieni, non tardar* – Rezitativ und Arie der Susanna aus *Le nozze di Figaro* KV 492

Mitridate, re di Ponto KV 87
Sifare
mit Hollweg, Auger, Baltsa, Cotrubas, Kübler, Weidinger
Mozarteum Orchester Salzburg
Dir.: Leopold Hager
DGG 2740 180 (ADD, 1979)

Lucio Silla KV 135
Giunia
mit Schreier, Bartoli, Upshaw, Kenny
Arnold Schönberg Chor/Concentus musicus Wien
Dir.: Nikolaus Harnoncourt
live-recording TEL 2292-44928-2 (DDD

La Finta Giardiniera KV 196
Sandrina
mit Margiono, Bacelli, Upshaw, Moser, Heilmann, Scharinger
Concentus musicus Wien
Dir.: Nikolaus Harnoncourt
TEL 9031-72309-2 (DDD, live:06/1991)

Il sogno di Scipione KV 126
Fortuna
mit Schreier, Popp, Ahnsjö, Moser, Mathis
Salzburger Kammerchor/Mozarteum-Orchester Salzburg
Dir.: Leopold Hager
DGG 2740 218 (ADD, 1980)

Idomeneo KV 366
Elettra
mit Pavarotti, Baltsa, Popp, Nucci
Konzertvereinigung Wiener Staatsopernchor/Wiener Philharmoniker
Dir.: John Pritchard
DEC 411 805-2 (DDD, 1988)

Die Entführung aus dem Serail KV 384
Konstanze
1)
mit Leipnitz, Ebel, Araiza, Orth, Bracht
Chor des Bayerischen Rundfunks/Münchner Rundfunkorchester
Dir.: Heinz Wallberg
BMG 352 872 (ADD, 1979)

2)
mit Battle, Winbergh, Zednik, Talvela, Quadflieg
Konzertvereinigung Wiener Staatsopernchor/Wiener Philharmoniker
Dir.: Georg Solti
DEC 417 402-2 (DDD, 1986)

Der Schauspieldirektor KV 486
Madame Herz
mit Te Kanawa, Heilmann, Jungwirth
Wiener Philharmoniker
Dir.: John Pritchard
DEC 430-207-2 (DDD, 1991)

Don Giovanni KV 527
Donna Anna
mit Hampson, Holl, Blochwitz, Alexander, Polgar, Scharinger, Bonney
Chor der Niederländischen Oper/Royal Concertgebouw Orchestra Amsterdam
Dir.: Nikolaus Harnoncourt
TEL 9031-72485-2 (DDD, 1989)

Die Zauberflöte KV 620
Königin der Nacht
1)
mit Te Kanawa, Hofmann, Moll, Battle, Huttenlocher, Döse, Van Dam, Murray, Orth, Ihara

Chœurs de L'Opera du Rhin/Orchestre Philharmonique de Strasbourg
Dir.: Alain Lombard
Barclay (ADD, 1978)

2)
mit Lindner, Popp, Richardson, Soffel, Wenkel, Hofmann, Jerusalem, Kmentt, Zednik, Brendel, Bailey, Bracht, Haugland, Kunz, Mattoni
Tölzer Knabenchor/Chor des Bayerischen Rundfunks/Sinfonieorchester des Bayerischen Rundfunks
Dir.: Bernard Haitink
EMI 747 951-8 (DDD, 1981)

3)
mit Bonney, Salminen, Blochwitz, Scharinger, Hampson, Maly, Kmentt, Coburn, Ziegler, Lipovšek, Schmid, Keller, Moser
Tölzer Knabenchor/Chor des Opernhauses Zürich/Orchester des Opernhauses Zürich
Dir.: Nikolaus Harnoncourt
TEL 8.35766 (DDD, 1988)

Konzertarien

1)
KV 78 *Per pieta, bell' idol mio*; KV 83 *Se tutti i mali miei*; KV 217 *Voi avete un cor fedele*; KV 369 *Misera, dove son! Ah! non son io che parlo*; KV 374 *A questo seno deh vieni ... Orche il cielo*; KV 486a *Basta, vincesti ... Ah, non lasciarmi*; KV 578 *Alma grande e nobil core*; KV 579 *Un moto di gioia*; KV 580 *Schon lacht der holde Frühling*
Wiener Kammerorchester
Dir.: György Fischer
DEC 430 300-2 (ADD, 1983)

2)
KV 74b *Non curo l'affetto*; KV 88/73c *Fra cento affanni e cento*; KV 316 *Popoli di Tessaglia – Io non chiedo, eterni Dei*; KV 419 *No, che non sei capace*; KV 368 *Ma che vi fece, o stelle ... Sperai vicino il lido*; KV 416 *Mia speranza adorata*; KV 418 *Vorrei spiegarvi, oh Dio!*; KV 538 *Ah se in ciel, benigne stelle*
Mozarteum Orchester Salzburg
Dir.: Leopold Hager
DGG 410 960-1 (ADD, 1983)

3)
KV 217 *Voi avete un cor fedele*; KV 368 *Ma che vi fece o stelle...Sperai vicino il lido*; KV 374 *Ah questo seno deh vieni ... Or che il cielo a mi ti rende*; KV 369 *Misera, dove son! Ah, non son io che parlo*; KV 416 *Mia speranza adorata! Ah non sai qual pena sia*; KV 418 *Vorrei spiegarvi, oh Dio!*; KV 419 *No, che non sei capace*; KV 538 *Ah se in ciel, benigne stelle*
Chamber Orchestra of Europe

Dir.: Nikolaus Harnoncourt
live-recording TEL 9031-72302-2 (DDD, 27./29. Juni 1991)

OFFENBACH, Jacques (1819–1880)

Les Contes d'Hoffmann
Olympia, Antonia, Giulietta
mit Domingo, Eder, Schmidt, Bacquier, Morris, Diaz, Gambill, Crook, Senechal, Ludwig, Leggate, Friedmann, Malmberg, Allan, Rydl, Stamm, Maké
Chœurs de Radio France/Orchestre National de France
Dir.: Seiji Ozawa
DGG 427 682-2 (DDD, 1989)

ORFF, Carl (1895–1982)

Carmina Burana
mit Aler, Hampson
Shinyukai Choir/Knaben des Staats- und Domchores Berlin/Berliner Philharmoniker
Dir.: Seiji Ozawa
PHIL 422 363-2 (DDD, 1989)

PAER, Ferdinando (1771–1839)

Leonora
Marzellina
mit Koszut, Jerusalem, Orth, Kesteren, Tadeo, Brendel
Symphonieorchester des Bayerischen Rundfunks
Dir.: Peter Maag
DEC 6.35428 (ADD, 1979)

STRAUß, Johann (1825–1899)

Die Fledermaus

1)
Rosalinde
mit Protschka, Bonney, Hollweg, Kmentt, Scharinger, Boesch, Lipovšek, Magnus, Heller
de Nederlandse Opera Chorus/Concertgebouw Orkest Amsterdam
Dir.: Nikolaus Harnoncourt
TEL 2292-42427-2 (DDD, 1988)

2)
Adele
mit Brendel, Te Kanawa, Krause, Fassbaender, Leech, Bär, Wendler, Göttling, Schenk
Wiener Staatsopernchor/Wiener Philharmoniker
Dir.: André Previn
PHIL 432 157-2 (DDD, 1991)

Johann Strauß für Fortgeschrittene
Cagliostro in Wien, daraus: *Könnt ich mit Ihnen fliegen*
Duett mit Anton Dermota
ORF-Symphonieorchester
Dir.: Julius Rudel
Pressung des Österreichischen Rundfunks (1975)

STRAUSS, Richard (1864–1949)

Ariadne auf Naxos
Zerbinetta
1)
mit L.Price, Troyanos, Kollo, Berry u. a.
London Philharmonic Orchestra
Dir.: Georg Solti
DEC 430 384-2 (ADD, 1979)

2)
mit Norman, Varady, Frey, Bär, Fischer-Dieskau, Asmus
Gewandhausorchester Leipzig
Dir.: Kurt Masur
PHIL 422 084-2 (DDD, 1989)

Lieder (*Diapason d'or*)
Rothe Rosen (o. op.), *Zueignung* (op. 10/1), *Nichts* (op. 10/2), *Die Nacht* (op. 10/3), *Allerseelen* (op. 10/8), *Wer hat's gethan?* (vormals op. 10/6), *Barcarole* (op. 17/6), *Breit über mein Haupt* (op. 19/2), *Du meines Herzens Krönelein* (op. 21/2), *Cäcilie* (op. 27/2), *Morgen* (op. 27/4), *Blauer Sommer* (op. 31/1), *Wenn …* (op. 31/2), *Liebeshymnus* (op. 32/3), *Wir beide wollen springen* (o. op.), *Glückes genug* (op. 37/1), *Leises Lied* (op. 39/1), *Junghexenlied* (op. 39/2), *In der Campagna* (op. 1/2), *Weihnachtsgefühl* (o. op.), *Ein Obdach gegen Sturm und Regen* (op. 46/1), *Morgenrot* (op. 46/4), *Einkehr* (op. 47/4), *Kling!* (op. 48/3), *Winterweihe* (op. 48/4), *Waldseligkeit* (op. 49/1), *In goldener Fülle* (op. 49/2), *Blindenklage* (op. 56/2), *An die Nacht* (op. 68/1), *Ich wollt ein Sträusslein binden* (op. 68/2), *Säusle, liebe Myrthe* (op. 68/3), *Als mir dein Lied erklang* (op. 68/4), *Amor* (op. 68/5), *Lied der Frauen* (op. 68/6), *Der Stern* (op. 69/1), *Der Pokal* (op. 69/2), *Blick vom oberen Belvedere* (op. 88/2), *Malven* (op. posth.)
mit Friedrich Haider, Klavier
TEL 2292-44922-2 (DDD, 1991)

VERDI, Giuseppe (1813–1901)

Don Carlo
Tebaldo
mit Carreras, Freni, Baltsa, Cappucilli, Raimondi, Van Dam, Ghiaurov
Wiener Staatsopernchor/Wiener Philharmoniker
Dir.: Herbert von Karajan
EMI 7 69304 2 (ADD, 1979)

Un Ballo in Maschera
Oscar
mit Domingo, Bruson, Ricciarelli, Obratsova, Corato, Raimondi, Savastano, Manganotti
Coro e Orchestra del Teatro alla Scala
Dir.: Claudio Abbado
DGG 415 685-2 (1981)

Rigoletto
Gilda
mit Bruson, Shicoff, Fassbaender, Lloyd, Rigby, Rydl, Gabba, Matteuzzi, Moses, Pittavini
Coro e Orchestra dell'Accademia Nazionale di Santa Cecilia
Dir.: Giuseppe Sinopoli
PHIL 412 592-2 (DDD, 1985)

La Traviata
Violetta
1)
mit Carreras, Weikl, Lipovšek, Hintermeier, Sramek
Chor und Orchester der Wiener Staatsoper
Dir.: Gianfranco Masini
LR 161 (live: 09/80)

2)
mit Shicoff, Zancanaro, Spence, Bacelli, Begley
The Ambrosian Singers/London Symphony Orchestra
Dir.: Carlo Rizzi
TEL 9031-76348-2 (DDD, 1992)

Arienrecitals

Edita Gruberova singt französische und italienische Opernarien
Delibes: *Ou va la jeune Indoue* (*Lakmé*); Meyerbeer: *Nobles seigneurs, salut!* (*Les Hugenots*); Gounod: *Ah! Je veux vivre* (*Roméo et Juliette*); Thomas: *A vos jeux, mes amis* (*Hamlet*); Donizetti: *Il dolce suono/Spargi d'amaro pianto* (*Lucia di Lammermoor)*; Rossini: *Bel raggio lusinghier* (*Semiramide*); Rossini: *Una voce poco fa* (*Il barbiere di Siviglia*)

Münchner Rundfunkorchester
Dir.: Gustav Kuhn
EMI 38-3014 (DDD, 1982)

Edita Gruberova singt virtuose Arien
Donizetti: *Deciso é dunque* (*La fille du regiment*); Bellini: *Come per me sereno* (*La sonnambula*); Bellini: *Sediziose voci/Casta diva* (*Norma*); Mozart: *Crudele!/Non mi dir* (*Don Giovanni*); Mozart: *E Susanna non vien/Dove sono* (*Le nozze di Figaro*); Weber: *Wie nahte mir der Schlummer/Leise, leise* (*Der Freischütz*); Verdi: *Dall' infame banchetto/Tu del mio Carlo* (*I Masnadieri*)
Münchner Rundfunkorchester
Dir.: Kurt Eichhorn
EMI 747 434-2 (DDD, 1986)

Edita Gruberova singt berühmte Opernarien
Mozart: *Vanne t'affretta/Ah, se il crudel* (*Lucio Silla*); R.Strauss: *Großmächtige Prinzessin* (*Ariadne auf Naxos* – Urfassung); Bellini: *Ah! Non credea mirati* (*La sonnambula*); Cherubini: *E tu, che a me divin prometti* (*Medea*); Thomas: *Oui, pour ce soir/Je suis Titania* (*Mignon*)
Münchner Rundfunkorchester
Dir.: Lamberto Gardelli
ORFEO C 101 841 (DDD, 1985)

Die Kunst der Koloratur
Arditi: *Il Bacio*; Glière: Konzert für Koloratursopran und Orchester; Rachmaninow: *Chanson géorgienne*; Proch: *Deh! Torna mio bene*; J. Strauß: *Frühlingsstimmenwalzer*; Alabieff: *Die Nachtigall*; Adam: *Ah, vous dirai-je, maman*; dell'Aqua: *Villanelle*; Delibes: *Les filles de Cadix*
Radio-Sinfonieorchester Stuttgart
Dir.: Kurt Eichhorn
ORFEO C 072 831 (DDD, 1983)

Edita Gruberova singt Opernarien
Verdi: *Mercé, dilette amiche* (*I Vespri Siciliani*); Verdi: *E strano/Sempre libera* (*La Traviata*); Verdi: *Sorta e la notte/Ernani involami* (*Ernani*); Bellini: *Son vergin vezzosa* (*I Puritani*); Donizetti: *Ancor non giunse/Quando rapita* (*Lucia di Lammermoor*); Donizetti: *Duchessa, alle fervide preci* (*Roberto Devereux*); Donizetti: *Anna! Qui piu sommessi favellate* (*Maria Stuarda*)
mit Marková, Walterová, Vodicka, Horacek
Chor des Smetana-Theaters Prag/Tschechische Philharmonie
Dir.: Friedrich Haider
SONY MK 45 633 (DDD, 1989)

Edita Gruberova und Wynton Marsalis
Händel: *Let the bright Seraphim* (*Samson*); Purcell: *Sound the trumpet* (*Come ye Sons of Art*); Händel: *Eternal Source of Light Divine*
Wynton Marsalis, Trompete/English Chamber Orchestra

Dir.: Raymond Leppard
SONY MK 39 061 (DDD, 1984)

The Anniversary Concert
(Konzert anläßlich des 25jährigen Bühnenjubiläums)
(Preis der Deutschen Schallplattenkritik 1994)
Saint-Saëns: *Le Rossignol et la Rose* (Vocalise); Alabieff: *Die Nachtigall;* Gounod: *O légère hirondelle* (*Mireille*); Auber: *C'est l'histoire amoureuse* (*Manon*); Meyerbeer: *Ombre légère* (*Dinorah*); Delibes: *Où va la jeune Indoue* (*Lakmé*); Dell'Aqua: *Villanelle;* Benedict: *The gipsy and the bird;* Bernstein: *Glitter and be gay* (*Candide*)
The Tokyo Philharmonic Orchestra
Dir.: Friedrich Haider
live-recording NC 090560-2 (DDD, 1993)

Wahnsinnsarien
Rimskij-Korsakow: *Iwan Sergéitsch* (*Die Zarenbraut*); Thomas: *A vos jeux, mes amis* (*Hamlet*); Bellini: *O rendetemi la speme/Vien diletto* (*I Puritani*); Bellini: *Oh! S'io potessi/Col sorriso d'innocenza* (*Il Pirata*); Donizetti: *Piangete voi?/Al dolce guidami* (*Anna Bolena*)
mit Kim, D'Artegna, Schmidt, Uhlmann, Weber, Rosner, Siegele
Chor des Bayerischen Rundfunks/Münchner Rundfunkorchester,
Dir.: Fabio Luisi
live-recording NC 110560-2 (DDD, 1995)

Ach, wir armen Primadonnen! – Operetten-Gala
Strauß: *Wo die Citronen blüh'n* – Walzer; Zeller: *Als geblüht der Kirschenbaum* (*Der Vogelhändler*); Zeller: *Ich bin die Christel von der Post* (*Der Vogelhändler*); Ziehrer: *Liebe, schöne, alte Donaustadt* (*Der Fremdenführer*); Millöcker: *Ach, wir armen Primadonnen* (*Der arme Jonathan*); Kálmán: *Heja! In den Bergen ist mein Heimatland* (*Die Csárdásfürstin*); Kálmán: *Ich sing' mein Lied im Regen und Schnee* (*Das Veilchen vom Montmartre*); Lehár: *Vilja-Lied* (*Die lustige Witwe*); Lehár: *Durch die weiten Felder* (*Wo die Lerche singt*); Strauß: *Zigeunerkind, wie glänzt dein Haar* (*Cagliostro in Wien*)
Münchner Rundfunkorchester
Dir.: Rudolf Bibl
live-recording NC 100560-2 (DDD, 1995)

Gemischte Liedrecitals

Lieder von Brahms, Dvořák und Strauss
Brahms: *Lerchengesang* op. 70/1; *Auf dem See* op. 106/2; *In Waldeseinsamkeit* op. 85/6; *Das Mädchen* op. 95/1
Dvořák: 8 Liebeslieder op. 83
R.Strauss: *Mädchenblumen* op. 22 (*Kornblumen, Mohnblumen, Epheu, Wasserrose*); *An die Nacht* op. 68/1; *Ich wollt ein Sträusslein binden* op. 68/2; *Amor* op. 68/5; *Ich schwebe* op. 48/2; *Freundliche Vision* op. 48/1; *Schlechtes Wetter* op. 69/5
Erik Werba, Klavier
ORFEO C 066 831 (DDD, 1982)

Lieder von Mozart, Debussy und Wolf
Mozart: *Als Luise* KV 520; *Das Veilchen* KV 476; *Der Zauberer* KV 472; *Oiseaux, si tous les ans* KV 307; *Dans un bois solitaire* KV 308
Debussy: *Quatre chansons de Jeunesse (Pantomime, Clair de lune, Pierrot, Apparition)*
Wolf: aus den *Mörike-Liedern: Der Gärtner, Zitronenfalter im April, Mausfallensprüchlein, Nixe Binsefuß, Elfenlied, Storchenbotschaft, Er ist's, Jägerlied, Auf einer Wanderung, Erstes Liebeslied eines Mädchens*
Friedrich Haider, Klavier
SONY MK 42 002 (DDD, 1984)

„Frühlingslieder"
Lieder von Mendelssohn Bartholdy, Schubert und Brahms
Mendelssohn: *Frühlingsglaube* op. 9/8, *Sonntagslied* op. 34/5, *Im Frühling* op. 9/4, *Ich hör ein Vöglein* (Nachlaß), *Frühlingslied* op. 19/1, *Frühlingslied* op. 47/3, *Das erste Veilchen* op. 19/2, *Andres Maienlied* (Hexenlied) op. 8/8
Schubert: *Frühlingsglaube* D 686, *Im Frühling* D 882, *Die Vögel* D 691, *Nachtviolen* D 752, *Der Hirt auf dem Felsen* D 965
Brahms: *Des Liebsten Schwur* op. 69/4, *Wenn um den Holunder* op. 63/6, *Lerchengesang* op. 70/2, *Geheimnis* op. 71/3, *Das Mädchen spricht* op. 107/3, *Maienkätzchen* op. 107/4, *Meine Liebe ist grün* op. 63/5
Peter Schmidl, Klarinette/Friedrich Haider, Klavier
NC 070860-2 (DDD, 02/93)

Dvořák-Lieder
V národním Tonu (Im Volkston), *Písne milostné* (Liebeslieder), *Ciganske melodie* (Zigeunermelodien)
Friedrich Haider, Klavier
NC (Herbst 1996)

Wir Schwestern zwei, wir schönen
Duette von Dvořák, Mendelssohn Bartholdy, Schumann, Brahms und Rossini
Dvořák: *Mährische Weisen* (13 Duette); Mendelssohn: *Gruß, Maiglöckchen*; Schumann: *An den Abendstern, Sommerruh, Schön Blümelein*; Brahms: *Die Schwestern, Die Meere*; Rossini: *La regata veneziana, Katzenduett*
Vesselina Kasarova, Mezzosopran/Friedrich Haider, Klavier
NC (Sommer 1996)

Miscellanea

Opern-Galakonzert
Konzert zu Ehren von George London am 21. Juni 1984
Les oiseaux dans la charmille (Arie der Olympia aus Offenbachs *Hoffmanns Erzählungen*)
mit Gedda, Popp, Troyanos, Ghazarian, Malfitano, Araiza, Estes, Rysanek, King
ORF-Symphonie-Orchester
Dir.: Erich Binder
PAL-1035 (CD distributed by Crown Record Co, Ltd.Tokyo) (DDD, 1984)

The sound of christmas
Weihnachten mit Weltstars
Leise rieselt der Schnee
mit Domingo, Carreras, Dvorský, Freni, Ricciarelli, Moser, Rydl, Hoffmann, Wiener Sängerknaben
SONY MK 71117 (DDD, 1983)

Narodil sa Kristus Pan
Edita Gruberova und Peter Dvorský singen slowakische Weihnachtslieder
Buvaj dieta krasne
O, ty vianocny cas preradostny
mit dem Chor des Konservatoriums Bratislava
Dir.: Dusan Bill
MU 0002-2231 (DDD, 1991)

Joy to the world
Weihnachtskonzert
Purcell: *Sound the Trumpet*; Reger: *Mariae Wiegenlied* op. 76/52; Lloyd Webber: *Pie Jesu* (*Requiem*); Eckdahl (arr.): *Weihnachstlieder-Medley*
mit Nordlander (Sopran), Agnas (Trompete)
Gustaf Sjökvist Kammerkör/Stockholm Chamber Orchestra
Dir.: Gustaf Sjökvist
NC 120 560-2 (DDD, 1995)

Children's Songs of the World
32 Kinderlieder aus 25 Nationen in populären Originalarrangements
Poesje Mauw (Holland), *D'esos Caballos* (Mexico), *Si toutes les filles* (Frankreich), *Che baccan* (Italien), *Es klappert die Mühle* (Österreich), *Spi, Mladjenec* (Rußland), *Miala Kasienka* (Polen), *Numi, numi* (Israel), *Tancuj, tancuj* (Slowakei), *Una flor de la cantuta* (Chile), *Three blind mice* (England), *Aa, aa, allin lasta* (Finnland), *Haragszik* (Ungarn), *Pridi ty suhajko* (Slowakei), *Yuyake koyake* (Japan), *Heidschi bumbeidschi* (Österreich), *Pera ston pera kambo* (Griechenland), *L'inverno é passato* (Schweiz), *Mi jachol lassim* (Israel), *Sakura* (Japan), *Dolina, dolina* (Slowakei), *Humpty dumpty* (England), *Kumbaya* (Afrika), *Nana mara haath* (Indien), *Katten og Killingen* (Norwegen), *Ciobanas* (Rumänien), *Schyau* (China), *Joli tambour* (Frankreich), *Bä, bä, vita lamm* (Schweden), *The itsy bitsy spider* (Amerika), *Tala al-badru'alaina* (Ägypten), *Alle Vöglein* (Deutschland)
Internationaler Kinderchor/Rudolfsheimer Spatzen/Lycée Français de Vienne
Arrangements: Richard Österreicher
NC 070660-2 (DDD, 09/1992)

Videoproduktionen

HUMPERDINCK, Engelbert (1854–1921)

Hänsel und Gretel
Gretel

mit Fassbaender, Jurinac, Dernesch, Prey
Wiener Sängerknaben/Wiener Philharmoniker
Dir.: Georg Solti; Regie: August Everding
DEC 071 102 (Unitel)

MOZART, Wolfgang Amadeus (1756–1791)

Die Entführung aus dem Serail KV 384
Konstanze
mit Grist, Araiza, Orth, Talvela, Holzmann
Chor der Bayerischen Staatsoper/Bayerisches Staatsorchester
Dir.: Karl Böhm; Regie: August Everding
DGG 072 408 (Unitel) (live: 25.April 1980)

Don Giovanni KV 527
Donna Anna
mit Allen, Koptchak, Araiza, Murray, Desderi, de Carolis, Mentzer
Coro e Orchestra del Teatro alla Scala
Dir.: Riccardo Muti; Regie: Giorgio Strehler
CVI 2061 (live: 12/1987)

Così fan tutte KV 588
Fiordiligi
mit Ziegler, Stratas, Furlanetto, Lima
Konzertvereinigung Wiener Staatsopernchor/Wiener Philharmoniker
Dir.: Nikolaus Harnoncourt; Regie: Jean Pierre Ponnelle
DEC 071 424-3 (Unitel 1988)

Die Zauberflöte KV 620
Königin der Nacht
mit Moll, Araiza, Rootering, Popp, Brendel, Sieber, Orth, Coburn, Evangelatos
Tölzer Knabenchor/Chor der Bayerischen Staatsoper/Bayerisches Staatsorchester
Dir.: Wolfgang Sawallisch; Regie: August Everding
PHIL 070 405-3 (ADD, live: 09/1983)

STRAUSS, Richard (1864–1949)

Arabella
Fiakermilli
Janowitz, Weikl, Kollo, Ghazarian, Lilowa, Rydl, Mödl
Wiener Philharmoniker
Dir.: Georg Solti
DEC 071 405-3

Ariadne auf Naxos
Zerbinetta
mit Janowitz, Schmidt, Kollo, Berry, McDaniel, Jungwirth, Zednik, Equiluz, Kunz
Wiener Philhamoniker
Dir.: Karl Böhm
DGG 072 442-3GH (ADD, 1978)

VERDI, Giuseppe

Rigoletto
Gilda
mit Wixell, Pavarotti, Vergara, Furlanetto, Barbieri, Bracht, Kuhlmann, Weikl, Carazza
Konzertvereinigung Wiener Staatsopernchor/Wiener Philharmoniker
Dir.: Riccardo Chailly
DEC 071 401 (ADD, 1985)

La traviata
Violetta
mit Shicoff, Zancanaro, Pentcheva, Trevisan, Cosotti, Mori, Orecchia, Musinu
Orchester und Chor Teatro La Fenice
Dir.: Carlo Rizzi
TELDEC 4509-92409-3 (DDD, 1992)

Bibliographie

Adams, Brian: *La Stupenda. A Biography of Joan Sutherland*, Hutchinson Group, Australia 1980

Ardoin, John: *Callas at Juilliard. The Master Classes*, Alfred A. Knopf, New York 1987

Ashbrook, William: *Donizetti and his operas*, University Press, Cambridge 1982

Aspinall, Michael: *Luisa Tetrazzini. The voice and the Records*, Essay im CD-Booklet der *London Recordings von L. Tetrazzini* bei EMI

Brünner, Richard: *Gesangstechnik*, Feuchtinger & Gleichauf, Regensburg 1993

Christiansen, Rupert: *Prima Donna. A History*, The Bodley Head Ltd., Middlesex 1984

Drese, Claus Helmuth: *Im Palast der Gefühle. Erfahrungen und Enthüllungen eines Wiener Operndirektors*, Piper, München 1993

Fischer, Jens Malte: *Große Stimmen. Von Enrico Caruso bis Jessye Norman*, Metzler, Stuttgart 1993

Haider, Friedrich: *Über Tonsymbolik, Stilpluralismus und lyrische Vorlagen in den Klavierliedern von Richard Strauss*, Essay im Teldec-CD-Booklet zu 38 Liedern von Richard Strauss mit Edita Gruberova und Friedrich Haider, 1991

Harnoncourt, Nicolaus: Musik als Klangrede. Gedanken zu Monteverdi, Bach und Mozart, Bärenreiter. Kassel ^{5}1992

ders.: *Der musikalische Dialog*, Residenz-Verlag, Salzburg 1984

Hildesheimer, Wolfgang: *Mozart*, Suhrkamp Verlag, Frankfurt 1977

Hines, Jerome: *Great singers on great singing*. Doubleday, New York 1982

Kesting, Jürgen: *Die großen Sänger*, Claassen Verlag, Düsseldorf 1986

ders.: *Maria Callas*, Claassen, Düsseldorf 1990

Kraus, Alfredo: *Una Lezione di Canto*, Meisterklasse am 22. März 1990 im „Teatro Brancaccio di Roma" (Booklet zur CD)

Lehmann, Lilli: *Meine Gesangskunst*, Verlag der Zukunft, Berlin 1902

Marafioti, P. Mario: *Caruso's method of voice produktion. The scientific culture of the voice*, Dover, New York 1981

Matheopoulos, Helena: *Diva*, Harper and Row, New York 1986

Osborne, Charles: *The complete operas of Mozart*, Atheneum, New York 1978

Pfister, Werner: *Fritz Wunderlich*. Biographie, Schweizer Verlagshaus, Zürich 1990

Pleasants, Henry: *The great singers*, Simon and Schuster, New York 1981

Rasponi, Lanfranco: *The last primadonnas*, Alfred A. Knopf, New York 1982

Rushmore, Robert: *The singing voice*, Dembner, New York 1984

Sadie, Stanley: *The New Grove Mozart*, W.W.Norton and Co., New York/London 1983

Seefehlner, Egon: *Die Musik meines Lebens*, Paul Neef Verlag, Wien 1983

Sills, Beverly, with Lawrence Linderman: *Beverly, an autobiography*, New York 1987

Stassinopoulos, Arianna: *Maria. Beyond the Callas legend*, Weidenfeld and Nicolson, London 1980

Steane, John B.: *The grand tradition. Seventy Years of Singing on Record*, Duckworth, London 1974/1993

The New Grove Masters of Italian Opera, W.W.Norton and Co., New York, London 1983
Tubeuf, André: Essay im Programmheft zum Liederabend an der Bastille, Paris 1990
ders.: *Casta Diva!* Essay im Journal der Bayerischen Staatsoper 1992/93, Opernfestspiele 6/93 (Übersetzung aus dem Französischen: Ulrike Hessler)
ders.: *Le Lied allemagne*, 1993

Weiterführende Literatur zum Thema Stimmanalyse:

Scherer, K. R. und Siegwart, H.: *L'expression des émotions dans la voix chantée: Analyse d'un passage de l'opéra Lucia di Lammermoor*, in R. Dalmonte und M. Baroni (Hrsg.): *Secondo Convegno Europeo di Analysi Musicale*, Università degli Studi di Trento, Trient 1992, S. 51–63
Siegwart, H. und Scherer, K. R.: *Acoustic concomitants of emotional expression in operatic singing: The case of Lucia in Ardi gli incensi, Journal of Voice* 9(3)/1995, S. 249–260
Johnstone, I. T. und Scherer, K. R.: *Spectral Measurement of Voice Quality in Opera Singers: The Case of Gruberova. Proceedings of the XIIIth International Congress of Phonetic Sciences* 1/1995, S. 218–221

Bildquellennachweis

Bildvorlagen wurden zur Verfügung gestellt von Clive Barda, London (3), A. Bofill (2), Martin Buck, Genf (1), Ivo Bulanda, Beilstein (1), Photo Ellinger, Salzburg (1), Photo Fayer, Wien (4), Stan Fellerman, USA (Foto Umschlagseite), David Garrity, Wien (1), Henry Grossman, New York (1), Elisabeth Hausmann, Wien (1), J. Hefferman/Met, New York (1), Theateragentur Germinal Hilbert, München/Anne Kirchbach (1), Heinz Hosch, Salzburg (1), Christian Jungwirth, Wien (1), Margret Kaluza, München (1), Anne Kirchbach, Starnberg (3), Peter Kustermann, Wien (1), Siegfried Lauterwasser, Überlingen (1), Hans-Joachim Lieske, Hamburg (1), Michael Mauracher, Salzburg (2), Österreichischer Bundestheaterverband/Axel Zeininger (1), Palffy, Wien (4), Susan Schimert-Ramme, Zürich (2), Photo Simonis, Wien (1), Oda Sternberg, München (1), Süddeutscher Rundfunk/Hugo Jehle (1), Sabine Toepffer, München (2), Unitel (1) und M. Wenzel-Jelinek (1).
Die übrigen Abbildungen stammen aus dem Privatbesitz von Edita Gruberova.

Da nicht in allen Fällen die Inhaber der Rechte trotz aller Bemühungen festzustellen oder erreichbar waren, verpflichtet sich der Verlag, nachträglich geltend gemachte rechtmäßige Ansprüche nach den üblichen Honorarsätzen zu vergüten.

Register

T

V

W

Z

2CD NC 070560-2

3CD NC 070562-2

2CD NC 070563-2

3CD NC 070565-2

3CD NC 070561-2

2CD NC 070566-2

PREIS
DER DEUTSCHEN
SCHALLPLATTEN
KRITIK

NC 090560-2

NC 110560-2

VIERTELJAHRESLISTE 1/94

NC 100560-2

NC 070860-2

NC 070660-2

NC 120560-2